Autore: Oleg Nashchubskiy
Traduttore: E. Borovkova

**Bambino e bullismo scolastico.
Come crescere un figlio che non sia soggetto a bullismo.**

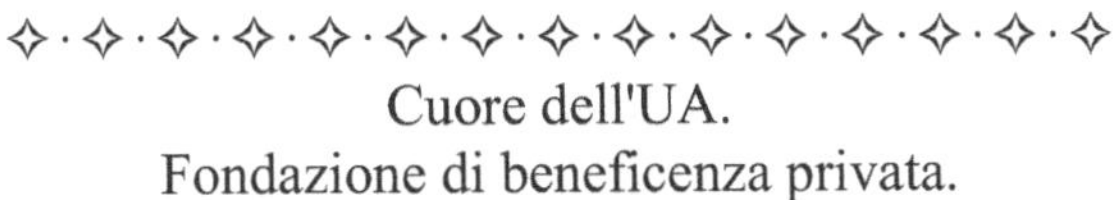

Cuore dell'UA.
Fondazione di beneficenza privata.

Gli orfanotrofi che si prendono cura dei bambini colpiti dalla guerra tra
Russia e Ucraina ricevono il 50% dei profitti dalla vendita di questo libro.

✧·✧·✧·✧·✧·✧·✧·✧·✧·✧·✧·✧·✧·✧·✧

✧·✧·✧·✧·✧·✧·✧·✧·✧·✧·✧·✧·✧·✧·✧

✧ Questo libro è su Amazon . com è stato pubblicato contemporaneamente in sette lingue: inglese, spagnolo, tedesco, francese , portoghese, italiano e ucraino.

✧ Il libro è già in vendita in formato stampato, su carta di alta qualità con copertina rigida, che garantisce maggiore stabilità e durata.

✧ Il libro è venduto anche in formato stampato con copertina morbida, il che rende più comodo portare il libro con sé.

✧ Naturalmente, puoi acquistare questo libro in versione digitale, che è molto più economica e ti consente di leggere il libro su qualsiasi gadget moderno.

✧·✧·✧·✧·✧·✧·✧·✧·✧·✧·✧·✧·✧·✧·✧

Tutti i miei libri, come continuazione di questa serie di libri sull'educazione psicologica dei bambini, così come tutti i libri aggiuntivi con materiali pratici pratici e teorici, possono essere trovati su Amazon inserendo il mio cognome nella ricerca: Nashchubskiy

✧·✧·✧·✧·✧·✧·✧·✧·✧·✧·✧·✧·✧·✧·✧

Introduzione

Immagina un'infanzia piena di sorrisi sereni, giochi con gli amici e un infinito senso di gioia. Questo è esattamente ciò che tutti desideriamo per i nostri figli: un mondo in cui possano crescere, imparare e fiorire. Tuttavia, in questa immagine ideale emerge un'ombra chiamata bullismo. È un'ombra che penetra nei cuori e nelle menti dei bambini, lasciando dietro di sé tracce di dolore, paura e inutile vulnerabilità.

Noi, come genitori, insegnanti e membri della società, non possiamo rimanere indifferenti di fronte a questa sfida. I nostri figli meritano di meglio, meritano un ambiente sicuro dove possano crescere in tutti gli aspetti della loro personalità senza paura di subire abusi mentali o fisici.

Questo libro è il nostro tentativo di colmare il divario del bullismo. Ti invitiamo in un viaggio di comprensione, empatia e azione. Vogliamo offrirti non solo una comprensione della natura del bullismo, ma anche strumenti e strategie pratici per aiutarti a crescere un bambino libero dalla sua influenza.

In questo libro riuniamo ricerche all'avanguardia, storie di successo nella vita reale e strategie collaudate nel tempo per aiutarti a creare un ambiente in cui tuo figlio possa prosperare in tutta la sua unicità. Non pretendiamo di avere la risposta completa ad ogni situazione, ma siamo fiduciosi che con il vostro amore, pazienza e dedizione possiamo rendere il mondo un po' più gentile e sicuro per tutti i nostri bambini.

Questo libro non è solo una guida alla lotta al bullismo, ma anche un invito all'azione. Ti invitiamo a far parte di un movimento per creare una società più attenta e inclusiva in cui ogni bambino possa trovare il suo posto al sole.

Questo libro è una voce di speranza in un mondo in cui il bullismo a volte sembra schiacciante. Crediamo che con il vostro sostegno e il potere della nostra azione collettiva, possiamo creare un mondo in cui ogni bambino possa prosperare in tutta la sua unicità, libero dalle forze oscure del bullismo.

Alziamo insieme la fiaccola della conoscenza e dell'empatia per illuminare la strada verso un futuro migliore per tutti i bambini. Preparati a immergerti in questo mondo importante ed entusiasmante dove la tua partecipazione può fare davvero la differenza. Grazie per aver scelto questo percorso insieme a noi.

Iniziamo insieme questo importante viaggio, perché dentro ogni bambino c'è una luce che merita di risplendere in tutta la sua bellezza e grandezza.

✧·✧·✧·✧·✧·✧·✧·✧·✧·✧·✧·✧·✧·✧

Capitolo 1.
Bullismo e il suo impatto sui bambini.

Il bullismo è una forma di comportamento aggressivo caratterizzato dal causare intenzionalmente e ripetutamente danni, danni o disagio a un'altra persona. Ciò può manifestarsi attraverso violenza fisica, minacce verbali, insulti o avances, nonché traumi psicologici, isolamento e cyberbullismo online.

L'impatto del bullismo sui bambini può essere devastante e avere gravi conseguenze sul loro benessere fisico ed emotivo, nonché sul loro adattamento sociale e sul rendimento scolastico. Ecco alcuni degli aspetti principali dell'impatto del bullismo sui bambini:

1. Problemi emotivi: i bambini vittime di bullismo spesso sperimentano sentimenti di paura, ansia, depressione, disperazione e bassa autostima. Possono sentirsi isolati e invisibili, il che influisce sul loro benessere emotivo.

Il bullismo può rendere i bambini timorosi della scuola o di altre situazioni sociali in cui potrebbero incontrare bulli. Potrebbero sentirsi costantemente stressati e ansiosi, non sapendo quando o dove si verificherà il prossimo attacco.

Il costante ridicolo, le minacce e la grande attenzione da parte dei bulli possono far sentire i bambini senza speranza e disperati. Potrebbero iniziare a dubitare di se stessi e delle proprie capacità e sentire che nulla può migliorare la loro situazione.

Il comportamento costantemente offensivo da parte dei bulli può minare la fiducia in se stessi di un bambino. Potrebbero iniziare a credere ad opinioni negative su se stessi, sentendosi inferiori e incapaci. Ciò può portare a un dialogo interiore negativo e a dubbi sul tuo valore.

I bambini vittime di bullismo possono sentirsi rifiutati dai loro coetanei e persino isolati dalla famiglia e dagli amici. Possono nascondere i loro problemi per paura o vergogna, il che può esacerbare i loro sentimenti di invisibilità e solitudine.

Questi problemi emotivi possono avere un impatto significativo sul benessere mentale di un bambino e sulla sua capacità di funzionare con successo nella vita di tutti i giorni. Comprendere questi aspetti ci aiuta a riconoscere la necessità di combattere il bullismo e creare un ambiente favorevole in cui i bambini possano sentirsi sicuri e accettati.

2. Conseguenze psicologiche: il bullismo può portare a gravi problemi psicologici come disturbo da stress post-traumatico (PTSD), pensieri e tentativi di suicidio e diminuzione della motivazione e dell'interesse per la scuola.

La violenza costante e le minacce da parte dei bulli possono portare allo sviluppo di disturbo da stress post-traumatico nei bambini. Possono sperimentare ripetute scene spaventose di bullismo come flashback o incubi, provare forte stress e ansia quando ricordano questi eventi ed evitare situazioni che li ricordano.

Una delle conseguenze più pericolose e tragiche del bullismo è il rischio che i bambini sviluppino pensieri e comportamenti suicidi. Potrebbero pensare che non ci sia via d'uscita dalla situazione e che la morte sia l'unico modo per sfuggire alla sofferenza. Ciò richiede un intervento immediato e il supporto da parte dei propri cari e degli specialisti.

Il bullismo può influenzare notevolmente la motivazione all'apprendimento e l'interesse per l'apprendimento di un bambino. Potrebbero iniziare a evitare la scuola per paura di essere vittime di bullismo o perché il loro rendimento scolastico è diminuito a causa dello stress e dell'ansia. Ciò può portare ad assenze prolungate da scuola e a scarsi risultati accademici.

Questi effetti psicologici del bullismo possono avere un grave impatto sulla vita e sul benessere di un bambino. È importante capire che il sostegno e l'intervento degli adulti sono fondamentali per superare questi problemi e ripristinare la salute psicologica del bambino. Creare un ambiente sicuro e solidale a scuola e a casa è un passo importante per prevenire queste conseguenze negative.

3. Isolamento sociale: i bambini vittime di bullismo possono sentirsi isolati dai loro coetanei e avere difficoltà a formare e mantenere amicizie. Ciò può portare all'isolamento sociale e a sentimenti di solitudine.

Quando un bambino è oggetto di scherno o di aggressione da parte dei bulli, potrebbe iniziare ad avere difficoltà a costruire rapporti di fiducia con gli altri bambini. Potrebbe sentirsi a disagio o temere che gli altri lo trattino allo stesso modo del bullo.

Per paura di affrontare i bulli, i bambini possono iniziare a evitare di partecipare a varie attività sociali. Potrebbero mancare alle riunioni scolastiche, alle vacanze o ai giochi durante le pause per paura di essere bersaglio di ulteriori ridicoli o attacchi.

Quando un bambino diventa vittima di bullismo, ciò può portare a una perdita di fiducia negli altri bambini. Potrebbe iniziare a sospettare che tutti potrebbero rivoltarsi contro di lui e diventare sospettoso nei confronti dei potenziali amici. Ciò rende difficile formare nuove amicizie e mantenere quelle esistenti.

Come risultato di tutti questi fattori, il bambino può sentirsi isolato e solo. Potrebbe non trovare un posto per sé nella squadra, sentendosi incompreso e invisibile agli altri. Ciò può portare a sentimenti di profonda solitudine e disperazione.

Comprendere questi aspetti dell'esclusione sociale ci aiuta a riconoscere la necessità di sostenere e aiutare attivamente i bambini vittime di bullismo. Creare un ambiente solidale e inclusivo in cui ogni bambino si senta valorizzato e rispettato è fondamentale per prevenire l'isolamento sociale e le sue conseguenze negative.

4. Difficoltà accademiche: il bullismo può influire negativamente sul rendimento scolastico dei bambini a causa della diminuzione della motivazione allo studio, dell'assenteismo dovuto alla paura o degli effetti negativi sul benessere psicologico.

Quando un bambino è costantemente esposto al ridicolo, alle minacce o ad altre forme di aggressione da parte dei bulli, la sua motivazione ad apprendere può essere significativamente ridotta. Potrebbe perdere interesse nello studio a causa di sentimenti di impotenza e disperazione, non vedendo alcun motivo per ottenere buoni risultati che non saranno visti o addirittura usati per ridicolizzare i bulli.

I bambini vittime di bullismo possono iniziare a evitare la scuola per paura di affrontare il bullo. Possono provare ansia e preoccupazione anche quando pensano alla scuola, il che può portare ad un assenteismo sistematico. Ciò a sua volta porta a lacune nella conoscenza e al deterioramento del rendimento accademico.

La tensione e lo stress costanti associati al bullismo possono influenzare negativamente lo stato psicologico del bambino. Potrebbe sperimentare una diminuzione della concentrazione, della memoria e delle prestazioni mentali a causa di costanti sentimenti di ansia e irrequietezza. Ciò rende difficile partecipare con successo al processo educativo e apprendere nuove conoscenze.

Un bambino vittima di bullismo può iniziare a perdere interesse per la scuola perché si concentra sui propri problemi e sofferenze. Può vedere la scuola come un luogo in cui si sente infelice e un fallimento, il che porta ad un ulteriore ritiro dal processo educativo e ad uno scarso rendimento.

Queste difficoltà di apprendimento possono avere un grave impatto sulla vita accademica e sociale di un bambino. È importante agire per prevenire il bullismo e sostenere i bambini che lo sperimentano per aiutarli a superare queste difficoltà e a realizzare il loro potenziale a scuola e nella vita.

5. Conseguenze a lungo termine: gli effetti del bullismo possono seguire i bambini per tutta la vita, lasciando un segno di trauma psicologico ed emotivo, oltre a compromettere la loro capacità di formare relazioni sane e raggiungere il successo in età adulta.

Il bullismo può lasciare profonde cicatrici psicologiche ed emotive che possono seguire i bambini per tutta la vita. Questi traumi possono includere disturbo da stress post-traumatico (PTSD), depressione, disturbi d'ansia e problemi di autostima e fiducia in se stessi. Le ferite emotive a lungo termine possono influenzare la capacità di un individuo di affrontare le sfide della vita e il suo senso generale di benessere.

I bambini vittime di bullismo possono avere difficoltà a stabilire relazioni sane e basate sulla fiducia in età adulta. Possono provare sfiducia nei confronti delle altre persone, paura di essere nuovamente vulnerabili e difficoltà a mostrare empatia e compassione per gli altri. Ciò può ostacolare la loro capacità di adattarsi a nuovi ambienti e circostanze.

Gli effetti psicologici ed emotivi del bullismo possono anche influenzare la capacità di una persona di avere successo in età adulta. Ciò può influenzare la loro carriera accademica e professionale, così come le loro relazioni personali e il senso generale di soddisfazione per la vita. Il desiderio di autorealizzazione e di successo può essere indebolito a causa delle barriere interne create dal bullismo infantile.

Questi effetti a lungo termine del bullismo evidenziano l'importanza di un intervento precoce e del sostegno per i bambini esposti a questo tipo di violenza. Fornire supporto emotivo, consulenza e opportunità di recupero può aiutare i bambini ad affrontare gli effetti del bullismo e a continuare il loro percorso verso una vita sana e felice.

Comprendere queste conseguenze aiuta a comprendere l'importanza di combattere il bullismo e creare un ambiente sicuro e solidale per tutti i bambini.

Il bullismo è un comportamento sistematico, intenzionale e aggressivo volto a umiliare, intimidire o danneggiare un'altra persona. Può manifestarsi in varie forme, come violenza fisica, abuso verbale o esclusione sociale. Il ruolo dei genitori e degli educatori nella prevenzione del bullismo è quello di educare, monitorare e sostenere i bambini nel creare un ambiente sicuro a scuola. Il ruolo dei genitori e degli educatori nella prevenzione del bullismo è fondamentale. Ecco perché:

Genitori:

1. Creare un ambiente favorevole: i genitori possono creare un'atmosfera solidale ed empatica a casa in cui i bambini si sentono a proprio agio e sicuri. Dovrebbero insegnare ai loro figli a rispettare gli altri e ad essere amichevoli e disponibili.

I genitori possono modellare l'empatia e la compassione nei confronti dei propri figli mostrando loro come essere premurosi e rispettosi dei sentimenti degli altri. Possono discutere emozioni ed esperienze con i bambini, insegnare loro a comprendere i sentimenti degli altri e a rispondere ad essi con empatia.

È importante che i bambini sentano di poter discutere apertamente dei loro problemi ed esperienze con i loro genitori. I genitori devono essere disposti ad ascoltare i propri figli, a sostenerli nelle situazioni difficili e ad aiutarli a trovare soluzioni ai problemi.

I genitori dovrebbero insegnare ai propri figli a rispettare le differenze tra le persone, siano esse differenze di cultura, religione, razza, orientamento sessuale o altri aspetti. Dovrebbero incoraggiare la tolleranza e l'apertura alla diversità.

I genitori possono rafforzare i legami familiari e creare un ambiente favorevole trascorrendo del tempo con i propri figli, partecipando ad attività condivise e creando tradizioni familiari. Questo aiuta i bambini a sentirsi parte di un tutto e ad avere sostegno in famiglia.

La creazione di un ambiente di sostegno in famiglia gioca un ruolo importante nella formazione del benessere psicologico e della stabilità emotiva nei bambini. Questa atmosfera di fiducia, comprensione e sostegno aiuta i bambini a diventare individui emotivamente sani e sicuri di sé, il che a sua volta li aiuta a proteggerli dal bullismo.

2. Insegnare le abilità di intelligenza emotiva: i genitori possono insegnare ai propri figli le abilità di intelligenza emotiva, inclusa la gestione delle emozioni, la dimostrazione di empatia e la risoluzione pacifica dei conflitti. Queste abilità aiutano i bambini a interagire efficacemente con gli altri ed evitare conflitti.

I genitori possono aiutare i bambini a sviluppare le capacità di gestire le proprie emozioni insegnando loro a riconoscere e dare un nome ai propri sentimenti, a capire cosa scatena quelle emozioni e a imparare a scegliere i modi appropriati per esprimerle. Ciò consente ai bambini di affrontare lo stress in modo più efficace e di adattarsi a diverse situazioni, prevenendo scoppi emotivi che possono portare a conflitti.

L'empatia è la capacità di mettersi nei panni di un'altra persona e di comprenderne i sentimenti e le esperienze. I genitori possono insegnare ai bambini ad essere sensibili ai sentimenti degli altri, ad ascoltare attivamente, a fare domande ed esprimere sostegno. L'empatia aiuta i bambini a comprendere meglio i loro coetanei, a rafforzare le amicizie ed a evitare conflitti basati su incomprensioni o ignoranza.

I genitori possono insegnare ai propri figli abilità costruttive di risoluzione dei conflitti, tra cui esprimere i propri sentimenti e bisogni, trovare compromessi e soluzioni alternative e imparare a riconciliarsi dopo il conflitto. Ciò aiuta i bambini a evitare comportamenti aggressivi e a trovare modi per cooperare e convivere pacificamente con gli altri.

I genitori possono anche creare un ambiente emotivamente sicuro in casa in cui i bambini possano sentirsi liberi di esprimere le proprie emozioni e bisogni senza timore di giudizi o punizioni. Ciò promuove l'apertura emotiva e la fiducia tra i membri della famiglia, creando le basi per un insegnamento efficace delle abilità di intelligenza emotiva.

Lo sviluppo di queste abilità aiuta i bambini a interagire con successo con il mondo che li circonda, a costruire relazioni di qualità e a prevenire i conflitti, il che è importante per il loro benessere psicologico e la protezione dal bullismo.

3. Sostegno e fiducia: i genitori dovrebbero sostenere i propri figli se diventano vittime di bullismo e fornire loro un ambiente fiducioso in cui possano condividere in sicurezza i loro problemi. Questo aiuta i bambini a sentirsi supportati e a non aver paura di chiedere aiuto.

I genitori devono essere disposti ad ascoltare attivamente i propri figli quando vogliono condividere i loro problemi o esperienze legate al bullismo. Ciò significa dare ai bambini la possibilità di esprimere liberamente i propri sentimenti e pensieri senza interrompere o dare consigli finché non sono stati pienamente ascoltati.

I genitori dovrebbero riconoscere e convalidare le reazioni emotive dei propri figli al bullismo consentendo loro di esprimere la propria rabbia, paura, tristezza o frustrazione. È importante che i bambini sentano che le loro emozioni sono importanti e valide e che i genitori siano disposti ad aiutarli ad affrontarle.

I genitori devono creare un ambiente aperto e fiducioso in cui i bambini si sentano a proprio agio e sicuri nel discutere i loro problemi di bullismo. Ciò significa mantenere la riservatezza quando si parla di bullismo e promettere sostegno e protezione da parte dei genitori.

I genitori dovrebbero lavorare con i propri figli per trovare soluzioni al bullismo. Insieme possono discutere strategie su come affrontare la situazione, come proteggersi o come cercare aiuto. Ciò rafforza il senso di cooperazione e sostegno all'interno della famiglia.

I genitori dovrebbero rimanere in contatto con i propri figli e continuare a fornire loro sostegno e assistenza mentre affrontano il bullismo. È importante che i bambini sappiano che non sono soli e che i loro genitori sono sempre lì per aiutarli a superare le difficoltà.

4. Insegnare l'empatia e il rispetto: i genitori possono insegnare ai propri figli l'empatia e il rispetto per gli altri. Comprendere i sentimenti e le prospettive degli altri aiuta i bambini a sviluppare tolleranza e accettazione della diversità, il che riduce la probabilità di aggressione e bullismo.

L'empatia è la capacità di mettersi nei panni di un'altra persona e di comprenderne i sentimenti e le esperienze. I genitori possono insegnare ai propri figli questa importante abilità attraverso una varietà di metodi, come discutere i sentimenti e le esperienze dei personaggi di libri o film, analizzare situazioni di vita reale e identificare i sentimenti e i bisogni di altre persone. L'empatia aiuta i bambini a sviluppare comprensione e compassione per gli altri, il che aiuta a creare un ambiente più amichevole e comprensivo.

I genitori possono anche insegnare ai propri figli a rispettare le differenze tra le persone, siano esse differenze di cultura, religione, razza, orientamento sessuale o altri aspetti. Possono discutere con i bambini dell'importanza della diversità e della tolleranza, sottolineando che ogni persona è unica e ha diritto al rispetto e alla dignità. Ciò aiuta i bambini a evitare pregiudizi e discriminazioni, che rappresentano un fattore importante nella prevenzione del bullismo e dei conflitti basati su incomprensioni.

I genitori possono essere un modello di cordialità e interesse per gli altri mostrando ai propri figli che il rispetto e l'empatia sono qualità importanti nelle relazioni interpersonali. Possono incoraggiare i bambini a essere premurosi e premurosi verso gli altri, aiutarli in situazioni difficili ed esprimere i loro sentimenti di gratitudine e apprezzamento. Ciò aiuta a creare un ambiente più amichevole e solidale in cui tutti si sentono accettati e rispettati.

I genitori possono incoraggiare i propri figli ad essere aperti alle differenze e ad accettare le persone così come sono. Ciò include il rispetto delle diverse pratiche culturali, religiose e sociali, nonché della diversità di opinioni e credenze. La tolleranza aiuta i bambini a costruire relazioni positive con gli altri ed evitare conflitti basati su pregiudizi o incomprensioni.

5. Monitoraggio dell'attività online: nel mondo di oggi, molti casi di bullismo si verificano nell'ambiente online. I genitori dovrebbero monitorare l'attività dei propri figli sui social media e su Internet, discutere con loro gli aspetti negativi delle interazioni online e insegnare loro un comportamento sicuro ed etico online.

I genitori dovrebbero educare i propri figli sui potenziali pericoli che potrebbero incontrare online, tra cui bullismo, violenza informatica, materiale osceno e comportamenti illegali. È importante che i bambini comprendano che tali situazioni possono essere dannose per la loro salute emotiva e psicologica e sappiano come reagire ad esse.

I genitori dovrebbero stabilire regole e limiti chiari per l'uso di Internet e dei social media, compreso il tempo trascorso online e i contenuti con cui i bambini possono interagire. Ciò potrebbe includere la limitazione dell'accesso a determinati siti Web o app, nonché la discussione di specifiche regole di sicurezza online con i tuoi figli.

I genitori dovrebbero insegnare ai propri figli le competenze relative alla sicurezza su Internet, tra cui mantenere riservate le informazioni personali, utilizzare password complesse, essere consapevoli dei rischi derivanti dall'interazione con estranei e riconoscere situazioni potenzialmente pericolose. Possono anche discutere con i propri figli strategie per affrontare comportamenti online indesiderati e modi per proteggersi.

È importante che i genitori mantengano un dialogo aperto con i propri figli riguardo alle loro attività online e ai problemi che potrebbero incontrare. I bambini devono sapere che possono chiedere aiuto se sperimentano episodi di bullismo o altre situazioni negative online, e che i loro genitori sono sempre pronti a sostenerli e ad aiutarli a risolvere il problema.

6. Supporto per la risoluzione dei conflitti: i genitori possono insegnare ai propri figli le competenze per risolvere i conflitti senza violenza o aggressività. Dovrebbero essere preparati a sostenere i propri figli quando sorgono conflitti e aiutarli a trovare modi costruttivi per risolvere i problemi.

I genitori possono insegnare ai propri figli abilità comunicative efficaci, che sono la base per la risoluzione dei conflitti. Ciò include la capacità di esprimere i propri sentimenti e bisogni in modo chiaro e sicuro, nonché la capacità di ascoltare e comprendere i punti di vista degli altri. I genitori possono insegnare ai bambini a utilizzare forme di comunicazione non conflittuali come i "messaggi in prima persona" per evitare conversazioni offensive e di colpa.

È importante che i bambini capiscano che la risoluzione dei conflitti è un processo collaborativo e che possono e devono lavorare con gli altri per trovare una soluzione che soddisfi tutte le parti. I genitori possono incoraggiare la collaborazione e il pensiero creativo aiutando i bambini a trovare soluzioni alternative ai problemi e a scendere a compromessi.

I genitori possono aiutare i propri figli a sviluppare competenze per gestire le emozioni durante le situazioni di conflitto. Ciò include imparare a fermarsi prima di reagire con rabbia o irritazione e imparare a controllare le proprie emozioni per evitare che si intensifichino. I genitori possono insegnare ai bambini a utilizzare tecniche di rilassamento o esercizi di respirazione per alleviare lo stress e la tensione durante le situazioni di conflitto.

I genitori possono essere modelli per i propri figli mostrando loro come risolvere i conflitti in modo calmo e costruttivo. Ciò include parlare ai bambini di esempi tratti dalla propria vita o mostrare loro come i genitori stessi risolvono i conflitti con gli altri. Modellare un comportamento positivo aiuta i bambini ad apprendere abilità di risoluzione dei conflitti e ad applicarle alla propria vita.

7. Coinvolgimento della comunità: i genitori possono partecipare attivamente alle iniziative comunitarie per prevenire il bullismo nelle scuole e nella comunità in generale. Possono lavorare con altri genitori, educatori e autorità locali per creare comunità sicure e solidali dove ogni bambino si sente sicuro e rispettato.

I genitori possono sostenere e partecipare attivamente a programmi e attività educative volte a combattere e sensibilizzare sul bullismo. Ciò potrebbe assumere la forma di laboratori, laboratori, riunioni di esperti o altre forme di educazione per aiutare genitori e bambini a capire come riconoscere, prevenire e rispondere al bullismo quando si verifica.

I genitori possono sostenere e promuovere programmi e politiche anti-bullismo nelle scuole che aiutano a creare un ambiente sicuro e solidale per gli studenti. Possono collaborare con gli amministratori scolastici e altri genitori per sviluppare e implementare strategie di prevenzione del bullismo, condurre attività di formazione e monitorare l'efficacia degli interventi.

I genitori possono lavorare con altri genitori e organizzazioni comunitarie per creare comunità in cui ogni bambino si senta sicuro e rispettato. Ciò può includere l'organizzazione di attività per riunire bambini di età e background culturali diversi, nonché la creazione di spazi e opportunità di interazione e collaborazione tra genitori e figli.

I genitori possono svolgere un ruolo importante nel sostenere le vittime e i testimoni del bullismo fornendo supporto emotivo, aiutandoli a cercare aiuto e protezione e agendo come sostenitori di comportamenti veramente amichevoli e rispettosi nella comunità. È importante che ogni bambino sappia di avere sostegno e protezione nel caso insorgessero problemi di bullismo.

I genitori svolgono un ruolo chiave nel plasmare i valori, le competenze e il comportamento dei propri figli. La loro partecipazione attiva nella lotta al bullismo e nella creazione di un ambiente sicuro per i bambini aiuta a prevenire questo tipo di violenza e a garantire il sano sviluppo psicologico ed emotivo dei bambini.

Insegnanti:

1. Formazione e istruzione: gli insegnanti hanno l'opportunità di condurre attività educative ed educare gli studenti sui pericoli del bullismo, sulle sue conseguenze e sui metodi di prevenzione. Possono creare ambienti scolastici sicuri in cui il rispetto e la tolleranza siano una priorità.

Gli educatori possono integrare l'insegnamento sul bullismo e sulle sue conseguenze nel curriculum, includendo argomenti di studi sociali, psicologia, etica o altre materie. Ciò consentirà agli studenti di acquisire consapevolezza sul bullismo e sviluppare competenze di empatia, tolleranza e rispetto per le differenze.

Gli insegnanti possono organizzare corsi di formazione, seminari e workshop per gli studenti sul tema del bullismo e sui modi per prevenirlo. Attraverso queste attività, gli studenti possono discutere questioni legate al bullismo, sviluppare strategie per rispondervi e imparare come aiutare i loro coetanei quando subiscono impatti negativi.

Gli educatori possono sviluppare e implementare programmi scolastici anti-bullismo che includano politiche di tolleranza zero per il bullismo, meccanismi di segnalazione e sostegno per le vittime e formazione degli studenti nella risoluzione dei conflitti e nelle capacità di comunicazione interpersonale.

Gli insegnanti possono servire da esempio di comportamento rispettoso e tollerante nei loro rapporti con studenti e colleghi. La loro comunicazione e interazione con gli studenti dovrebbe riflettere i valori di rispetto, tolleranza ed equità, creando così un'atmosfera di comprensione e sostegno reciproci nella scuola.

Gli educatori possono anche insegnare agli studenti abilità di intelligenza emotiva, tra cui la gestione delle emozioni, l'empatia e le abilità sociali. Ciò aiuterà gli studenti a comprendere meglio se stessi e gli altri e a interagire in modo più efficace nelle situazioni sociali, riducendo così la probabilità di conflitti e bullismo.

2. Monitoraggio e intervento: gli educatori devono monitorare attentamente le dinamiche sociali in classe e a scuola per identificare

tempestivamente i casi di bullismo e intervenire immediatamente. Devono essere disposti a fornire supporto e risolvere i conflitti tra gli studenti, insegnando loro come interagire in modo costruttivo.

Gli educatori dovrebbero essere attenti ai cambiamenti nel comportamento e negli atteggiamenti degli studenti che potrebbero indicare possibili comportamenti di bullismo. Ciò include l'osservazione dei cambiamenti nelle attività di apprendimento, nel comportamento sociale e nello stato emotivo degli studenti, nonché la comparsa di segni fisici o emotivi sul corpo o sul comportamento.

Quando vengono rilevati casi di bullismo, gli educatori devono intervenire immediatamente e fornire supporto a tutte le parti interessate. Ciò può includere parlare con la vittima e fornire protezione, intraprendere azioni disciplinari contro gli autori del reato e condurre programmi educativi per tutti coloro coinvolti nella situazione.

Gli educatori dovrebbero insegnare attivamente agli studenti le competenze per interagire in modo costruttivo e risolvere i conflitti senza violenza. Ciò include l'insegnamento di una comunicazione efficace, la gestione delle emozioni e delle situazioni di conflitto e la promozione del rispetto e della comprensione reciproci.

Gli educatori devono creare e mantenere un ambiente sicuro e solidale in classe e nella scuola nel suo complesso. Ciò include la creazione di norme e regolamenti che proibiscano il bullismo e la violenza, nonché lo svolgimento di attività e programmi volti a rafforzare l'amicizia, la cooperazione e la comprensione tra gli studenti.

Gli educatori possono contribuire a creare consapevolezza pubblica sul bullismo lavorando con genitori, altri educatori e organizzazioni della comunità. Possono sostenere attivamente iniziative per prevenire il bullismo in contesti educativi e oltre.

Naturalmente, aggiungiamo all'elenco dei ruoli degli insegnanti nella prevenzione del bullismo:

4. Prevenzione ed educazione: gli educatori possono attuare sforzi sistematici per prevenire il bullismo, compreso l'insegnamento agli studenti di competenze sociali, sviluppo emotivo e risoluzione costruttiva dei conflitti. Ciò include lo svolgimento di corsi di formazione, conferenze, giochi e altri eventi educativi.

Gli educatori possono insegnare agli studenti competenze di competenza sociale, che includono la capacità di comunicare in modo efficace, collaborare e stabilire relazioni sane con gli altri. Comprende anche lo sviluppo dell'intelligenza emotiva, che consente ai bambini di comprendere e gestire meglio le proprie emozioni, così come l'empatia e il rispetto per i sentimenti degli altri.

Gli educatori possono condurre sessioni di formazione volte a sviluppare le capacità di prevenzione e risoluzione dei conflitti degli studenti. Ciò può includere l'insegnamento di strategie adattive per rispondere a situazioni spiacevoli, la capacità di negoziare compromessi e cercare soluzioni vantaggiose per tutti e fornire strumenti per ridurre la tensione durante i conflitti.

Gli educatori possono aiutare gli studenti a capire cos'è il bullismo, le forme che può assumere e le conseguenze che può avere. Ciò consente agli studenti di riconoscere e rispondere meglio al bullismo e crea un ambiente di dialogo aperto in cui i bambini possono discutere le loro preoccupazioni e preoccupazioni con insegnanti e altri studenti.

cibo in un'aula e in una scuola dove ogni studente si sente accettato e rispettato. Ciò include la promozione della cordialità, del rispetto e della tolleranza, nonché il sostegno della diversità culturale e personale.

5. Sostenere vittime e bulli: gli educatori devono essere preparati a sostenere sia le vittime del bullismo che coloro che adottano comportamenti aggressivi. Devono essere in grado di identificare i casi di bullismo e fornire sostegno confidenziale ed empatico alle vittime e assistenza nel modificare il comportamento dei bulli.

Gli educatori devono fornire alle vittime del bullismo non solo supporto emotivo, ma anche aiuto pratico per risolvere il problema. Ciò include la creazione di un'atmosfera di fiducia in cui le vittime si sentano a proprio agio nel parlare delle loro esperienze, oltre a fornire informazioni sulle risorse e sui servizi che possono aiutarle ad affrontare gli effetti del bullismo.

Gli educatori devono comprendere che il comportamento aggressivo spesso deriva da problemi di fondo e da carenze nelle abilità sociali dei bambini. Invece di limitarsi a punire i bulli, gli educatori dovrebbero lavorare con loro per aiutarli a comprendere le conseguenze delle loro azioni e sviluppare empatia e modi costruttivi per risolvere i conflitti. Ciò può includere discussioni individuali, formazione di gruppo sulle abilità sociali e sulla risoluzione dei conflitti e collaborazione con i genitori per supportare i cambiamenti comportamentali a casa.

Gli educatori devono creare uno spazio sicuro in cui sia le vittime che i bulli possano sentirsi protetti e supportati. Ciò include la definizione di regole e regolamenti chiari che proibiscano il bullismo e la violenza e l'incoraggiamento di una comunicazione aperta e di rapporti di fiducia tra studenti ed educatori.

6. Creare uno spazio sicuro: gli educatori devono creare un ambiente di apprendimento sicuro e di supporto in cui ogni studente si senta rispettato e protetto. Ciò include l'adozione di un approccio di tolleranza zero nei confronti del bullismo, la comunicazione chiara delle regole di comunicazione educata e l'offerta di opportunità per sviluppare relazioni interpersonali positive.

Gli educatori devono dimostrare in modo chiaro e coerente che il bullismo non sarà tollerato nel contesto educativo. Ciò include il monitoraggio attivo delle attività in classe e nel cortile della scuola, la risposta rapida agli episodi di bullismo e l'adozione di adeguate misure disciplinari contro i trasgressori.

Gli insegnanti dovrebbero insegnare sistematicamente agli studenti le regole della comunicazione educata e del rispetto per le altre persone. Ciò include la promozione di norme e valori fondamentali come il rispetto reciproco, la tolleranza e la comprensione delle differenze. Gli educatori dovrebbero anche modellare il comportamento desiderato e incoraggiare interazioni interpersonali positive.

Gli educatori dovrebbero creare situazioni che favoriscano relazioni amichevoli e di sostegno tra gli studenti. Ciò può includere l'organizzazione di progetti di gruppo, attività congiunte e giochi che promuovano il legame e la comprensione tra i bambini. Gli insegnanti possono anche concentrarsi sulla creazione di un ambiente in classe in cui ogni studente si senta accettato e apprezzato.

7. Sviluppare la consapevolezza della comunità: gli educatori possono lavorare attivamente per sviluppare la consapevolezza della comunità sul problema del bullismo coinvolgendo genitori, altri educatori e la società nel suo insieme. Possono organizzare eventi, campagne e progetti volti a promuovere la tolleranza, l'assistenza reciproca e il rispetto.

Gli educatori dovrebbero coinvolgere attivamente i genitori, il resto del personale docente e i membri della comunità nella risoluzione del problema del bullismo. Ciò potrebbe includere l'organizzazione di incontri con i genitori, conferenze e workshop sul bullismo, nonché l'educazione pubblica sull'importanza della tolleranza e del rispetto.

Gli educatori possono organizzare varie attività e campagne dentro e fuori la scuola per promuovere la tolleranza, l'assistenza reciproca e il rispetto. Potrebbero essere giornate a tema, concorsi, mostre, spettacoli o altre attività volte a creare un'atmosfera positiva nella scuola e nella società. Gli educatori possono organizzare progetti e attività volti a sviluppare le capacità interpersonali degli studenti. Questi possono essere compiti di gruppo, giochi, corsi di formazione e workshop volti a sviluppare capacità di comunicazione, empatia, risoluzione dei conflitti e cooperazione. Gli educatori dovrebbero sostenere la diffusione di informazioni sul problema del bullismo e sui modi per risolverlo. Ciò può includere la creazione di volantini informativi, brochure e poster, la pubblicazione di materiale sul sito web della scuola o sui social media e l'organizzazione di campagne ed eventi di sensibilizzazione per aumentare la consapevolezza sul bullismo.

8. Collaborazione con i genitori e la comunità: gli educatori dovrebbero collaborare attivamente con i genitori e la comunità per prevenire e rispondere al bullismo. Possono organizzare incontri con i genitori, discussioni e attività congiunte per creare un ambiente scolastico sicuro.

Gli educatori dovrebbero tenere regolarmente incontri tra genitori e insegnanti e discutere sul bullismo. Questo potrebbe essere un evento separato o parte delle riunioni scolastiche generali. In questi incontri, gli educatori possono educare i genitori sulle strategie di prevenzione del bullismo, fornire informazioni sui segnali e sulle conseguenze del bullismo e discutere le modalità con cui i genitori e le scuole possono collaborare nella risposta agli episodi di bullismo. Gli educatori dovrebbero sforzarsi di stabilire partenariati con i genitori e con la comunità in generale. Ciò include l'apertura al feedback dei genitori, il coinvolgimento dei genitori nel processo decisionale riguardante la sicurezza e il benessere dei bambini a scuola e la pianificazione e implementazione congiunta di attività di prevenzione del bullismo.

Gli educatori possono organizzare eventi educativi e corsi di formazione per i genitori sul tema del bullismo e su come prevenirlo. Potrebbe trattarsi di una serie di conferenze, workshop o corsi online che forniscono ai genitori informazioni e strumenti per aiutare i propri figli ad affrontare situazioni di bullismo e per promuovere un ambiente sicuro e solidale a scuola e nella comunità.

Gli educatori svolgono un ruolo fondamentale nel creare un ambiente educativo in cui ogni studente possa sentirsi sicuro e rispettato. Le loro attività mirano non solo all'istruzione, ma anche a coltivare la buona volontà, l'empatia e la tolleranza negli studenti, il che aiuta a prevenire il bullismo e a creare un'atmosfera scolastica positiva.

Genitori ed educatori svolgono un ruolo chiave nella creazione di un ambiente sicuro e solidale per i bambini in cui possano crescere e svilupparsi senza paura di essere vittime di bullismo. La loro partecipazione attiva e la loro cooperazione sono necessarie per prevenire e combattere efficacemente questo problema.

Capitolo 2.
Capire il bullismo.

Il bullismo è il lato oscuro della nostra società, un'ombra che tormenta costantemente molti bambini e adolescenti. Questo non è solo un conflitto o una normale rissa nel cortile della scuola. Il bullismo è l'abuso sistematico, il danno o il terrore psicologico che colpisce l'autostima, il benessere emotivo e persino la salute fisica di coloro che lo subiscono.

Le vittime del bullismo subiscono il peso di questa ingiustizia. Queste non sono solo parole, è un flusso infinito di paura, ansia e disperazione che portano sulle spalle. Il bullismo li fa sentire invisibili, isolati dal mondo che li circonda. Perdono la fiducia, perdono l'interesse per l'apprendimento e perdono la fiducia in se stessi. Tutta la loro vita diventa piena di sofferenza e dolore, che lascia cicatrici invisibili nelle loro anime.

Ma le conseguenze del bullismo non si limitano alle ferite emotive. Penetrano più in profondità, lasciando tracce nell'essenza stessa di una persona. Gli effetti a lungo termine possono essere devastanti. Il disturbo da stress post-traumatico, i pensieri suicidi, l'isolamento sociale sono solo la punta dell'iceberg. Il bullismo lascia il segno nella tua intera vita, impedendoti di stabilire relazioni sane e impedendoti di trovare felicità e successo in futuro.

Nelle istituzioni educative, i bambini possono incontrare varie forme di bullismo, che possono manifestarsi sia all'interno delle mura scolastiche che nello spazio virtuale. Vediamo le principali tipologie di bullismo:

1. Bullismo fisico: questa è una forma di aggressione che comporta l'abuso fisico di altri bambini. Ciò può includere colpire, spingere, calciare, percuotere o altre azioni fisiche intese a danneggiare o umiliare la vittima.

Il bullismo fisico è una delle forme di aggressione più evidenti e dirette e può causare gravi danni sia al benessere fisico che emotivo della vittima. Questo tipo di bullismo può verificarsi sia all'interno delle mura scolastiche che nelle aree esterne, nei parchi giochi o in altri luoghi pubblici. Può manifestarsi in varie forme di violenza fisica. Uno degli aspetti importanti del bullismo fisico è che la stessa vittima è sottoposta ad aggressioni e attacchi costantemente o regolarmente da parte di uno o più aggressori. In questo caso, la vittima può diventare bersaglio di scherno, minacce e violenza fisica a causa del suo status, aspetto, comportamento o altre caratteristiche. Questo comportamento può provocare lesioni e disagio emotivo per la vittima e può creare una cultura di paura e insicurezza nella scuola.

Il bullismo fisico in contesti educativi può manifestarsi in vari modi, tra cui:

1. Rissa: questa è una delle forme più evidenti di bullismo fisico quando i bambini litigano con altri bambini durante la ricreazione, durante la ricreazione o anche in classe. Ciò può causare lesioni sia ai partecipanti al combattimento che agli astanti.

2. Spingere e colpire: i bambini possono diventare aggressivi spingendo o colpendo i compagni per umiliare o causare dolore. Ciò può verificarsi in varie aree del complesso scolastico, inclusi corridoi, mense, campi sportivi e persino autobus.

3. Calci e spinte: questa è una forma di bullismo in cui i bambini calciano o spingono intenzionalmente altri bambini, facendoli sentire feriti o umiliati. Ciò può verificarsi in luoghi nascosti come servizi igienici o locali di servizio dove gli adulti potrebbero non essere presenti.

4. Minacce e comportamenti coercitivi: i bambini possono minacciare i coetanei con violenza fisica o costringerli a fare qualcosa contro la loro volontà attraverso la minaccia di violenza. Ad esempio,

minacciando di picchiarti se la vittima non soddisfa la richiesta o non rinuncia a qualcosa di prezioso.

5. Esclusione dal gioco e dalle attività di gruppo: i bambini possono usare la forza fisica o le minacce per escludere altri bambini dal gioco o dalle attività di gruppo, con conseguente isolamento sociale e umiliazione.

Questi sono solo alcuni esempi di come il bullismo fisico può manifestarsi in contesti educativi. È importante ricordare che qualsiasi forma di aggressione fisica può causare gravi danni alla salute fisica ed emotiva dei bambini.

Le vittime di bullismo fisico possono sperimentare non solo dolore fisico e lesioni, ma anche conseguenze emotive come paura, ansia e perdita di autostima. Potrebbero provare stress e ansia costanti, non sapendo quando potrebbe verificarsi il prossimo incidente. Inoltre, il bullismo fisico lascia spesso segni visibili sul corpo della vittima, che possono peggiorarne lo stato psicologico e causare vergogna e autosvalutazione.

Per prevenire il bullismo fisico, è importante creare un ambiente sicuro e solidale in cui tali azioni siano severamente vietate e punibili. Insegnare ai bambini competenze di risoluzione dei conflitti, incoraggiare l'assistenza reciproca e la tolleranza, nonché l'intervento attivo di insegnanti e genitori in caso di comportamenti aggressivi svolgono un ruolo chiave nella lotta contro questa forma di bullismo.

2. Bullismo verbale: è l'uso di parole o linguaggio per danneggiare, insultare o umiliare un altro bambino. Ciò può includere scherno, minacce, insulti, commenti sprezzanti, pettegolezzi e diffusione di voci.

Il bullismo verbale è una delle forme di aggressione più comuni e subdole che potrebbe non essere notata dagli altri, ma può avere gravi conseguenze per la vittima. Questo tipo di bullismo avviene attraverso commenti verbali o l'uso del linguaggio per umiliare, svantaggiare o discriminare un altro bambino.

Un esempio comune di bullismo verbale è il ridicolo o lo scherno, che può essere rivolto alla vittima per un lungo periodo di tempo, causandole vergogna, umiliazione e una sensazione di invisibilità. Le minacce possono anche essere utilizzate come forma di bullismo verbale, facendo sentire la vittima intimidita e impotente.

Nei contesti educativi, il bullismo verbale può manifestarsi in una varietà di forme, tra cui:

- Derisione e bullismo: ciò può includere commenti o battute costanti intesi a umiliare o insultare la vittima. Questi possono essere soprannomi, commenti derisori sull'aspetto, sull'intelligenza o su altre caratteristiche personali.

- Minacce e intimidazioni: si tratta di una forma di bullismo verbale in cui il bullo utilizza parole o linguaggio con scopi minacciosi o intimidatori. Potrebbero trattarsi di minacce di violenza fisica, ricatto o altre forme di minaccia.

- Insulti e commenti denigratori: ciò include l'uso di parole o frasi volgari o offensive intese a umiliare o minare la dignità della vittima.

- Diffusione di voci e pettegolezzi: si tratta di una forma di bullismo verbale in cui i bulli diffondono informazioni false o offensive sulla vittima al fine di danneggiarne la reputazione o lo status sociale.

- Esclusione o isolamento: ciò può includere ignorare o rifiutare di comunicare con la vittima, isolarla dai gruppi o escluderla da eventi sociali, portando a sentimenti di rifiuto e solitudine.

- Umiliazione e critica: comportano costanti commenti critici o umiliazioni nei confronti della vittima, che possono portare a una diminuzione della sua autostima e fiducia.

Queste sono solo alcune delle forme più comuni di bullismo verbale in ambito educativo. È importante prestare attenzione a tali manifestazioni e adottare misure per prevenirle e combatterle.

Insulti e commenti sprezzanti possono causare gravi danni all'autostima e al benessere psicologico della vittima, creando un ambiente di costante tensione e stress. Diffondere voci e pettegolezzi è anche una forma comune di bullismo verbale, che può portare all'esclusione sociale e all'abuso da parte di altri studenti.

Il bullismo verbale può causare profondi danni emotivi e psicologici che potrebbero non essere visibili a prima vista, ma hanno un impatto a lungo termine sulla vittima. Quando un bambino è costantemente sottoposto a umiliazioni, insulti o minacce verbali, ciò può portare ad una grave diminuzione dell'autostima e del senso di autostima. La vittima può iniziare a credere alle affermazioni negative che sono state fatte su di lei, portandola a un dialogo interiore negativo e a sentimenti di inadeguatezza.

Le parole dolorose possono anche lasciare cicatrici emotive che possono seguire la vittima per tutta la vita. Ciò può manifestarsi sotto forma di ansia, depressione, isolamento sociale e diminuzione della motivazione e della fiducia in se stessi. La vittima può iniziare a evitare le situazioni sociali, diventare timida o perdere fiducia in se stessa.

Inoltre, il bullismo verbale può avere un impatto anche sul rendimento scolastico e sui risultati. Insulti o critiche costanti da parte dei compagni o degli insegnanti possono distrarre la vittima dal processo di apprendimento e ridurre la sua motivazione ad apprendere.

Pertanto, sebbene le parole non lascino tracce fisiche, il loro impatto sullo stato emotivo e psicologico della vittima può essere profondo e duraturo.

È importante riconoscere che il bullismo verbale può lasciare ferite invisibili, con un grave impatto sullo stato emotivo e psicologico della vittima, quindi è necessario combattere attivamente questa forma di aggressione nell'istituto scolastico.

3. Bullismo sociale (emotivo): è una forma di bullismo che comporta l'isolamento, l'esclusione da un gruppo, la diffusione di voci o false

informazioni sulla vittima al fine di umiliarla o alienarla dagli altri.

Il bullismo sociale o emotivo è una forma di aggressione che si basa sulla manipolazione dei legami sociali e delle relazioni emotive con l'obiettivo di umiliare o escludere la vittima da un gruppo sociale. A differenza del bullismo fisico o verbale, che spesso è palese, il bullismo sociale può essere meno evidente ma può avere gravi conseguenze per la vittima.

L'isolamento e l'esclusione dal gruppo sono le principali caratteristiche del bullismo sociale. Ciò può includere ignorare la vittima, rifiutarsi di comunicare con lei o escluderla da eventi sociali o attività di gruppo. Tali azioni possono far sentire la vittima sola, alienata e invisibile, portandola a disagio emotivo e depressione.

L'isolamento e l'esclusione dai gruppi sono forme insidiose di bullismo sociale che possono lasciare profonde cicatrici emotive nella vittima. Quando gli altri bambini ignorano la vittima, rifiutano di interagire con lui o lo escludono dalle attività di gruppo, si crea una sensazione di invisibilità e non accettazione, lasciando la vittima in uno stato di isolamento sociale.

Una vittima di bullismo sociale può sentirsi letteralmente messa da parte ed esclusa da una struttura sociale in cui precedentemente si sentiva a suo agio e accettata. Ciò porta a sentimenti di solitudine e alienazione, che possono causare grave disagio emotivo e depressione.

L'isolamento e l'esclusione dal gruppo non solo distruggono l'autostima della vittima, ma possono anche compromettere gravemente il suo stato psicologico. Sentirsi invisibili e incapaci di connettersi con gli altri bambini può approfondire i sentimenti di alienazione e disorientamento, portando infine all'isolamento sociale e ad ulteriore disagio psicologico.

Diffondere voci e informazioni false è un'altra forma comune di bullismo sociale. Gli aggressori possono diffondere deliberatamente voci o false informazioni sulla vittima al fine di minarne la reputazione o provocare atteggiamenti negativi da parte degli altri. Ciò può portare all'isolamento sociale della vittima e ad aumentare ulteriormente la sua sofferenza.

Diffondere voci e informazioni false è uno strumento astuto e distruttivo del bullismo sociale che può ferire profondamente la vittima. Gli aggressori possono creare e diffondere deliberatamente voci o false dichiarazioni sulla vittima con lo scopo di umiliarla o danneggiarne la reputazione.

Questa forma di bullismo può avere gravi conseguenze per la vittima. Inizialmente, la diffusione di informazioni false provoca sfiducia e disgusto da parte degli altri, che possono portare all'isolamento sociale e all'alienazione. Inoltre, la vittima potrebbe avere difficoltà a stabilire un rapporto di fiducia con altre persone, poiché le voci potrebbero influenzare le sue percezioni e i suoi atteggiamenti nei suoi confronti.

Una delle caratteristiche più pericolose di questa forma di bullismo è che le voci possono diffondersi rapidamente e ampiamente, soprattutto nell'era dei social media e delle comunicazioni online. Ciò può portare a una diffusa disinformazione e a un maggiore impatto negativo sulla vittima, che aumenta la sua sofferenza e porta a un ulteriore isolamento sociale.

È importante capire che il bullismo sociale può avere un grave impatto sullo stato psicologico e sull'adattamento sociale dei bambini e degli adolescenti. È importante rendersi conto che il bullismo sociale non crea solo disagi temporanei, ma ha anche un impatto profondo e a lungo termine sullo stato psicologico e sull'adattamento sociale dei bambini e degli adolescenti. I persistenti sentimenti di isolamento, paura, rifiuto e vulnerabilità che accompagnano il bullismo sociale possono essere distruttivi per il benessere emotivo dei giovani.

Le conseguenze psicologiche del bullismo sociale possono includere depressione, ansia, bassa autostima, comportamento aggressivo, nonché vari tipi di problemi psicosomatici. I bambini e gli adolescenti vittime di bullismo sociale spesso hanno difficoltà a stabilire rapporti di fiducia con gli altri, il che può portare all'isolamento e all'alienazione dalla società.

Inoltre, il bullismo sociale può avere un impatto negativo sull'adattamento sociale di un bambino o di un adolescente. Può influenzare la capacità di una persona di formare e mantenere amicizie e sviluppare l'empatia e le abilità sociali necessarie per interagire con successo con il mondo che la circonda. Pertanto, le conseguenze psicologiche e sociali del bullismo sociale possono essere significative e richiedere seria attenzione e sostegno da parte della società, dei genitori e degli insegnanti.

L'aspetto positivo di questa forma di bullismo è che può essere più subdolo e difficile da individuare, il che rende più difficile prevenirlo e affrontarlo. Il bullismo sociale o emotivo può avere una serie di gravi conseguenze per la vittima, tra cui:

- Problemi emotivi: le vittime del bullismo sociale spesso sperimentano sentimenti di paura, ansia, depressione e alienazione. Possono sentirsi isolati e invisibili, il che ha un impatto negativo sul loro benessere emotivo.

- Isolamento sociale: gli effetti del bullismo sociale possono far sì che la vittima si senta isolata dai coetanei e abbia difficoltà a formare e mantenere amicizie. Ciò potrebbe esacerbare i suoi sentimenti di solitudine e alienazione.

- Diminuzione dell'autostima: l'umiliazione costante, l'esclusione dal gruppo e la diffusione di false informazioni possono portare ad una diminuzione dell'autostima della vittima. Potrebbero iniziare a dubitare di se stessi, delle proprie capacità e del proprio valore come persona.

- Problemi psicologici: il bullismo sociale può causare seri problemi psicologici nella vittima come disturbi d'ansia, sindrome da stress post-traumatico (PTSS), pensieri suicidi e persino tentativi di suicidio.

- Difficoltà di apprendimento: le vittime di bullismo sociale possono sperimentare difficoltà di apprendimento a causa della diminuzione della motivazione, della mancanza di concentrazione e della distanza dall'apprendimento, che in definitiva possono influenzare i loro voti e risultati accademici.

- Incompetenza sociale: l'esclusione cronica dai gruppi sociali e le interazioni sociali negative possono influenzare lo sviluppo delle abilità sociali nella vittima, che a lungo termine può portare a problemi nello stabilire relazioni sane e nell'integrazione nella società.

- Problemi comportamentali: le vittime del bullismo sociale possono mostrare un comportamento aggressivo o, al contrario, diventare passive ed evitare i conflitti. Possono avere difficoltà a comunicare con gli altri e mostrare anomalie comportamentali come essere antisociali o evitare situazioni sociali.

- Sintomi fisici: lo stress prolungato e la tensione emotiva causati dal bullismo sociale possono anche portare a sintomi fisici come insonnia, mal di testa, disturbi di stomaco, diminuzione del sistema immunitario e altri sintomi fisici.

- Perdita di interessi e hobby: le vittime di bullismo sociale possono perdere interesse per gli hobby, gli hobby o gli amici precedenti a causa dello stress costante e della depressione.

- Problemi nell'interazione con le figure autoritarie: a causa della bassa autostima e del senso di inadeguatezza, le vittime del bullismo sociale possono avere difficoltà a stabilire rapporti di fiducia con insegnanti o altre figure autoritarie, il che può influenzare il loro processo educativo e il loro sviluppo.

Queste e molte altre conseguenze del bullismo sociale possono avere un grave impatto sulla vita e sul benessere della vittima, sia durante l'infanzia che in futuro.

4. Cyberbullismo: è una forma di bullismo che si verifica in spazi virtuali come social network, forum, chat room o messaggi. Il cyberbullismo può includere minacce, insulti, commenti incitanti all'odio o pubblicazione di materiale offensivo o sgradevole sulla vittima.

Il cyberbullismo è una forma dannosa di aggressione che si sviluppa nel mondo virtuale, attraverso diverse piattaforme online e social media. Negli ambienti educativi, il cyberbullismo può assumere molte forme, tra cui:

- Messaggi offensivi: la vittima riceve messaggi offensivi, minacciosi o spiacevoli tramite SMS, e-mail o messaggistica istantanea.

- Diffusione di informazioni false: i bulli possono diffondere voci o informazioni negative sulla vittima attraverso social network, forum o blog.

- Commenti offensivi sui social media: la vittima potrebbe ricevere commenti offensivi sui suoi post, foto o video sui social media.

- Creazione di profili falsi: gli aggressori possono creare profili falsi sui social network o sui forum per umiliare o screditare la vittima.

- Cyberumiliazione nei giochi online: nei giochi online multiplayer, i bulli possono utilizzare commenti o azioni dispregiative nei confronti di altri giocatori.

- Ignoranza dannosa: questa è una forma di cyberbullismo in cui la vittima viene deliberatamente ignorata nei gruppi online o nelle chat room, il che può portare a sentimenti di isolamento e alienazione.

- Ricatto informatico: gli aggressori possono minacciare la vittima di divulgare informazioni personali o materiale compromettente se non soddisfa le sue richieste.

- Hacking dell'account: la vittima potrebbe subire cyberbullismo attraverso l'hacking o l'accesso non autorizzato ai propri account online, che potrebbe comportare la pubblicazione di informazioni personali o contenuti negativi.

- Commenti offensivi o minacciosi nei documenti online: la vittima potrebbe riscontrare commenti offensivi o minacciosi nei documenti condivisi online per scopi didattici.

- Creazione di meme e immagini negative: gli autori di abusi possono creare o distribuire meme, immagini o cartoni animati che danneggiano la reputazione della vittima o causano vergogna.

- Gruppi o comunità negative: potrebbero esserci gruppi o comunità online dedicati all'umiliazione o al bullismo di specifici studenti o gruppi di studenti.

- Aggressioni durante le lezioni online: la vittima può subire commenti offensivi, incitamento all'odio o minacce da parte dei suoi compagni di classe o insegnanti durante le lezioni online o l'apprendimento a distanza.

- Abuso informatico attraverso piattaforme di gioco: nei giochi online, gli autori di abusi possono utilizzare insulti, minacce o persino manipolare il gameplay per umiliare o danneggiare altri giocatori.

- Cyberbullismo sotto forma di sondaggi o questionari anonimi: la vittima può incontrare sondaggi o questionari anonimi che contengono minacce, insulti o altre forme di linguaggio negativo.

- Commenti molesti su piattaforme educative: la vittima potrebbe riscontrare commenti offensivi o minacciosi su piattaforme di apprendimento online come discussioni sui corsi, forum o app educative.

- E-mail o messaggi intrusivi: gli autori di abusi possono inviare alla vittima numerose e-mail o messaggi intrusivi contenenti minacce, insulti o altre forme di contenuto negativo.

- Cyberbullismo attraverso applicazioni mobili: la vittima può subire cyberbullismo attraverso applicazioni mobili come messaggistica istantanea, giochi o social network, dove i bulli possono attaccarla o umiliarla.

- Cyberbullismo durante le trasmissioni online: la vittima può subire insulti, minacce o altre forme di cyberbullismo durante le trasmissioni o gli streaming online che ospita o a cui partecipa.

- Commenti sgradevoli nei video o nelle registrazioni audio: i bulli possono lasciare commenti negativi o minacce nei commenti dei video o delle registrazioni audio creati dalla vittima e pubblicati online.

- Cyberbullismo attraverso i giochi online: nei giochi online multiplayer, i bulli possono insultare, minacciare o disturbare intenzionalmente la vittima, il che può portare a sentimenti di paura e ansia.

E questo non è nemmeno un elenco completo delle forme di cyberbullismo, poiché ce ne sono moltissime e periodicamente sorgono nuove forme.

Una delle caratteristiche del cyberbullismo è l'anonimato e l'ampia portata del pubblico. I bulli possono nascondere la propria identità e attaccare le vittime nell'ombra, mentre i messaggi e i contenuti possono diffondersi rapidamente online, raggiungendo un vasto pubblico in pochi minuti.

Ciò crea una particolare forma di stress per la vittima, che può sentirsi costantemente minacciata e indifesa. La capacità del cyberbullismo di penetrare nello spazio personale della vittima attraverso i telefoni cellulari e altri dispositivi ne rende continua e impossibile l'elusione.

Il cyberbullismo in contesti educativi può avere effetti sia a breve che a lungo termine sulla vittima.

Gli effetti a breve termine includono:

- Disturbi emotivi: la vittima può provare stress, ansia, paura e depressione a seguito di minacce, insulti e umiliazioni pubbliche nell'ambiente online.

- Diminuzione della motivazione accademica: il cyberbullismo può distrarre la vittima dallo studio, riducendo il suo interesse per i materiali didattici e riducendo la produttività accademica.

- Compromissione del benessere mentale: il cyberbullismo può influenzare l'autostima e la fiducia della vittima, portando a sentimenti di impotenza e alienazione.

- Reazioni fisiche: alcune vittime di cyberbullismo possono manifestare sintomi fisici come mal di testa, mal di stomaco, insonnia o persino attacchi di panico.

- Reazioni fisiche: gli effetti a breve termine del cyberbullismo possono includere reazioni fisiche come aumento della frequenza cardiaca, sudorazione, tremori, vertigini o disturbi di stomaco.

- Paura e ansia: la vittima può provare paura per ciò che verrà detto o fatto nell'ambiente online e ansia per le conseguenze che potrebbero derivare dal cyberbullismo.

- Sentimento di impotenza: l'esposizione cronica al cyberbullismo può far sentire le vittime impotenti e alienate, incapaci di difendersi o di cambiare la situazione.

- Diminuzione dell'autostima: il cyberbullismo può minare in modo significativo l'autostima e la fiducia in se stesse della vittima, il che può portare a una percezione negativa della propria personalità e delle proprie capacità.

- Problemi sociali: una vittima di cyberbullismo può avere difficoltà a stabilire e mantenere relazioni sociali a causa di sentimenti di vergogna o paura dello stigma sociale.

- Distrazione dagli studi: il cyberbullismo può distrarre la vittima dalle responsabilità accademiche e portare a una diminuzione della concentrazione, che può influenzare il suo rendimento scolastico e l'interesse per l'apprendimento.

- Crisi emotive: il bullismo online può causare crisi emotive nella vittima, come attacchi di panico, apatia o forti scoppi emotivi.

- Cambiamenti comportamentali negativi: una vittima di cyberbullismo può mostrare cambiamenti negativi nel proprio comportamento, come evitamento, ritiro, aggressività o sbalzi d'umore.

- Sintomi fisici: il cyberbullismo può portare a sintomi fisici come insonnia, mal di testa, disturbi di stomaco o altri sintomi di stress e ansia.

- Salute compromessa: la tensione e lo stress costanti causati dal cyberbullismo possono avere un impatto negativo sulla salute generale della vittima, aumentando il rischio per il benessere fisico e mentale.

- Sfiducia verso gli altri: le vittime di cyberbullismo possono iniziare a provare sfiducia verso gli altri, inclusi colleghi, amici e persino parenti stretti, il che può portare al deterioramento delle loro relazioni sociali e all'isolamento.

Gli effetti a lungo termine includono:

- Problemi psicologici: il cyberbullismo può portare a problemi psicologici a lungo termine come disturbo da stress post-traumatico (PTSD), disturbi d'ansia e depressione.

- Diminuzione dell'autostima: l'esposizione prolungata al cyberbullismo può distruggere l'autostima e la fiducia in se stesse della vittima.

- Isolamento sociale: la vittima può evitare di interagire con gli altri, sentendosi rifiutata e incompresa, il che può portare all'isolamento sociale.

- Problemi accademici: l'esposizione cronica al cyberbullismo può portare all'assenteismo, a voti inferiori e persino alla laurea prematura.

Gli effetti a lungo termine del cyberbullismo sulla vittima possono includere:

- Disturbi psicologici: l'esposizione cronica al cyberbullismo può portare allo sviluppo di gravi disturbi psicologici come depressione, disturbi d'ansia, disturbo da stress post-traumatico (PTSD) o fobia sociale.

- Immagine di sé negativa: l'esposizione a lungo termine al cyberbullismo può portare la vittima a sviluppare un'immagine di sé negativa, che può influenzare la sua autostima, autostima e fiducia in se stessi.

- Problemi relazionali: una vittima di cyberbullismo può avere difficoltà a stabilire e mantenere relazioni sane con gli altri a causa della sfiducia, dell'isolamento sociale o della mancanza di capacità di comunicazione.

- Diminuzione del rendimento scolastico: gli effetti stressanti a lungo termine del cyberbullismo possono influenzare il rendimento scolastico della vittima, portando a un calo dell'interesse per l'apprendimento, una minore concentrazione e una minore motivazione al successo.

- Rischio di isolamento sociale: l'esposizione a lungo termine al cyberbullismo può aumentare il rischio di isolamento sociale della vittima, che può deteriorare ulteriormente il suo benessere psicologico ed emotivo.

- Problemi di fiducia: l'esposizione a lungo termine al cyberbullismo può rendere difficile per le vittime fidarsi degli altri che li circondano poiché potrebbero sviluppare la convinzione che gli altri non li supportino o non li proteggano, il che alla fine può rendere difficile formare relazioni strette in futuro .

- Impatto negativo sulla carriera: le conseguenze del cyberbullismo possono essere rintracciate in tutta la vita successiva della vittima, compresa la sua carriera. La sofferenza a scuola può incidere sulla fiducia e sullo sviluppo professionale, creando ostacoli a una carriera di successo.

- Rischi per la salute: lo stress cronico causato dal cyberbullismo può aumentare i rischi per la salute fisica, poiché lo stress costante può portare a un indebolimento del sistema immunitario, nonché a problemi di sonno, appetito e altri aspetti della salute.

Le conseguenze psicologiche ed emotive del cyberbullismo possono essere significative e non possono essere curate.

5. Bullismo sessuale: è una forma di bullismo che comporta commenti, gesti, avance sessuali indesiderati o altre forme di molestie sessuali intese a umiliare o violare la dignità della vittima.

Il bullismo sessuale in ambito educativo è un problema serio in cui la vittima è soggetta a comportamenti sessuali indesiderati o offensivi. Ciò può includere varie forme di molestie come commenti osceni, gesti volgari, contatti indesiderati, violazione della privacy, ricatti, minacce o persino aggressioni fisiche.

Lo scopo principale del bullismo sessuale non è solo quello di provocare emozioni spiacevoli o imbarazzanti nella vittima, ma anche di umiliarla, minare la sua autostima e disturbare il suo benessere psicologico. Queste forme di aggressione possono lasciare profonde ferite emotive e psicologiche nella vittima, oltre ad avere un impatto sul suo adattamento accademico e sociale a scuola.

Gli effetti del bullismo sessuale in contesti educativi sulla vittima possono essere vari e possono avere un impatto sul suo benessere fisico, emotivo e psicologico:

- Conseguenze emotive e psicologiche: le vittime di bullismo sessuale possono provare sentimenti di vergogna, senso di colpa, paura, incomprensione e depressione. Possono provare ansia e mancanza di fiducia in se stessi, che possono avere un impatto negativo sulla loro autostima e sul benessere emotivo.

- Isolamento sociale: le vittime possono sentirsi isolate dai coetanei a causa della paura di essere molestate sessualmente o a causa delle reazioni negative degli altri all'incidente. Ciò può portare all'esclusione dal gruppo e alla difficoltà di formare o mantenere amicizie.

- Problemi psicosomatici: lo stress e l'ansia a lungo termine causati dal bullismo sessuale possono portare allo sviluppo di vari problemi fisici come mal di testa, disturbi di stomaco, problemi di sonno e altri sintomi legati allo stress.

- Perdita di interesse per gli studi e problemi accademici: le vittime possono avere difficoltà a concentrarsi sugli studi a causa dell'impatto negativo sul loro stato psicologico. Ciò può portare a scarso rendimento, assenteismo e perdita di interesse per l'apprendimento.

- Trauma psicosociale: il bullismo sessuale può lasciare nella vittima un profondo trauma psicologico che può accompagnarla per tutta la vita. Ciò può portare a problemi a lungo termine con l'adattamento sociale, le relazioni e il benessere emotivo.

Queste conseguenze evidenziano la necessità di un intervento significativo e di una prevenzione del bullismo sessuale nei contesti educativi, nonché di sostenere le vittime e aiutarle ad affrontare le loro esperienze traumatiche.

Il bullismo sessuale può anche creare un clima di paura e incertezza in un contesto educativo che interferisce con il normale apprendimento e la socializzazione della vittima. Ciò può portare a un calo della motivazione all'apprendimento, alla mancanza di concentrazione durante le lezioni e a problemi nello stabilire relazioni sociali sane con i coetanei.

È importante riconoscere la gravità del bullismo sessuale e adottare misure per prevenirlo e punirlo nei contesti educativi. Ciò richiede un intervento attivo da parte di insegnanti, amministratori e genitori, nonché l'insegnamento agli studenti delle competenze di rispetto, tolleranza ed empatia.

6. Bullismo religioso e razziale: si tratta di forme di bullismo basate sul background religioso o razziale della vittima. Ciò può includere minacce, insulti o trattamenti discriminatori basati su convinzioni religiose o razziali.

Il bullismo religioso e razziale sono gravi forme di discriminazione che hanno un impatto negativo sulle vittime:

- Minacce e insulti: le vittime possono subire minacce, insulti e commenti denigratori riguardo al loro credo religioso o alla loro razza. Questo può farli sentire paurosi, ansiosi e vulnerabili.

- Trattamento discriminatorio: le vittime possono subire discriminazioni nell'ambiente scolastico sulla base delle loro convinzioni religiose o razziali. Ciò può manifestarsi sotto forma di isolamento, atteggiamenti negativi da parte di insegnanti o compagni di classe o accesso limitato a determinate opportunità o risorse.

- Conseguenze psicologiche ed emotive: il bullismo religioso e razziale può portare a gravi problemi psicologici ed emotivi per la vittima. Ciò può includere sentimenti di inferiorità, perdita di autostima, ansia e depressione.

- Risultati scolastici e adattamento sociale compromessi: le vittime possono incontrare difficoltà nell'adattamento accademico e sociale a causa dell'esposizione al bullismo religioso e razziale. Ciò può portare a un calo del rendimento scolastico, all'assenteismo e all'isolamento dai coetanei.

- Potenziali effetti a lungo termine: il bullismo religioso e razziale può lasciare cicatrici psicologiche a lungo termine sulla vittima, influenzando la sua capacità di formare relazioni sane, auto-accettazione e attività sociali in futuro.

Queste implicazioni evidenziano l'importanza di affrontare il bullismo religioso e razziale nei contesti educativi e di creare un ambiente sicuro e solidale per tutti gli studenti.

Nel complesso, il bullismo religioso e razziale ha un grave impatto sulle vittime e richiede l'attenzione da parte delle istituzioni educative e della società in generale per prevenire tali eventi e sostenere le vittime.

7. Bullismo economico: questa è una forma di bullismo in cui i bambini usano il loro potere materiale o le loro risorse per svantaggiare o umiliare altri bambini. Ciò può includere la richiesta di denaro, giocattoli o altri oggetti di valore o l'esclusione degli stessi dalle attività disponibili solo a coloro che possono permetterseli.

Il bullismo economico è una forma di pressione o minaccia basata sulle risorse materiali e può avere le seguenti manifestazioni:

- Estorsione di denaro o oggetti di valore: i bambini possono richiedere denaro o oggetti di valore ad altri bambini sotto minaccia di violenza o altre conseguenze negative. Ciò può includere l'essere costretti a rinunciare alla paghetta, ai giocattoli o ad altri oggetti.

- Esclusione dal gruppo o dalle attività: i bambini possono usare il loro potere finanziario per escludere o limitare l'accesso di altri bambini ad attività o attività di gruppo chiedendo un pagamento per la partecipazione o minacciando l'esclusione.

- Umiliazione finanziaria: il bullismo economico può manifestarsi anche attraverso commenti o azioni dispregiative legate alla situazione finanziaria di altri bambini. Ad esempio, i bambini possono ridicolizzare o umiliare coloro che non possono permettersi determinati beni o servizi.

- Pressione e controllo materiale: alcuni bambini possono utilizzare le proprie risorse materiali per controllare o gestire gli altri, costringendoli a compiere determinate azioni o seguire determinate regole sotto la minaccia di vedersi negato l'accesso ai beni materiali.

- Coercizione all'acquisto: i bambini possono costringere gli altri ad acquistare determinati beni o servizi, sottolineando la loro forza materiale o il loro status sociale.

- Minacce di perdita di denaro o oggetti di valore: il bullo può minacciare di prendere denaro o oggetti di valore ad altri bambini se non soddisfano le sue richieste o non seguono le sue istruzioni.

- Negare aiuto o sostegno: i bambini possono usare il loro potere finanziario per negare l'aiuto o il sostegno ad altri bambini, creando dipendenza e controllo su di loro.

- Violazione dei diritti di accesso: il bullismo economico può comportare restrizioni all'accesso a luoghi o servizi pubblici, come l'accesso ai giochi, all'intrattenimento, all'acquisto del pranzo o alla partecipazione alle attività scolastiche.

- Discriminazione sul reddito: i bambini possono essere discriminati o umiliati a causa della loro situazione finanziaria o della mancanza di risorse materiali, il che può portare all'isolamento sociale e al danno psicologico.

- Utilizzo dello status o della ricchezza materiale per la manipolazione: i bambini possono usare il loro potere materiale o il loro status nella società per manipolare altri bambini o raggiungere i propri obiettivi, il che può portare a disuguaglianza e ingiustizia.

Il bullismo economico può avere gravi conseguenze per i bambini, tra cui diminuzione dell'autostima, ansia, depressione, isolamento sociale e scarso rendimento scolastico. Inoltre, può contribuire alla creazione di norme di ingiustizia e disuguaglianza nella società, che possono avere un impatto negativo sullo sviluppo della personalità e sull'adattamento sociale dei bambini.

Il bullismo economico può creare disuguaglianza e discriminazione tra i bambini nei contesti educativi, oltre a lasciare conseguenze a lungo termine per le vittime sotto forma di diminuzione dell'autostima, isolamento sociale e conseguenze emotive negative.

8. Bullismo di genere: questa è una forma di bullismo che comporta insulti sessuali o molestie basate sul genere. Ciò può includere molestie fisiche o verbali, abusi basati sul genere o bullismo basato sull'orientamento sessuale.

Il bullismo di genere in contesti educativi è un problema serio che può portare a conseguenze negative per la vittima. Ecco alcuni aspetti da considerare:

- Molestie fisiche: includono toccare, baciare, abbracciare o altre forme di contatto fisico non richieste dalla vittima. Queste azioni possono causare paura, ansia e disagio nella vittima.

- Molestie verbali: possono includere commenti dispregiativi, battute o soprannomi legati al genere o all'orientamento sessuale della vittima. Queste parole possono causare dolore emotivo e umiliazione, oltre ad avere un impatto negativo sull'autostima e sul benessere psicologico della vittima.

- Intimidazione sessuale: è una forma di bullismo in cui la vittima viene minacciata di violenza sessuale o altre conseguenze negative se rifiuta avance o richieste sessuali. Ciò può creare sentimenti di vulnerabilità, paura e ansia nella vittima.

- Molestie basate sul genere o sull'orientamento sessuale: includono commenti o azioni intese a umiliare o sminuire la vittima a causa del suo genere o orientamento sessuale. Queste forme di bullismo possono portare all'isolamento sociale, alla depressione e alla bassa autostima.

- Scherzi e aneddoti sessuali: possono essere commenti o battute su argomenti o eventi sessuali che la vittima trova offensivi o inappropriati. Ciò può far sentire la vittima a disagio, vergogna e paura.

- Discriminazione mirata: nel caso del bullismo basato sul genere, le vittime possono essere discriminate in base al loro genere o al loro orientamento sessuale. Ciò può assumere la forma di limitare l'accesso a determinate attività, opportunità o risorse o di escluderle da un gruppo o squadra.

- Bullismo su Internet e cyberbullismo: con l'uso della tecnologia moderna, il bullismo sessuale può diffondersi attraverso Internet e i social network. Ciò include la pubblicazione di commenti, fotografie o video dispregiativi e l'invio di messaggi minacciosi o osceni. Queste azioni possono essere di natura globale e lasciare la vittima con un senso di impotenza e isolamento.

- Conseguenze psicologiche: il bullismo sessuale può lasciare conseguenze psicologiche a lungo termine come disturbo da stress post-traumatico, depressione, ansia e diminuzione dell'autostima. Le vittime possono avere difficoltà a stabilire relazioni sane e fiducia negli altri a causa delle esperienze negative associate al bullismo sessuale.

Il bullismo di genere può avere gravi conseguenze sulla vittima, tra cui traumi emotivi, diminuzione dell'autostima, isolamento sociale e diminuzione del rendimento scolastico e del benessere generale. È importante tenerne conto quando si sviluppano strategie per prevenire e combattere questa forma di bullismo.

9. Mobbing: è una forma di bullismo in cui la vittima viene sistematicamente attaccata e umiliata da un gruppo o collettivo. Il mobbing

viene spesso attuato con l'obiettivo di espellere o isolare socialmente la vittima da una squadra o comunità.

Il mobbing nelle istituzioni educative può manifestarsi in varie forme, tra cui:

- Esclusione sociale: la vittima può essere esclusa da eventi sociali, attività di gruppo o giochi, rimanendo fuori dal gruppo.

- Bullismo sistematico: può includere costanti commenti sprezzanti, insulti e scherni da parte di un gruppo o di una classe.

- Isolamento: la vittima può essere deliberatamente isolata dagli altri studenti, creando una sensazione di solitudine e alienazione.

- Pressione psicologica: comprende minacce, ricatti, manipolazioni e altre forme di pressione psicologica per controllare o umiliare la vittima.

- Violenza fisica: in alcuni casi il mobbing può trasformarsi in violenza fisica, come percosse, spinte o altre forme di aggressione.

- Stress emotivo: attacchi e umiliazioni costanti possono causare stress emotivo, ansia, depressione e bassa autostima nella vittima.

- Imposizione costante di senso di colpa e vergogna: i mobber possono intenzionalmente indurre sentimenti di colpa e vergogna nella vittima, il che aumenta il loro controllo e la loro umiliazione.

- Ignorare il problema: il mobbing è spesso accompagnato dalla negazione del problema o dall'inazione da parte di insegnanti e genitori, il che aumenta la sofferenza della vittima e facilita il comportamento dei mobber.

Il mobbing può portare a gravi conseguenze per la vittima, tra cui problemi psicologici, calo del rendimento scolastico, isolamento sociale e, in alcuni casi, persino pensieri o tentativi di suicidio.

10. Bullismo psicologico: è una forma di bullismo in cui la vittima è sottoposta a pressioni psicologiche, minacce o manipolazioni a scopo di controllo o umiliazione. Ciò può comportare la manipolazione, la minaccia o la pressione sulla vittima affinché pieghi la sua volontà o mini la sua autostima.

Il bullismo psicologico nelle istituzioni educative può manifestarsi in varie forme, tra cui:

- Manipolazione: i mobber possono utilizzare tecniche manipolative per controllare una vittima o manipolarne il comportamento, i sentimenti o i pensieri.

- Minacce e ricatti: la vittima può essere minacciata, ricattata o costretta a compiere determinate azioni sotto la minaccia di rivelare informazioni personali o causare danni.

- Dominanza e controllo: i mobber cercano di dominare la vittima, sottomettere la sua volontà o controllare la sua vita, il che può causare sentimenti di impotenza e ansia nella vittima.

- Pressione mentale: comprende critiche costanti, umiliazioni, insulti e altre forme di pressione psicologica volte a minare l'autostima e la fiducia della vittima.

- Isolamento e ignoranza: i mobber possono isolare intenzionalmente una vittima ignorando la sua presenza o negando i suoi sentimenti e bisogni, il che può portare a sentimenti di solitudine e impotenza.

- Umiliazione sistematica: il bullismo psicologico può comportare l'umiliazione sistematica della vittima creando un'immagine negativa di se stessa e delle sue capacità.

- Stress psicologico e ansia: la vittima di bullismo psicologico sperimenta spesso stress, ansia e paura costanti per le conseguenze degli attacchi.

- Isolamento sociale: le conseguenze del bullismo psicologico possono essere l'isolamento sociale, in cui la vittima si sente rifiutata e incapace di stabilire relazioni sane con gli altri.

- Perdita di interesse per gli studi e le attività: le vittime di bullismo psicologico possono perdere la motivazione a studiare e a partecipare a varie attività a causa della bassa autostima e del senso di impotenza.

- Sintomi fisici: lo stress psicologico può portare a sintomi fisici come mal di testa, mal di stomaco, disturbi del sonno o perdita di appetito.

- Problemi psicosomatici: le vittime di bullismo psicologico possono sperimentare vari problemi psicosomatici, come il peggioramento delle condizioni di salute, malattie legate allo stress o il peggioramento di malattie croniche.

- Autoisolamento e depressione: il bullismo psicologico può portare all'autoisolamento e all'aggravarsi della depressione nella vittima, che peggiora il suo stato psicologico e la qualità della vita.

- Pensieri e comportamenti suicidari: in casi estremi, il bullismo psicologico può portare allo sviluppo di pensieri e comportamenti suicidi nella vittima, soprattutto se supporto e aiuto non vengono forniti in modo tempestivo.

- Conseguenze traumatiche: il bullismo psicologico può lasciare conseguenze traumatiche a lungo termine, inclusi problemi di autostima, fiducia negli altri e relazioni sociali e interpersonali.

Il bullismo psicologico può avere gravi conseguenze per la vittima, inclusi problemi psicologici come depressione, ansia, disturbo da stress post-traumatico, nonché una diminuzione dell'autostima e del rendimento scolastico.

11. Esclusione mirata: si tratta di una forma di bullismo in cui la vittima viene sistematicamente esclusa dal gruppo o ignorata, impedendole di partecipare ad attività sociali o di gruppo.

L'esclusione intenzionale è una delle forme più spregevoli di bullismo, soprattutto negli istituti scolastici. In questa forma, la vittima diventa oggetto di ostracismo sistematico o di abbandono da parte dei pari o della collettività. Ciò può includere il rifiuto di invitare la vittima a eventi sociali, giochi o incarichi di gruppo o l'evitare intenzionalmente il contatto con la vittima al di fuori della scuola.

Questo comportamento crea una sensazione di alienazione e inaccettabilità per la vittima nella squadra, che può portare a un deterioramento del suo stato psicologico. Si sentono invisibili e poco importanti agli occhi degli altri, il che mina notevolmente la loro autostima e fiducia in se stessi.

L'impatto psicologico dell'esclusione mirata su una vittima di bullismo può essere grave e duraturo. La sensazione di alienazione e inaccettabilità nella squadra crea stress e ansia costanti nella vittima. Possono gradualmente iniziare a perdere fiducia in se stessi, diventando passivi e ritirati.

La costante repressione e umiliazione possono anche lasciare la vittima impotente e ansiosa. Ciò può portare a depressione, ansia e persino disturbo da stress post-traumatico (PTSD). Malattie psicologiche come depressione, ansia e disturbo da stress post-traumatico possono compromettere in modo significativo la qualità della vita della vittima e richiedono un intervento e un trattamento professionale.

Inoltre, le conseguenze a lungo termine dell'esclusione mirata possono includere problemi nella formazione di relazioni sane, isolamento sociale e persino un rendimento scolastico peggiore. Tutto ciò può avere un impatto negativo sullo sviluppo della personalità e sull'adattamento sociale della vittima in futuro.

L'esclusione intenzionale può far sentire la vittima sola e alienata, il che a sua volta può influire sulla sua salute mentale e sul suo adattamento sociale. Inoltre, questa forma di bullismo può portare a conseguenze traumatiche a lungo termine, inclusi problemi nella formazione di relazioni sane e nella fiducia negli altri.

12. Abuso mentale: è una forma di bullismo in cui la vittima è sottoposta ad attacchi psicologici, come minacce, ricatto o coercizione a compiere determinate azioni.

La violenza mentale nelle istituzioni educative è una forma di bullismo che può manifestarsi in vari modi. Comprende attacchi psicologici diretti alla vittima, come minacce, ricatti, umiliazioni, coercizione a compiere determinate azioni o persino manipolazione.

Questo tipo di bullismo può avvenire sia davanti ad altre persone che al di fuori di esse, utilizzando diversi mezzi di comunicazione come messaggi, social network o anche appunti anonimi. L'abuso mentale può causare gravi danni alla salute mentale della vittima, lasciando ferite invisibili ma profonde.

Le vittime di questo tipo di bullismo possono provare costante stress, ansia e irrequietezza. Possono provare sentimenti di impotenza e disperazione di fronte alle azioni offensive dei loro aggressori. Di conseguenza, spesso si isolano, evitano di socializzare con gli altri e perdono la fiducia in se stessi.

La violenza mentale in contesti educativi può avere gravi conseguenze per la salute mentale della vittima, tra cui depressione, disturbi d'ansia, diminuzione dell'autostima e compromissione del rendimento scolastico e dell'adattamento sociale.

13. Bullismo religioso: questa è una forma di bullismo religioso in cui la vittima viene attaccata o molestata a causa delle sue convinzioni religiose.

Il bullismo religioso è una forma di bullismo in cui la vittima viene attaccata o molestata a causa del suo credo religioso o dell'appartenenza a un particolare gruppo religioso. Questo tipo di bullismo può manifestarsi in vari modi, inclusi insulti, minacce, discriminazioni e persino violenza fisica.

Le vittime del bullismo religioso possono affrontare il ridicolo, il disprezzo o persino la violenza da parte dei loro coetanei o persino degli educatori a causa della loro fede o pratica religiosa. Potrebbero essere oggetto di scherzi, critiche o addirittura di esclusione dai gruppi sociali a causa delle loro convinzioni religiose.

Tali attacchi alle credenze religiose possono causare danni significativi al benessere mentale ed emotivo della vittima. Possono sentirsi isolati, infelici e persino temere per la propria sicurezza a causa dell'ostilità degli altri.

Inoltre, il bullismo religioso può far sì che le vittime si vergognino o si sentano in colpa nei confronti della loro religione, il che può influenzare la loro autostima e l'accettazione di sé. Può anche portare a un calo dei risultati accademici, all'isolamento sociale e persino allo sviluppo di problemi psicologici come depressione e disturbi d'ansia.

14. Bullismo omofobico: è una forma di bullismo basata sul pregiudizio o sul rifiuto dell'orientamento sessuale della vittima, che porta alla discriminazione o all'aggressione contro persone con un orientamento sessuale diverso.

Il bullismo omofobico nei contesti educativi è una forma di bullismo che si basa sul pregiudizio o sul rifiuto dell'orientamento sessuale della vittima e si traduce in discriminazione o aggressione contro persone con un orientamento sessuale diverso, come gay, lesbiche, bisessuali o transgender.

Questo tipo di bullismo può assumere molte forme, tra cui insulti, umiliazioni, bullismo, violenza fisica o addirittura minacce alla vita. Le vittime del bullismo omofobico sono spesso soggette a stereotipi, pregiudizi e odio da parte dei loro coetanei o persino degli insegnanti a causa del loro orientamento sessuale o della loro identità di genere.

Questo tipo di bullismo può avere gravi conseguenze psicologiche ed emotive per la vittima. Possono provare paura, ansia, vergogna e depressione a causa dell'ostilità degli altri. Di conseguenza, potrebbero isolarsi socialmente, perdere interesse per la scuola e sviluppare problemi di salute mentale come il disturbo da stress post-traumatico (PTSS) o la depressione. Il bullismo omofobico può anche portare a pensieri suicidi o tentativi di suicidio nella vittima.

15. Partecipazione forzata ad attività dannose: questa è una forma di bullismo in cui la vittima è costretta a partecipare ad attività distruttive o illegali contro la sua volontà, come l'uso di droghe o il fumo.

La partecipazione forzata ad attività dannose in contesti educativi è una forma di bullismo in cui la vittima è costretta a partecipare ad attività distruttive o illegali contro la sua volontà. Ciò può includere minacce, ricatti o altre forme di pressione sulla vittima affinché adotti comportamenti indesiderati o pericolosi, come l'uso di droghe o il fumo.

In questa forma di bullismo, i bulli possono utilizzare vari metodi per costringere la vittima a soddisfare le sue richieste, come minacce di violenza fisica, ricatto o addirittura promesse di protezione in cambio di azioni indesiderate.

Per la vittima, ciò può significare non solo pressione fisica e psicologica, ma anche violazione dei propri confini e valori. Spesso si sentono impotenti di fronte al potere dell'aggressore e possono provare paura, vergogna e disperazione. Come risultato di tale esposizione, le vittime possono sperimentare gravi conseguenze psicologiche come disturbi d'ansia, depressione, isolamento sociale e alienazione dagli altri.

16. Bullismo fisico o umiliazione: questa è una forma di bullismo in cui la vittima viene vittima di bullismo o umiliazione a causa delle sue caratteristiche fisiche, come peso, altezza, colore della pelle o aspetto.

Il bullismo fisico o l'umiliazione in contesti educativi è una forma di bullismo in cui la vittima viene vittima di bullismo o umiliata a causa delle sue caratteristiche fisiche, come peso, altezza, colore della pelle o aspetto. In questi casi, gli autori degli abusi possono utilizzare vari metodi per umiliare o screditare la vittima in base al suo aspetto.

Questa forma di bullismo può manifestarsi attraverso il ridicolo, gli insulti o anche la violenza fisica rivolta a coloro che non soddisfano gli standard o le idee di bellezza o aspetto. Le vittime di questo tipo di bullismo spesso sperimentano vergogna, bassa autostima e inibizioni, che possono compromettere seriamente il loro benessere emotivo e psicologico.

Il bullismo costante basato sulle caratteristiche fisiche può portare allo sviluppo di complessi di inferiorità nella vittima, nonché a un deterioramento del suo adattamento sociale e dei risultati educativi. Tali situazioni possono anche portare ad un ulteriore isolamento sociale e alienazione dagli altri.

17. Abuso morale: questa è una forma di bullismo in cui la vittima è sottoposta ad azioni o commenti ostili che violano le sue convinzioni

morali o etiche o che causano vergogna o senso di colpa.

Il bullismo educativo è una forma di bullismo in cui la vittima è sottoposta ad azioni o commenti ostili che violano le sue convinzioni morali o etiche o che causano vergogna o senso di colpa. Ciò può includere l'essere costretto a compiere azioni che la vittima considera inaccettabili o la partecipazione a situazioni spiacevoli contrarie ai suoi principi morali.

L'abuso morale può manifestarsi in vari modi, inclusa l'umiliazione pubblica per la propria fede, convinzioni o appartenenza ad un gruppo, e la creazione di situazioni che possono causare sentimenti di vergogna o senso di colpa nella vittima. Ciò può includere, ad esempio, il ridicolo o gli insulti rivolti alle convinzioni religiose o morali, le espressioni di disprezzo per i valori o la morale della vittima o persino la falsificazione di informazioni per screditare la sua reputazione.

La pressione psicologica e la sofferenza causate dall'abuso mentale possono portare a gravi conseguenze psicologiche come perdita di autostima, depressione, ansia e isolamento sociale. Le vittime di abusi mentali spesso sperimentano disagio emotivo e un senso di alienazione, che possono avere un impatto significativo sul loro benessere generale e sul successo accademico.

18. Comportamento manipolativo: questa è una forma di bullismo in cui la vittima è sottoposta a tentativi di manipolare e controllare le sue azioni, pensieri o emozioni al fine di sopprimere la sua personalità o volontà.

Il comportamento manipolativo in contesti educativi è una forma di bullismo in cui la vittima è sottoposta a tentativi di manipolare e controllare le sue azioni, pensieri o emozioni al fine di sopprimere la sua personalità o volontà. Ciò può includere una varietà di tattiche volte a essere distruttive per la vittima e a farla sentire impotente o inutile.

Il comportamento manipolativo può manifestarsi attraverso una varietà di metodi, tra cui la pressione psicologica, l'inganno, le minacce, il ricatto o persino l'uso di un tono offensivo o minaccioso nella comunicazione. Ad esempio, ciò può includere la coercizione sistematica a compiere azioni indesiderabili o la partecipazione a situazioni spiacevoli, una deliberata falsa rappresentazione dei fatti o la coercizione a cambiare opinioni o convinzioni sotto la minaccia di conseguenze negative.

Le conseguenze del comportamento manipolativo per la vittima possono essere gravi e avere un impatto duraturo sul suo benessere e benessere psicologico. Le vittime possono sentirsi vulnerabili, isolate e depresse, il che può portare allo sviluppo di depressione, ansia, bassa autostima e altri problemi psicologici. Inoltre, il comportamento manipolativo può avere un impatto negativo sui risultati accademici e sulle relazioni sociali della vittima, rendendo difficile la comunicazione e la formazione di relazioni sane.

19. Disabilità o bullismo dello sviluppo: questa è una forma di

bullismo in cui la vittima viene attaccata o svantaggiata a causa delle sue caratteristiche fisiche o mentali, comprese disabilità, problemi comportamentali o bisogni educativi speciali.

Il bullismo sulla disabilità o sullo sviluppo in contesti educativi è una forma di bullismo in cui la vittima viene attaccata o svantaggiata a causa delle sue caratteristiche fisiche o mentali, comprese disabilità, problemi comportamentali o bisogni educativi speciali.

Questa forma di bullismo può manifestarsi attraverso vari tipi di aggressione, tra cui violenza fisica e verbale, abuso sociale ed emotivo e commenti o azioni dispregiative. Le vittime di questo tipo di bullismo possono essere vittime di bullismo o di esclusione da un gruppo a causa delle loro caratteristiche, il che crea in loro sentimenti di inferiorità o vergogna.

Gli effetti di tale bullismo sulla vittima possono essere profondi e includere un aumento dei livelli di stress, ansia e depressione. Può anche influenzare il rendimento scolastico e l'adattamento sociale della vittima, facendola sentire isolata e diffidente nei confronti degli altri.

20. Insulto alla reputazione: è una forma di bullismo in cui la vittima è sottoposta a insulti o calunnie pubbliche o virtuali con l'obiettivo di danneggiare la sua reputazione o il suo status sociale.

L'insulto reputazionale nelle istituzioni educative è una forma di bullismo in cui la vittima è sottoposta a insulti o calunnie pubbliche o virtuali con l'obiettivo di danneggiare la sua reputazione o il suo status sociale.

Questo tipo di bullismo può manifestarsi in vari modi, tra cui la diffusione di false voci, la pubblicazione di post o commenti diffamatori sui social media e commenti pubblicamente offensivi o denigratori a scuola o in eventi pubblici.

Ciò può avere gravi conseguenze per la vittima di tale bullismo. Potrebbero sperimentare una diminuzione dell'autostima e sentimenti di vergogna o senso di colpa a causa di false accuse o insulti. Tali azioni possono anche portare all'isolamento sociale della vittima, nonché a conseguenze negative sui suoi rapporti con altri studenti e insegnanti.

21. Bullismo attraverso la distribuzione di materiale intimo: si tratta di una forma di cyberbullismo in cui la vittima è sottoposta alla distribuzione dei suoi materiali intimi (ad esempio fotografie, video) senza il suo consenso, con l'obiettivo di umiliare o intimidire.

Il bullismo attraverso la distribuzione di materiale intimo negli istituti scolastici è una forma di cyberbullismo in cui la vittima è sottoposta alla distribuzione di materiale intimo (ad esempio fotografie, video) senza il suo consenso, con l'obiettivo di umiliare o intimidire.

Questo tipo di bullismo spesso inizia con l'ottenimento non autorizzato dei materiali riservati o personali della vittima, ad esempio attraverso l'hacking di un account di social media o il furto di un dispositivo di archiviazione. Gli aggressori possono quindi utilizzare questi materiali per umiliare o ricattare la vittima, distribuendoli a un'ampia gamma di persone, compresi altri studenti e insegnanti.

Per la vittima di tale bullismo, ciò può avere conseguenze disastrose. Si sentono indifesi e impotenti di fronte alla diffusione dei loro materiali intimi, il che porta a grave stress psicologico, depressione e ansia. Può anche avere un grande impatto sul loro benessere sociale ed emotivo, causando sentimenti di vergogna, isolamento e sfiducia negli altri.

22. Bullismo basato sullo status: questa è una forma di bullismo in cui la vittima viene attaccata o umiliata a causa del suo status sociale, incluso lo stato finanziario, il background o il prestigio sociale.

Il bullismo basato sullo status nelle istituzioni educative è una forma di bullismo in cui la vittima viene attaccata o umiliata a causa del suo status sociale, inclusa la ricchezza, il background o il prestigio sociale.

Questo tipo di bullismo spesso assume la forma di discriminazione o denigrazione della vittima in base alla sua situazione finanziaria, al suo background nazionale o culturale o al suo background sociale. I bulli possono utilizzare stereotipi e nozioni preconcette per umiliare o isolare le vittime, impedendo loro di partecipare ad attività sociali o educative.

Ciò può avere gravi conseguenze per la vittima di tale bullismo. Possono sentirsi indegni e inferiori a causa del loro status sociale, il che porta a una scarsa autostima e a disagio psicologico. Inoltre, può avere un impatto notevole sui loro risultati accademici e sulle interazioni sociali, creando barriere all'integrazione nella comunità accademica e sociale.

23. Bullismo culturale: è una forma di bullismo in cui la vittima viene attaccata o umiliata a causa del suo background culturale o etnico, della sua lingua, dei suoi costumi o delle sue tradizioni.

Il bullismo culturale in contesti educativi è una forma di bullismo in cui la vittima viene attaccata o umiliata a causa del suo background culturale o etnico, della sua lingua, dei suoi costumi o delle sue tradizioni.

Questo tipo di bullismo può manifestarsi attraverso il ridicolo, gli insulti, la discriminazione o anche atti violenti contro la vittima a causa delle sue caratteristiche culturali. Gli aggressori possono utilizzare stereotipi, preconcetti o incomprensioni per umiliare o isolare la vittima.

Per la vittima del bullismo culturale, ciò può avere gravi conseguenze. Potrebbero sentirsi invisibili o mancare di rispetto a causa del loro background culturale o etnico, il che porta a una scarsa autostima e a disagio psicologico. Inoltre, può avere un impatto sui risultati accademici, sulle relazioni sociali e sul benessere generale, creando barriere all'adattamento e all'interazione nella comunità di apprendimento.

Queste diverse forme di bullismo possono essere uniche nelle loro caratteristiche, ma hanno tutte una cosa in comune: creano un ambiente tossico e pericoloso per i bambini nei contesti educativi, che richiede un'azione urgente per prevenirli e combatterli.

Questi tipi di bullismo possono verificarsi singolarmente o in combinazione tra loro, creando un pesante fardello per i bambini che li subiscono.

Capitolo 3.
Segni che un bambino è vittima di bullismo.

Il bullismo in ambito educativo è un problema serio affrontato da molti bambini e adolescenti in tutto il mondo. Il comportamento ingiusto e aggressivo da parte dei coetanei può avere un impatto profondo e duraturo sul benessere psicologico ed emotivo di un bambino, influenzandone il rendimento scolastico, le relazioni sociali e il benessere generale. Tuttavia, molti casi di bullismo passano inosservati o non vengono denunciati perché i bambini spesso rimangono in silenzio riguardo ai problemi che affrontano a scuola. In questo capitolo esamineremo i segnali chiave che potrebbero indicare che tuo figlio è vittima di bullismo e discuteremo le strategie per aiutarti a riconoscere e superare questa spiacevole situazione.

Ecco alcuni segnali da cercare per determinare se tuo figlio è vittima di bullismo scolastico:

1. Cambiamenti nel comportamento: cambiamenti improvvisi nel comportamento di tuo figlio, come ritiro, irritabilità, frustrazione o ansia, possono indicare un problema di bullismo.

I cambiamenti nel comportamento possono essere uno dei primi segnali della presenza di un problema di bullismo. Cambiamenti improvvisi e inspiegabili nel comportamento di tuo figlio, come evitamento, ritiro, ritiro o peggioramento del rendimento scolastico, possono essere segni che sta subendo bullismo tra pari.

Un bambino vittima di bullismo può diventare irritabile o infelice senza una ragione apparente e spesso può provare ansia prima delle attività scolastiche o di eventi che in precedenza evocavano emozioni positive. Potrebbe anche iniziare a evitare la scuola, cercando di trovare ragioni per restare a casa. Questi cambiamenti possono essere il risultato dello stress causato dal bullismo e rappresentano un segnale forte per un intervento attento dei genitori.

2. Sintomi fisici: sintomi fisici inspiegabili come protuberanze, graffi, contusioni o altre lesioni senza spiegazione possono indicare che tuo figlio è vittima di bullismo fisico.

I sintomi fisici possono essere un altro indicatore da cercare se si sospetta un atto di bullismo. Urti, graffi, contusioni o altre lesioni improvvise senza spiegazione possono indicare che tuo figlio subisce abusi fisici da parte dei coetanei.

Naturalmente, i bambini possono ferirsi mentre giocano o fanno sport, ma se questi infortuni si verificano troppo spesso e senza una ragione chiara, potrebbe essere un segno che tuo figlio è vittima di bullismo fisico. Questi segni fisici sul corpo di un bambino potrebbero essere solo la punta dell'iceberg, quindi è importante prestare loro attenzione e cercare ulteriori segni o prove di possibile bullismo.

3. Cambiamenti nel rendimento scolastico: un calo del rendimento scolastico, una riluttanza ad andare a scuola o a studiare e un deterioramento dei rapporti con insegnanti o compagni di classe possono essere segnali che tuo figlio è vittima di bullismo.

I cambiamenti nel rendimento scolastico possono essere un altro segno che tuo figlio è vittima di bullismo. Un calo del rendimento scolastico, un improvviso calo di interesse per lo studio o la partecipazione alle attività scolastiche o una riluttanza ad andare a scuola possono tutti indicare possibili problemi di bullismo.

Quando un bambino subisce pressioni o viene ridicolo da parte dei coetanei, ciò può influenzare la sua concentrazione e la sua motivazione allo studio. Potrebbe iniziare a evitare le attività educative a causa della paura o dell'ansia, con conseguente calo del rendimento scolastico. Anche il deterioramento dei rapporti con insegnanti o compagni di classe può essere associato al bullismo, poiché il bambino può sentirsi isolato o a disagio in presenza dei suoi bulli.

È importante monitorare da vicino tali cambiamenti e avere conversazioni aperte con tuo figlio per scoprire le ragioni della sua insoddisfazione a scuola e aiutarlo ad affrontare possibili problemi.

4. Isolamento sociale: se tuo figlio inizia a evitare di interagire con altri bambini o perde interesse per le attività sociali o i giochi, ciò potrebbe essere un segno che sta avendo problemi con i coetanei a causa del bullismo.

L'isolamento sociale è un altro segnale importante da cercare per determinare se tuo figlio è vittima di bullismo. Se tuo figlio inizia a evitare di interagire con gli altri bambini o mostra meno interesse per le attività sociali o i giochi, ciò potrebbe essere un segno che sta avendo problemi con i coetanei a causa del bullismo.

L'isolamento sociale può manifestarsi quando il bambino diventa più introverso, preferisce trascorrere del tempo da solo, evita di partecipare ad attività sociali o addirittura salta la scuola per paura di affrontare i bulli. Potrebbe sentirsi a disagio con gli altri bambini a causa di precedenti interazioni negative o temere nuove situazioni che potrebbero portare a ulteriori atti di bullismo.

Quando vengono rilevati tali segnali, è importante prestare loro attenzione e stabilire un dialogo aperto con il bambino per scoprire le ragioni del suo cambiamento di comportamento e fornirgli supporto e assistenza nella risoluzione di possibili problemi.

5. Comportamento insolito dopo la scuola: se tuo figlio parla di cose spiacevoli accadute a scuola o mostra un comportamento insolito dopo il ritorno da scuola, questo potrebbe essere un segno che è vittima di bullismo.

Anche un comportamento insolito dopo la scuola è uno dei segnali da cercare per determinare se tuo figlio è vittima di bullismo. Se tuo figlio parla di eventi spiacevoli a scuola o mostra comportamenti insoliti dopo essere tornato da scuola, potrebbe essere un segno di bullismo.

Un comportamento diverso dal normale può includere sintomi di stress, ansia o depressione. Il bambino può diventare più riservato, irritabile o, al contrario, passivo ed egocentrico. Potrebbe anche mostrare segni di disagio fisico, come insonnia, scarso appetito o disturbi di stomaco o mal di testa.

Questi cambiamenti nel comportamento dopo la scuola possono indicare che tuo figlio sta vivendo un disagio a causa del bullismo. È importante prestare attenzione a questo e, se possibile, instaurare un dialogo aperto con il bambino per scoprire le ragioni del suo comportamento insolito e fornirgli supporto nella risoluzione del problema.

6. Perdita di oggetti personali o denaro: oggetti personali, denaro o materiale scolastico smarriti o danneggiati possono indicare che tuo figlio è stato truffato o derubato da altri bambini.

Anche la perdita di oggetti personali o denaro è uno dei segnali da cercare per determinare se tuo figlio è vittima di bullismo. Se tuo figlio segnala la perdita o il danneggiamento dei suoi effetti personali, denaro o materiale scolastico, ciò potrebbe indicare che è stato truffato o rubato da altri bambini.

Il bullismo è spesso accompagnato non solo da attacchi verbali e fisici, ma anche da manifestazioni economiche di aggressione. I bambini vittime potrebbero subire il furto del loro denaro o la perdita o il danneggiamento dei loro effetti personali. Ciò può essere il risultato dell'azione diretta degli autori degli abusi o della costrizione della vittima a rinunciare ai propri averi o al proprio denaro sotto minaccia di violenza o isolamento.

Tali perdite possono non solo causare danni finanziari al bambino, ma anche influenzare il suo stato emotivo e la fiducia in se stessi. Pertanto, è importante ascoltare il bambino se condivide eventi simili e insieme a lui comprendere la situazione che si è venuta a creare.

7. Espressioni emotive: ascolta attentamente le dichiarazioni di tuo figlio sui suoi sentimenti ed esperienze a scuola. Se menziona spesso situazioni spiacevoli o interazioni negative con i compagni di classe, potrebbe essere un segno che è vittima di bullismo.

Le espressioni emotive di tuo figlio possono essere la chiave per riconoscere se è vittima di bullismo a scuola. Ascolta attentamente ciò che tuo figlio dice sui suoi sentimenti e sulle sue esperienze a scuola. Se menziona spesso situazioni spiacevoli o interazioni negative con i compagni di classe, potrebbe essere un segnale di possibile bullismo.

Le espressioni emotive di un bambino possono includere espressioni di ansia, paura, tristezza, irritazione o persino depressione legate al tempo trascorso a scuola. Il bambino può parlare di essere stato ferito, umiliato o intimidito da altri bambini. Potrebbe anche esprimere la sua riluttanza ad andare a scuola o ad incontrare alcuni compagni di classe.

È importante mantenere una comunicazione aperta e fiduciosa con tuo figlio in modo che possa condividere liberamente le sue esperienze. Se tuo figlio esprime preoccupazione o addirittura paura riguardo agli eventi scolastici, è importante ascoltare le sue parole e trovare insieme il modo di risolvere eventuali problemi.

8. Disturbi fisici frequenti: un forte aumento dell'incidenza di malattie come mal di testa, dolori di animali o nausea mattutina, senza una spiegazione medica, può essere dovuto allo stress psicologico causato dal bullismo.

Frequenti disturbi fisici nel tuo bambino potrebbero essere un altro segno che potrebbe essere presente un problema di bullismo. Un forte aumento dell'incidenza di malattie come mal di testa, dolori animali o nausea mattutina che non hanno una spiegazione medica può essere dovuto allo stress psicologico causato dal bullismo.

Questi sintomi fisici possono essere il risultato dello stress emotivo che il bambino deve affrontare a causa delle influenze negative dei coetanei. Ad esempio, lo stress causato dalla costante attesa di nuovi attacchi o dalla paura di trovarsi in situazioni spiacevoli a scuola può portare a manifestazioni fisiche.

È importante prestare attenzione a questi sintomi e avere una conversazione aperta con tuo figlio per capire cosa lo disturba. Offrigli supporto e cerca di trovare modi per aiutarlo ad affrontare lo stress psicologico che potrebbe sperimentare a causa del bullismo.

9. Cambiamenti nello stile di vita: cambiamenti improvvisi nello stile di vita, come la perdita di interesse per hobby precedentemente piacevoli o il rifiuto di partecipare ad attività extrascolastiche, possono essere una conseguenza della sofferenza del bullismo.

I cambiamenti nello stile di vita di tuo figlio potrebbero essere un altro indicatore del fatto che è vittima di bullismo. Se noti cambiamenti improvvisi nelle sue abitudini e nei suoi interessi, potrebbe essere un segno che sta vivendo un disagio mentale dovuto agli effetti del bullismo.

Ad esempio, un improvviso calo di interesse per interessi o hobby che prima gli procuravano gioia può indicare che il bambino si sente infelice o senza speranza a causa delle influenze negative dei coetanei. Inoltre, il rifiuto di partecipare ad attività extrascolastiche o eventi sociali può essere una conseguenza della pressione psicologica che sperimenta a scuola.

Questi cambiamenti nello stile di vita possono essere il tentativo del bambino di sfuggire a situazioni di bullismo o semplicemente una manifestazione del suo stress e depressione. È importante prestare attenzione a tali cambiamenti e fornire supporto a tuo figlio per aiutarlo ad affrontare i possibili problemi associati al bullismo.

10. Oggetti insoliti nello zaino o nelle tasche: trovare oggetti insoliti come minacce, appunti o disegni aggressivi nello zaino o nelle tasche di tuo figlio può essere un segno che è vittima di bullismo.

Trovare oggetti insoliti nello zaino o nelle tasche di tuo figlio può essere un segnale di allarme e indicare che lui o lei è vittima di bullismo. Tali elementi possono includere minacce, note offensive, disegni aggressivi o persino oggetti fisici utilizzati per causare danni.

I materiali trovati potrebbero essere chiari segni che tuo figlio è vittima di bullismo da parte dei coetanei. Potrebbe trattarsi di una forma di pressione psicologica o di minaccia diretta a tuo figlio. Risultati come questi dovrebbero essere presi sul serio e visti come un segno di possibili problemi a scuola.

Fai attenzione al contenuto dello zaino o delle tasche di tuo figlio e, se vengono trovati materiali di questo tipo, contatta il personale educativo della scuola o altre autorità competenti per indagare e intraprendere le azioni appropriate. Sostenere e proteggere tuo figlio è importante per garantire la sua sicurezza e il suo benessere nell'ambiente di apprendimento.

11. Mancanza di amici o cambiamenti nella cerchia sociale: se tuo figlio ha cambiato improvvisamente la sua cerchia sociale, ha smesso di comunicare con i vecchi amici o perde amici senza una ragione apparente, ciò potrebbe essere una conseguenza dell'isolamento sociale causato dal bullismo.

La mancanza di amici o cambiamenti nella cerchia sociale di tuo figlio possono essere un forte segnale di allarme che il bullismo potrebbe verificarsi nel suo ambiente scolastico. Se tuo figlio smette improvvisamente di comunicare con i vecchi amici o perde il contatto con persone precedentemente vicine senza una ragione ovvia, ciò potrebbe indicare che sta vivendo un isolamento sociale dagli altri studenti.

L'isolamento sociale può derivare dall'esclusione sistematica o dal rifiuto da parte dei coetanei, che può verificarsi a seguito del bullismo. Un bambino che è oggetto di scherno o di aggressione spesso ha difficoltà a mantenere le amicizie o a cercare il sostegno dei coetanei.

Se noti questi cambiamenti nel comportamento di tuo figlio, è importante prestargli attenzione e sostenerlo. Parlagli dei suoi rapporti con gli amici e dell'ambiente scolastico in generale e scopri se potrebbe essere il bersaglio di conflitti interscolastici. Preparati a discutere possibili strategie di sostegno e di adattamento con gli insegnanti e il personale scolastico per aiutare tuo figlio ad affrontare le difficoltà e a ritornare a esperienze sociali positive a scuola.

12. Sentimenti di paura o ansia: se tuo figlio mostra segni di paura prima di andare a scuola, soprattutto in determinate situazioni o quando incontra determinati bambini, potrebbe essere dovuto a un'esperienza negativa di bullismo.

Il sentimento di paura o ansia di tuo figlio prima di andare a scuola è un altro segnale importante che può indicare la possibile presenza di bullismo nel suo ambiente di apprendimento. Se tuo figlio mostra nervosismo, ansia o addirittura paura riguardo a determinate situazioni a scuola o all'incontro con determinati bambini, potrebbe essere dovuto a esperienze negative derivanti dal bullismo.

Per un bambino, essere bersaglio di aggressioni o bullismo da parte dei coetanei è un'esperienza estremamente traumatica che può provocare in lui forti reazioni emotive. Questa paura può essere particolarmente pronunciata in situazioni che comportano il contatto con i bambini, che potrebbero potenzialmente diventare fonte di ulteriori conflitti o violenze.

Se noti che tuo figlio ha paura o è ansioso all'idea di andare a scuola o di interagire con alcuni compagni, è importante affrontare questo problema e parlare con lui dei suoi sentimenti. Sostienilo, ascolta le sue preoccupazioni e cerca di capire cosa esattamente gli causa paura. Forniscigli comprensione e sostegno e spiegagli che sei pronto ad aiutarlo ad affrontare eventuali problemi che deve affrontare a scuola.

13. Non reagire ai problemi a scuola: se tuo figlio evita di parlare di problemi o incidenti a scuola, preferendo tacere o non discutere le proprie esperienze, questo potrebbe essere un segno che è vittima di bullismo.

La mancanza di risposta di tuo figlio ai problemi a scuola, come la sua reticenza a parlare di ciò che sta accadendo o la sua riluttanza a discutere di possibili incidenti o difficoltà, potrebbe essere un segno che sta vivendo una situazione di bullismo.

I bambini vittime di bullismo possono avere paura di ulteriori conseguenze o temere che la situazione peggiori, il che li porta a rimanere in silenzio su ciò che accade a scuola. Potrebbero avere la sensazione che nessuno li aiuterà o capirà il loro problema, il che porta all'isolamento e al silenzio.

Quindi, se noti che tuo figlio evita o evita di parlare dei suoi problemi a scuola, è importante creare un ambiente confortevole e di supporto in cui possa sentirsi sicuro e compreso. Cerca di creare gradualmente fiducia con tuo figlio dimostrandoti comprensivo e disposto ad ascoltarlo e spiegandogli che sei sempre pronto ad aiutarlo a risolvere qualsiasi problema che deve affrontare a scuola.

14. Un calo del rendimento scolastico: un improvviso calo dei voti o dell'interesse per la scuola può essere un segno che tuo figlio è vittima di bullismo e sta vivendo uno stress psicologico che interferisce con i suoi risultati accademici.

Un calo del rendimento scolastico e dell'interesse per la scuola di tuo figlio può essere un segnale significativo del fatto che lui o lei è vittima di bullismo in un ambiente scolastico. Questo declino può essere una conseguenza dello stress psicologico che il bambino sperimenta a causa del bullismo o dell'influenza negativa dei coetanei.

Quando un bambino è vittima di bullismo, la sua attenzione e le sue risorse emotive possono essere dirette ad affrontare le esperienze negative e a sopravvivere in un ambiente ostile, piuttosto che concentrarsi sull'apprendimento e sui risultati accademici. Ciò può manifestarsi in un peggioramento dei voti, nella riluttanza a fare i compiti o addirittura nel saltare le lezioni.

Inoltre, il bambino può iniziare a sentirsi insicuro riguardo alle proprie capacità, il che porta ad una perdita di motivazione e interesse per l'apprendimento. Tali cambiamenti possono influenzare negativamente il suo processo educativo e il suo ulteriore sviluppo.

15. Frequenti cambiamenti di umore: sbalzi d'umore improvvisi, frequenti espressioni di irritabilità, aggressività o segni di depressione, soprattutto dopo il ritorno da scuola, possono indicare che tuo figlio è vittima di bullismo.

I frequenti cambiamenti nell'umore di tuo figlio, come sbalzi emotivi estremi, irritabilità o aggressività, possono essere un segno significativo che lui o lei è vittima di bullismo.

Il bullismo può causare un grave stress emotivo in un bambino, che può manifestarsi in cambiamenti del suo umore. Potrebbe provare rabbia, frustrazione o tristezza a causa delle influenze negative dei coetanei. Invece della gioia e del divertimento che i bambini di solito provano a scuola, il bambino può provare ansia, paura o addirittura disperazione.

Dopo il ritorno da scuola, tuo figlio potrebbe mostrare segni di depressione, come umore depresso, diminuzione dell'interesse per le attività regolari e le attività sociali e cambiamenti nelle abitudini alimentari e del sonno. Questi cambiamenti di umore potrebbero essere il tentativo del bambino di esprimere le sue esperienze emotive di bullismo e segnalare i problemi che sta avendo a scuola.

16. Oggetti aggrovigliati o danneggiati: trovare oggetti danneggiati o sporchi come vestiti, materiale scolastico o oggetti personali senza spiegazione può indicare che tuo figlio è vittima di bullismo o bullismo.

Trovare gli effetti personali di tuo figlio, come vestiti, materiale scolastico o oggetti personali danneggiati o sporchi senza spiegazione, può essere un segno che è stato vittima di bullismo o bullismo.

Oggetti danneggiati o danneggiati possono essere una prova segreta che tuo figlio sta subendo abusi fisici o verbali a scuola. Queste azioni potrebbero avere lo scopo di danneggiare la sua proprietà o di farlo sentire impotente e ansioso.

Gli oggetti danneggiati possono anche servire ai bambini prepotenti come un modo per dimostrare la loro aggressività o il loro dominio su tuo figlio usando le loro cose come bersagli. Ciò può aumentare i sentimenti di vulnerabilità e indifesa di tuo figlio, peggiorando il suo benessere emotivo e aumentando la sua angoscia dovuta al bullismo.

17. Difficoltà accademiche o mancanza di interesse per l'apprendimento: se il rendimento scolastico di tuo figlio diminuisce bruscamente, perde interesse per la scuola o inizia a evitare i compiti, potrebbe essere il risultato di bullismo e stress psicologico associato.

Se tuo figlio inizia improvvisamente ad avere difficoltà di apprendimento o perde interesse per l'apprendimento, questo potrebbe essere un serio segnale che è vittima di bullismo. Un forte calo del rendimento scolastico o una riluttanza a partecipare ad attività accademiche, come completare i compiti o partecipare alle lezioni, possono indicare uno stress psicologico causato dal bullismo.

Il bullismo può avere un impatto negativo sulla motivazione accademica e convincere un bambino che i suoi sforzi sono inutili o che non è in grado di far fronte ai compiti accademici a causa della costante pressione e stress che sperimenta a scuola. Può anche portare a una diminuzione della fiducia in se stessi e dell'autostima, che a sua volta rafforza il ciclo negativo e aumenta il disimpegno dal processo di apprendimento.

18. Danni fisici o segni sul corpo: Trovare lividi, graffi, contusioni o altri danni fisici sul corpo di tuo figlio, senza una spiegazione soddisfacente, può indicare che lui o lei è stato bersaglio di bullismo fisico.

Trovare lividi, graffi, contusioni o altre lesioni fisiche sul corpo di tuo figlio senza una spiegazione soddisfacente può essere un serio segnale che è vittima di bullismo fisico. I danni fisici possono derivare da attacchi diretti da parte dei bulli, come percosse o percosse, o da conflitti fisici malsani tra bambini.

Il bambino può cercare di nascondere le tracce delle ferite, temendo le conseguenze o temendo di peggiorare la situazione. Pertanto, è importante prestare attenzione a eventuali cambiamenti nelle sue condizioni fisiche e ascoltare attentamente le sue storie su possibili incidenti a scuola. Tali segni possono indicare non solo la violenza fisica diretta, ma anche lo stress e la tensione costanti che un bambino sperimenta a seguito di attacchi sistematici da parte dei delinquenti.

19. Cambiamenti nella socializzazione: se tuo figlio diventa meno socievole, evita il contatto con gli amici o trascorre più tempo da solo, questo potrebbe essere un segno che sta avendo difficoltà a causa del bullismo.

I cambiamenti nelle interazioni con gli altri possono essere un altro segno che tuo figlio è vittima di bullismo. Se diventa meno socievole, evita il contatto con gli amici o trascorre più tempo da solo, potrebbe essere perché si sente invisibile o non accettato dagli altri. Il bambino può provare paura o ansia a causa di possibili attacchi da parte dei bulli, e quindi tende ad evitare le situazioni sociali in cui potrebbe incontrarli.

Questo sintomo può anche indicare l'isolamento sociale causato dal bullismo, in cui il bambino si sente rifiutato o escluso dal proprio ambiente sociale. È importante prestare attenzione a tali cambiamenti e fornire supporto e comprensione a tuo figlio per aiutarlo ad affrontare gli effetti negativi del bullismo.

20. Lamentele frequenti per problemi fisici: se tuo figlio lamenta spesso mal di stomaco, mal di testa, insonnia o altri problemi fisici, potrebbe essere dovuto allo stress causato dal bullismo.

Lamentele frequenti su problemi fisici possono anche essere un segno che tuo figlio è vittima di bullismo. Se tuo figlio lamenta spesso mal di stomaco, mal di testa, insonnia o altri problemi fisici, potrebbe essere dovuto allo stress causato dal bullismo.

Sintomi fisici come dolore e disagio possono essere una manifestazione del disagio emotivo che un bambino sta vivendo a causa del bullismo. Lo stress e l'ansia causati da interazioni negative con chi abusa possono portare a sintomi fisiologici come dolore e insonnia. Questi sintomi possono manifestarsi come reazione allo stress e all'ansia derivanti dall'impatto negativo del bullismo.

È quindi importante monitorare da vicino i disturbi fisici di tuo figlio e prestare attenzione a qualsiasi sintomo fisico inspiegabile per identificare possibili problemi associati al bullismo e fornire supporto e aiuto a tuo figlio per affrontare queste difficoltà.

21. Perdita di oggetti personali o denaro: la perdita improvvisa di denaro o oggetti personali senza spiegazione può indicare che vostro figlio sta subendo un furto o un'estorsione a scuola.

Anche la perdita degli oggetti personali o del denaro di tuo figlio senza una spiegazione soddisfacente può essere un segno di bullismo. Perdite improvvise di denaro o di effetti personali senza spiegazione possono indicare che tuo figlio sta subendo un furto o un'estorsione a scuola.

Il bullismo può portare altri bambini a utilizzare metodi aggressivi, come furti o estorsioni, per molestare o umiliare tuo figlio. Ciò può includere casi in cui il denaro o gli oggetti di valore di un bambino scompaiono senza il suo consenso o spiegazione. Casi come questo possono essere una manifestazione dell'impatto negativo che il bullismo ha su tuo figlio e possono lasciarlo impotente, spaventato e ansioso.

Pertanto, è importante prestare attenzione alla perdita degli effetti personali o del denaro di tuo figlio e parlargli delle possibili ragioni di tali eventi. Fornisci a tuo figlio sostegno e comprensione e cerca di trovare modi per aiutarlo ad affrontare e proteggersi da ulteriori incidenti.

22. Mancanza di desiderio di frequentare la scuola: Se tuo figlio inizia improvvisamente a esprimere una forte riluttanza ad andare a scuola, citando paura o pensieri ansiosi, questo potrebbe essere il risultato del bullismo a scuola.

La mancanza di desiderio di frequentare la scuola è un altro possibile segno che tuo figlio è vittima di bullismo scolastico. Se tuo figlio inizia improvvisamente a esprimere una forte riluttanza ad andare a scuola, citando paura o pensieri ansiosi, ciò potrebbe essere il risultato di bullismo.

Il bullismo crea un clima di paura e ansia nella vittima, che inizia ad associare la scuola ad esperienze negative. Il bambino può avere paura di incontrare bulli o provare pensieri ansiosi che nuove minacce o attacchi lo attendono a scuola. Ciò può portare al ritiro dall'ambiente scolastico e al desiderio attivo di evitare di frequentare la scuola.

Sostieni tuo figlio, discuti con lui i suoi sentimenti e le sue preoccupazioni e cerca di capire le ragioni della sua riluttanza ad andare a scuola. Creare un ambiente sicuro e solidale in cui possa parlare apertamente delle sue esperienze e adottare misure per proteggerlo dal bullismo a scuola. In conclusione, vorrei sottolineare l'importanza di monitorare attentamente i cambiamenti nel comportamento e nello stato emotivo di vostro figlio che potrebbero indicare che è diventato vittima di bullismo in un istituto scolastico. Vari segnali, come cambiamenti nelle interazioni con gli altri, mancanza di desiderio di frequentare la scuola, danni fisici o dichiarazioni emotive, possono indicare che tuo figlio sta attraversando difficoltà a causa del bullismo.

È importante prestare attenzione ai segnali che tuo figlio invia e mantenere una comunicazione aperta in modo che possa sentirsi a proprio agio nel condividere i suoi sentimenti. Inoltre, è necessario adottare misure per proteggere il bambino dal bullismo chiedendo aiuto a insegnanti, psicologi o altri specialisti e lavorare insieme per risolvere i problemi che si presentano. Il bullismo può avere gravi conseguenze per il benessere psicologico ed emotivo di un bambino, quindi è importante rispondere immediatamente ai segnali di bullismo e adottare le misure necessarie per garantire che tuo figlio sia sicuro e protetto nell'ambiente di apprendimento.

Capitolo 4.
Conseguenze del bullismo sui bambini.

Il bullismo può avere gravi conseguenze per i bambini, influenzando il loro benessere psicologico, emotivo e accademico. Ecco qui alcuni di loro:

1. Problemi psicologici ed emotivi:
- Depressione: sentimenti costanti di impotenza e disperazione possono portare allo sviluppo della depressione nei bambini vittime di

bullismo.

La depressione nei bambini causata dal bullismo può manifestarsi in vari modi. Il bambino può diventare depresso, apatico e perdere interesse nelle attività e negli hobby precedenti. Potrebbe provare sentimenti di colpa, vergogna e inferiorità perché è oggetto di scherno e umiliazione da parte dei suoi coetanei. I costanti sentimenti di solitudine e alienazione possono portare ad un aumento dei sintomi depressivi. Il bambino può iniziare a evitare la compagnia degli altri bambini, diventare meno socievole e trascorrere più tempo da solo.

La depressione nei bambini causata dal bullismo è spesso accompagnata da sintomi fisici come insonnia, stanchezza e perdita di appetito. Il bambino può iniziare ad avere difficoltà a concentrarsi e a studiare a causa dei costanti sentimenti di tristezza e disperazione. Anche i rapporti con genitori e insegnanti possono deteriorarsi, poiché il bambino può iniziare a evitare di comunicare con loro o ad esprimere aggressività e irritazione.

Tutti questi sintomi possono influenzare la qualità complessiva della vita del bambino, interferendo con il suo normale sviluppo e socializzazione. Pertanto, è importante monitorare da vicino lo stato psicologico dei bambini e fornire loro sostegno e assistenza per superare le conseguenze negative del bullismo.

- Ansia e fobia sociale: le paure causate dal bullismo possono portare ad ansia e paura delle situazioni sociali.

L'ansia e la fobia sociale possono essere gravi conseguenze del bullismo nei bambini. Il costante ridicolo, le minacce e l'aggressività da parte dei coetanei creano un sentimento di paura e insicurezza nei bambini. Cominciano a temere le situazioni sociali, a temere la comunicazione con altri bambini, a temere nuove conoscenze e situazioni che potrebbero comportare la possibilità di bullismo.

Problemi emotivi come l'ansia e la fobia sociale possono limitare significativamente le attività di un bambino e influenzarne lo sviluppo. Il bambino può evitare di partecipare ad attività scolastiche, eventi sportivi o altre attività sociali per paura di essere ridicolizzato o umiliato. Ciò può portare all'isolamento sociale e al deterioramento della qualità della vita del bambino.

Inoltre, l'ansia e la fobia sociale possono influenzare il rendimento scolastico di un bambino, ostacolandone il successo scolastico. Ad esempio, un bambino può evitare di parlare davanti alla classe o rifiutarsi di partecipare a progetti di classe per paura di essere ridicolizzato o giudicato negativamente. Ciò può portare a scarsi risultati accademici e perdita di interesse per gli studi.

Pertanto, è importante prestare attenzione allo stato emotivo dei bambini che subiscono bullismo e fornire loro supporto e assistenza nel superare l'ansia e la fobia sociale.

- Bassa autostima e fiducia: insulti e umiliazioni costanti possono distruggere l'autostima di un bambino, il che può influenzare la sua autostima.

I continui insulti e umiliazioni che caratterizzano le situazioni di bullismo possono avere un grave impatto sull'autostima e sulla fiducia in se stessi di un bambino. Tali influenze negative possono far sì che il bambino si senta inferiore e pieno di risentimento verso se stesso. Ogni caso di bullismo, che si tratti di insulto, ridicolo o umiliazione, lascia un segno nell'autostima del bambino, formando un'immagine negativa di se stesso.

Quando un bambino affronta costantemente critiche e valutazioni negative da parte dei coetanei, può iniziare a dubitare delle proprie capacità e dei propri valori. Ciò può portare alla formazione di un dialogo interno negativo in cui il bambino si convince costantemente della sua inferiorità e incapacità. La bassa autostima e la ridotta fiducia in se stessi possono influenzare vari aspetti della vita di un bambino, inclusa la sua capacità di comunicare con gli altri, costruire relazioni e persino raggiungere il successo accademico.

Questi problemi emotivi e psicologici possono avere gravi conseguenze a lungo termine per il bambino. Possono influenzare il suo benessere psicologico, l'adattamento sociale e la fiducia in se stessi in generale. Pertanto, è importante non solo combattere le manifestazioni di bullismo, ma anche fornire sostegno e assistenza al bambino per ripristinare la sua autostima e fiducia in se stesso.

- Problemi comportamentali: il bullismo può portare a comportamenti aggressivi, comportamenti distruttivi e persino allo sviluppo di tratti antisociali della personalità.

Il bullismo ha un impatto significativo sul comportamento dei bambini e questo può manifestarsi sotto forma di vari problemi comportamentali. Un bambino vittima di bullismo può iniziare a mostrare un comportamento aggressivo in risposta allo stress e alla pressione che sperimenta. Queste possono essere manifestazioni fisiche di aggressività, nonché verbali o psicologiche. Ad esempio, potrebbe diventare più incline ai conflitti con gli altri bambini, mostrare mancanza di rispetto verso insegnanti o genitori e usare aggressività nelle interazioni con i coetanei.

Oltre al comportamento aggressivo, il bullismo può anche portare a problemi comportamentali in un bambino. Potrebbe diventare indisciplinato, ignorare le regole, litigare o addirittura essere coinvolto in attività antisociali. Il bambino può avere maggiori probabilità di impegnarsi in modelli di comportamento asociale o antisociale, che possono influenzare il suo funzionamento sociale e l'adattamento alla società.

Inoltre, il bullismo può avere un impatto negativo sullo sviluppo del carattere di un bambino, contribuendo allo sviluppo di tratti antisociali della personalità. Un bambino esposto alla costante pressione e violenza dei coetanei può iniziare a sviluppare convinzioni negative su se stesso e sul mondo che lo circonda, che alla fine possono influenzare la sua capacità di formare relazioni sane e produttive in futuro.

2. Problemi accademici:

- Diminuzione del rendimento scolastico: i bambini vittime di bullismo possono avere difficoltà a concentrarsi sui compiti scolastici e, di conseguenza, sperimentare una diminuzione del rendimento scolastico.

Il bullismo ha un impatto significativo sul rendimento scolastico dei bambini. Sotto costante stress e ansia causati dal bullismo, un bambino può avere difficoltà a concentrarsi e ad apprendere materiale. Potrebbe sentirsi costantemente ansioso e irrequieto, il che gli rende difficile concentrarsi sugli studi e portare a termine i compiti. Ciò può portare a una diminuzione della motivazione all'apprendimento e a risultati accademici peggiori.

I bambini vittime di bullismo possono anche evitare la scuola a causa della paura e dell'ansia di confrontarsi con i bulli. Potrebbero iniziare a saltare le lezioni, arrivare in ritardo o abbandonare la lezione in anticipo per evitare situazioni di conflitto. Ciò, a sua volta, può portarli a perdere informazioni e materiali importanti, il che può avere un impatto negativo sulle loro prestazioni e sull'apprendimento complessivo.

Pertanto, il bullismo non ha solo un impatto negativo sullo stato psicologico del bambino, ma influisce anche in modo significativo sui suoi risultati scolastici e sul rendimento scolastico.

- Mancanza di interesse per l'apprendimento: il bullismo può rendere i bambini avversi all'apprendimento e ai processi di apprendimento, il che ha un impatto negativo sul loro apprendimento.

L'esposizione al bullismo può avere un impatto notevole sulla motivazione di un bambino ad apprendere. I sentimenti di paura e ansia associati alla frequenza scolastica e al contatto con i bulli possono portare ad una distanza psicologica dal processo educativo. Il bambino potrebbe iniziare a perdere interesse per la scuola a causa della costante preoccupazione per ciò che lo attende a scuola.

La mancanza di motivazione può manifestarsi in varie forme: dalla riluttanza allo studio al saltare le lezioni. Il bambino può iniziare a saltare le lezioni, arrivare in ritardo o addirittura evitare di andare a scuola per paura di scontri con i bulli. Ciò ha un impatto negativo sul suo rendimento accademico e sulla sua esperienza di apprendimento complessiva.

Inoltre, la mancanza di interesse per gli studi può portare a un ulteriore deterioramento del rendimento scolastico e al deterioramento psicologico. Una bassa motivazione può portare a una preparazione insufficiente per le lezioni, che a sua volta può portare a voti mediocri e a un aumento del senso di impotenza e sottovalutazione.

3. Problemi fisici:

- Disturbi del sonno: lo stress causato dal bullismo può portare a problemi del sonno come insonnia o incubi.

Lo stress associato al bullismo può compromettere seriamente il sonno di un bambino. La preoccupazione e l'ansia costanti possono rendere difficile addormentarsi e portare all'insonnia. Un bambino può avere difficoltà ad addormentarsi a causa dello stress costante e dell'ansia per le situazioni imminenti a scuola. Inoltre, gli incubi possono derivare da traumi psicologici vissuti durante eventi diurni legati al bullismo.

I disturbi del sonno possono portare a una serie di conseguenze negative per un bambino, tra cui il peggioramento del benessere psicologico, la riduzione del rendimento scolastico e l'esaurimento fisico ed emotivo. Inoltre, la privazione cronica del sonno può influire sulla salute generale di un bambino, colpendone il sistema immunitario, la memoria e la concentrazione.

- Lesioni fisiche: il bullismo fisico può provocare lesioni, contusioni e altri danni fisici.

Il bullismo fisico può manifestarsi attraverso azioni aggressive dirette come colpire, calciare, spingere, che possono portare a varie lesioni e danni al corpo. Contusioni, abrasioni, contusioni, fratture e lesioni anche gravi possono essere il risultato della violenza fisica derivante dal bullismo.

Le lesioni derivanti dal bullismo fisico non solo causano dolore e disagio fisico, ma possono anche lasciare conseguenze emotive. Un bambino esposto a questo tipo di abuso può sperimentare paura, ansia e perdita di fiducia negli altri, che influiscono sul suo benessere psicologico ed emotivo. Inoltre, traumi ripetuti possono portare a conseguenze fisiche ed emotive a lungo termine, tra cui dolore cronico, disturbi del sonno e persino disturbo da stress post-traumatico.

4. Isolamento sociale e problemi relazionali:
- Isolamento: i bambini vittime di bullismo possono evitare i contatti sociali e isolarsi dai coetanei.

L'isolamento è una conseguenza psicologica comune del bullismo. I bambini che subiscono abusi o minacce da parte dei coetanei possono iniziare a evitare le situazioni sociali e il contatto con gli altri bambini. Possono diventare meno socievoli, chiudersi in se stessi e non mostrare alcun interesse a partecipare a eventi o giochi sociali.

L'isolamento dagli altri può essere esacerbato poiché la vittima di bullismo può provare paura o ansia riguardo a possibili incontri con il bullo. Si crea così un circolo vizioso in cui il bambino evita di interagire con gli altri bambini per paura che la situazione peggiori.

Tale isolamento sociale può influenzare lo stato psicologico del bambino, facendolo sentire solo, impotente e incompreso. Inoltre, la mancanza di contatto sociale può ostacolare lo sviluppo delle capacità comunicative e dell'autostima, il che può ulteriormente esacerbare i problemi psicologici associati al bullismo.

- Problemi relazionali: il bullismo può influenzare negativamente le relazioni di un bambino con altri bambini, così come con insegnanti e genitori.

Il bullismo ha un grave impatto sulle relazioni dei bambini con i coetanei, gli insegnanti e i genitori. A scuola, i bambini che soffrono di bullismo possono avere difficoltà a stringere amicizie e a mantenere relazioni positive con gli altri studenti. Possono sentirsi isolati e insicuri di se stessi, il che impedisce loro di connettersi con gli altri.

Inoltre, anche i rapporti con gli insegnanti possono essere compromessi a causa del bullismo. Un bambino che è stato oggetto di scherno o di minacce da parte dei compagni può avere paura di chiedere aiuto agli insegnanti o ad altri adulti a scuola. Ciò può portare al disimpegno dal processo di apprendimento e avere un impatto negativo sull'apprendimento e sul successo accademico.

Il bullismo può influenzare anche il rapporto tra un bambino e i suoi genitori. I genitori possono notare cambiamenti nel comportamento e nell'umore dei loro figli, ma non sempre ne comprendono le ragioni. Ciò può portare a tensioni nei rapporti familiari e rendere difficile la comunicazione tra genitori e figli.

5. Conseguenze a lungo termine:
- Problemi di adattamento: i bambini vittime di bullismo potrebbero avere difficoltà ad adattarsi a nuovi ambienti e situazioni sociali in futuro.

Il bullismo ha un grave impatto sul processo di adattamento dei bambini a nuovi ambienti e situazioni sociali. I bambini vittime di bullismo possono sviluppare la paura di nuove interazioni sociali a causa della paura di essere bersaglio di scherno o aggressione. Questa paura può rendere difficile per loro formare nuove amicizie e adattarsi con successo a un nuovo ambiente, come una nuova scuola o un gruppo comunitario.

Inoltre, i bambini che soffrono di bullismo possono sviluppare una visione negativa di se stessi e delle proprie capacità, che può influenzare la loro autostima e la volontà di affrontare nuove sfide. Potrebbero evitare di partecipare ad attività sociali o di comunicare con nuove persone per paura di essere oggetto di attenzione e valutazioni negative.

Pertanto, il bullismo non colpisce solo le relazioni attuali e il benessere emotivo dei bambini, ma può anche avere conseguenze a lungo termine che influiscono sulla loro capacità di adattarsi con successo a nuove situazioni e ambienti futuri.

- Ripetizione del ciclo: alcuni bambini vittime di bullismo possono successivamente diventare bulli, ripetendo il ciclo di violenza.

La ripetizione del ciclo di violenza è un fenomeno in cui i bambini che sono stati vittime di bullismo possono adottare comportamenti aggressivi e diventare aggressori nei confronti di altri bambini. Questo perché percepiscono l'aggressività come un comportamento normale e cercano di riconquistare l'autostima e il controllo perduti utilizzando tali metodi.

Questo comportamento può verificarsi sia nell'ambiente scolastico che in altre situazioni sociali. È possibile che le ex vittime del bullismo diventino aggressive nei confronti dei bambini deboli o vulnerabili al fine di rafforzare il loro senso di potere e controllo. Questo ciclo di violenza può esacerbare il problema del bullismo nella società e portare a gravi conseguenze negative sia per i bambini stessi che per coloro che li circondano.

Queste conseguenze evidenziano l'importanza di affrontare il bullismo e di fornire ai bambini sostegno e protezione nei contesti educativi. Gli sforzi per prevenire e affrontare il bullismo sono importanti per fornire un ambiente di apprendimento sicuro e di supporto per tutti i bambini.

Capitolo 5 .
Il ruolo dei genitori nella prevenzione del bullismo.

Creare un ambiente familiare aperto e solidale per discutere i problemi del bullismo è fondamentale per sostenere il benessere psicologico dei bambini e proteggerli dalle conseguenze negative. Ecco alcuni passaggi che possono aiutare i genitori a creare tale atmosfera:

1. Stabilire una comunicazione aperta: i genitori dovrebbero creare un'atmosfera in cui i bambini sentano di poter parlare liberamente dei loro problemi, preoccupazioni ed esperienze. Ciò può essere ottenuto attraverso conversazioni regolari durante la cena o la sera, quando tutta la famiglia si riunisce.

Stabilire una comunicazione aperta all'interno della famiglia è un aspetto fondamentale per mantenere una sana relazione genitore-figlio. Ciò consente ai bambini di sentirsi a proprio agio e sicuri nell'esprimere i propri pensieri, sentimenti e preoccupazioni. Ecco alcuni passaggi chiave per creare questa atmosfera:

-Stabilire conversazioni regolari: conversazioni familiari regolari, soprattutto durante il pranzo o la sera, creano un ambiente stabile e rilassato in cui i bambini si sentono a proprio agio nell'esprimere i propri pensieri ed esperienze.

Stabilire conversazioni familiari regolari svolge un ruolo chiave nel mantenere la connessione tra genitori e figli e aiuta anche a creare un ambiente sano per una comunicazione aperta.

È importante scegliere un momento in cui tutti i membri della famiglia possano essere presenti e prestare attenzione alla conversazione. Il pranzo o la cena sono spesso il momento ideale per le conversazioni familiari, poiché è un momento in cui tutti possono riunirsi. Cerca di rendere l'ambiente il più confortevole e rilassato possibile. Spegni TV e telefoni cellulari in modo che tutti possano concentrarsi sul parlare tra loro. Mantieni le tue conversazioni varie, discutendo sia di questioni quotidiane che di argomenti più seri. Questo aiuta i bambini a sentire che la loro opinione è importante in ogni circostanza. Assicurati che ogni membro della famiglia abbia l'opportunità di esprimere le proprie opinioni e condividere i propri pensieri. Ascoltatevi a vicenda con attenzione e rispetto. Non dovresti forzare una conversazione se qualcuno non vuole parlare. Dai a ogni membro della famiglia l'opportunità di decidere autonomamente se vuole partecipare alla conversazione. Consentire ai bambini di porre domande e discutere cose che li preoccupano o li interessano. Preparatevi a fornire spiegazioni e a mantenere il dialogo. Le conversazioni familiari regolari non solo creano un'opportunità per una comunicazione aperta, ma promuovono anche la vicinanza e la comprensione tra i membri della famiglia. Aiutano i genitori a comprendere meglio i bisogni e i sentimenti dei loro figli e anche a rafforzare le relazioni familiari.

- Creare uno spazio sicuro per la discussione: i genitori dovrebbero essere tolleranti, comprensivi e di mentalità aperta quando parlano con i propri figli. Ciò aiuta i bambini a sentirsi protetti e fiduciosi che le loro opinioni saranno ascoltate e rispettate.

Creare uno spazio sicuro per la discussione all'interno della famiglia è un aspetto chiave per mantenere una comunicazione aperta e costruire la fiducia tra genitori e figli. Ecco alcuni aspetti da considerare:

I genitori dovrebbero essere tolleranti e comprensivi nei confronti dei sentimenti e delle opinioni dei propri figli. Ciò significa che devono essere disposti ad ascoltarli senza giudizi o critiche e a comprendere il loro punto di vista. È importante che i genitori non mostrino parzialità o pregiudizi quando discutono qualsiasi questione. I bambini dovrebbero sentire che le loro opinioni saranno rispettate, non importa quanto siano diverse da quelle dei loro genitori. I genitori dovrebbero praticare l'ascolto attivo durante le conversazioni con i propri figli. Ciò significa che devono essere pienamente presenti e concentrati nella conversazione, ponendo domande per comprendere chiaramente il punto di vista del bambino e confermando che le sue opinioni sono state ascoltate. I genitori dovrebbero anche dimostrare il loro sostegno emotivo e la loro empatia nei confronti dei figli durante le discussioni. Questo aiuta i bambini a sentirsi supportati e protetti anche se esprimono le loro preoccupazioni o preoccupazioni. È anche importante stabilire regole e limiti chiari per le discussioni familiari. Ciò può includere regole di riservatezza in cui il bambino può sentirsi sicuro che le sue conversazioni rimarranno tra lui e i suoi genitori.

Creare uno spazio sicuro per la discussione aiuta i bambini a sentirsi a proprio agio nell'esprimere i propri pensieri, esperienze e preoccupazioni, il che aiuta a sviluppare relazioni più profonde e di maggiore fiducia all'interno della famiglia.

- Ascoltare attivamente: è importante ascoltare attivamente i bambini, mostrando interesse e attenzione alle loro storie. Ciò può includere porre domande che incoraggino la riflessione e una comprensione più profonda dei loro pensieri e sentimenti.

Ascoltare attivo non significa solo essere fisicamente presenti in una conversazione, ma anche essere profondamente coinvolti nel processo di comunicazione con tuo figlio. Ciò significa che i genitori devono mostrare interesse e attenzione verso le parole e le emozioni del proprio figlio, dimostrando di essere disposti a comprendere realmente il punto di vista del proprio figlio.

L'ascolto attivo implica non solo la presenza fisica, ma anche la presenza emotiva. I genitori dovrebbero mostrare empatia e compassione per i sentimenti e le esperienze dei propri figli, mostrando profondo interesse per ciò che dicono.

È importante porre domande che aiutino tuo figlio a chiarire i suoi pensieri e sentimenti e che incoraggino la riflessione, permettendogli di esprimere i suoi pensieri e le sue idee in modo più consapevole. Ciò favorisce lo sviluppo delle capacità di comprensione di sé e aiuta il bambino a prendere coscienza dei propri sentimenti ed emozioni.

L'ascolto attivo include anche segnali non verbali come gesti, espressioni facciali e tono di voce, che possono trasmettere ulteriori informazioni ai genitori sulla condizione e sullo stato emotivo del bambino.

Nel complesso, l'ascolto attivo è una componente chiave della comunicazione aperta e di supporto in famiglia. Ciò aiuta i genitori a comprendere meglio i propri figli, rafforza le relazioni e crea un'atmosfera di rispetto e fiducia reciproci.

- Incoraggiare l'apertura e la sincerità: i genitori dovrebbero incoraggiare i bambini ad essere aperti e sinceri nelle loro dichiarazioni, anche quando si tratta di argomenti difficili o spiacevoli.

Mantenere apertura e sincerità nella comunicazione con i bambini significa creare un'atmosfera in cui i bambini si sentano liberi di esprimere i propri pensieri e sentimenti, anche se riguardano argomenti che possono essere difficili o spiacevoli. I genitori devono dimostrare la loro disponibilità ad accettare e comprendere anche quei pensieri e sentimenti che possono causare disagio.

Ciò significa che i genitori dovrebbero mantenere un'apertura nel discutere una varietà di argomenti, tra cui il bullismo, i problemi a scuola, le relazioni sociali e il disagio emotivo. È importante creare un'atmosfera di sicurezza e protezione in cui i bambini possano avere la certezza che le loro opinioni saranno ascoltate e rispettate, anche se differiscono da quelle dei loro genitori.

I genitori dovrebbero essere tolleranti e comprensivi nei confronti delle affermazioni dei propri figli, anche se loro stessi non sono d'accordo con loro. È importante ricordare che l'apertura e la sincerità nella comunicazione aiutano a costruire la fiducia tra genitori e figli, che a sua volta contribuisce a relazioni più profonde e di qualità superiore.

- Non giudicare né criticare: è importante evitare giudizi e critiche quando si parla con i bambini. Ciò può creare barriere e impedire una comunicazione aperta.

Evitare giudizi e critiche quando si interagisce con i bambini è la chiave per mantenere una comunicazione aperta e sana. Quando i genitori giudicano o criticano i bambini per i loro pensieri, sentimenti o azioni, possono creare barriere e scoraggiare la discussione aperta sui problemi.

Invece di esprimere disapprovazione o critica, i genitori possono praticare l'empatia e la comprensione. Ciò significa che dovrebbero cercare di mettersi nei panni del bambino e comprendere il suo punto di vista e i suoi sentimenti prima di trarre conclusioni o esprimere le proprie opinioni.

I genitori dovrebbero essere tolleranti e solidali quando si parla di argomenti difficili come il bullismo. È importante creare un'atmosfera in cui i bambini sentano di poter condividere apertamente i propri pensieri ed esperienze senza timore di essere giudicati o sottovalutati.

Evitare giudizi e critiche aiuta anche a costruire la fiducia tra genitori e figli, il che promuove relazioni più profonde e intime. Quando i bambini sanno che le loro opinioni sono rispettate e accettate, si sentono più a loro agio nel rivolgersi ai genitori per chiedere aiuto e sostegno in ogni situazione della vita.

- Incoraggiare l'espressione delle emozioni: i genitori dovrebbero incoraggiare i bambini a esprimere le proprie emozioni e sentimenti, anche se sembrano spiacevoli o difficili.

Incoraggiare l'espressione delle emozioni gioca un ruolo importante nel promuovere l'apertura emotiva e un sano sviluppo emotivo nei bambini. Quando i genitori sostengono l'espressione delle emozioni, aiutano i bambini a riconoscere e comprendere i loro sentimenti, il che contribuisce al loro benessere psicologico.

Esprimere le emozioni è un elemento chiave per la regolazione emotiva e l'adattamento alle situazioni difficili. Il sostegno dei genitori permette ai bambini di non aver paura delle proprie emozioni, ma, al contrario, di esserne consapevoli, analizzarle e trovare modi sani di espressione.

Quando i genitori incoraggiano l'espressione delle emozioni, creano uno spazio sicuro in cui i bambini possono sentirsi a proprio agio nel condividere i propri sentimenti. Ciò aiuta a rafforzare il legame tra genitori e figli, poiché i bambini sanno che possono rivolgersi ai genitori in qualsiasi momento per condividere i propri sentimenti e ricevere sostegno e comprensione.

Incoraggiare l'espressione delle emozioni aiuta anche i bambini a sviluppare l'intelligenza emotiva, importante per interagire con successo con il mondo esterno e adattarsi alle diverse situazioni della vita.

- Dare l'esempio: i genitori dovrebbero dimostrare apertura e sincerità nella loro comunicazione in modo che i bambini possano seguire il loro esempio.

Essere un modello per i bambini nell'esprimere emozioni e comunicare non significa solo mostrare loro il modo giusto di fare le cose, ma anche creare un ambiente familiare in cui l'apertura e la sincerità siano apprezzate e incoraggiate. I genitori che esprimono apertamente i propri sentimenti ed emozioni diventano essi stessi modelli per i propri figli di come essere onesti e sinceri nelle loro interazioni con gli altri.

Quando i bambini vedono che i loro genitori possono esprimere i loro sentimenti senza paura e con un senso di fiducia, li aiuta a rendersi conto che esprimere le emozioni è normale e sano. I genitori che dimostrano una comunicazione aperta creano relazioni di fiducia con i propri figli, che sono importanti per sostenere il loro benessere emotivo.

Dare l'esempio significa anche essere disposti ad ascoltare i propri figli e a sostenerli quando esprimono i loro sentimenti ed esperienze. I genitori possono mostrare la loro volontà di comunicare prestando attenzione e ascoltando i bambini senza giudizi o critiche. Ciò aiuta i bambini a sentirsi compresi e sicuri, il che promuove lo sviluppo di sane capacità comunicative e stabilità emotiva.

Stabilire una comunicazione aperta in una famiglia richiede tempo, pazienza e uno sforzo costante, ma questo investimento è importante per creare forti legami tra genitori e figli e garantire il benessere psicologico dell'intera famiglia.

2. Ascoltare con comprensione ed empatia: i genitori dovrebbero prestare attenzione alle parole e ai sentimenti dei propri figli, mostrando comprensione ed empatia per le loro esperienze. È importante non solo ascoltare, ma anche sostenere i bambini nei loro sentimenti e nel loro diritto ad averli.

Un aspetto chiave per stabilire una comunicazione aperta in famiglia è la capacità dei genitori di ascoltare i propri figli con comprensione ed empatia. Ciò significa che i genitori devono ascoltare attivamente le parole e le espressioni dei sentimenti dei bambini, mostrando profonda comprensione e rispetto per le loro esperienze. Vediamo più nel dettaglio questo aspetto:

- Ascolto attivo: i genitori dovrebbero ascoltare attivamente ciò che dicono i loro figli, prestando attenzione sia alle parole che allo stato emotivo. Ciò comporta l'uso di segnali non verbali come espressioni facciali e gesti per capire come si sente il bambino.

- Comprensione ed empatia: è importante non solo ascoltare, ma anche mostrare comprensione ed empatia per le esperienze del bambino. I genitori possono mostrare la loro disponibilità a comprendere il bambino ripetendo le sue parole o esprimendo simpatia per i suoi sentimenti.

- Sostegno nei sentimenti: i genitori dovrebbero sostenere i bambini nelle loro esperienze emotive, anche se sembrano insolite o difficili. Ciò aiuta i bambini a sentirsi compresi e protetti, il che è importante per lo sviluppo della loro stabilità emotiva.

- Rispetto dei sentimenti: i genitori dovrebbero rispettare i sentimenti dei propri figli e riconoscerne il diritto. Ciò significa che dovrebbero evitare di negare o minimizzare i sentimenti del bambino, e invece sostenerlo nella sua esperienza emotiva.

- Creare uno spazio sicuro: è importante che i bambini sentano di poter esprimere liberamente i propri pensieri e sentimenti in un contesto familiare senza timore di giudizi o critiche. I genitori dovrebbero creare uno spazio sicuro e di supporto per comunicare.

Ascoltare con comprensione ed empatia aiuta a stabilire relazioni affettuose e di fiducia all'interno della famiglia, il che contribuisce al benessere emotivo dei bambini e alla loro capacità di affrontare efficacemente le sfide.

3. Incoraggiare la discussione aperta: i genitori dovrebbero incoraggiare i bambini a parlare dei loro problemi e preoccupazioni senza timore di essere giudicati o puniti. Ciò può essere ottenuto attraverso l'incoraggiamento e l'elogio dell'apertura.

L'apertura e le relazioni di fiducia in famiglia svolgono un ruolo chiave nel mantenimento del benessere emotivo dei bambini. Incoraggiare i bambini a discutere apertamente i loro problemi e preoccupazioni pone le basi per un sano processo di comunicazione. Vediamo più nel dettaglio questo aspetto:

- Stabilire relazioni di fiducia: i genitori dovrebbero creare un'atmosfera di fiducia e apertura in cui i bambini sentano di poter esprimere in sicurezza i propri pensieri e sentimenti. Ciò può essere ottenuto mostrando comprensione e sostegno per le loro esperienze.

- Sostenere la discussione aperta: i genitori dovrebbero incoraggiare i bambini a parlare dei loro problemi e preoccupazioni senza timore di essere giudicati o puniti. Ciò crea fiducia nei bambini che le loro opinioni saranno ascoltate e rispettate.

- Sostegno e lode: è importante sostenere i bambini nella loro apertura e sincerità. I genitori possono esprimere la loro gratitudine per la loro disponibilità a condividere i propri pensieri e sentimenti, il che incoraggia un'ulteriore comunicazione aperta.

- Creare uno spazio sicuro: i genitori dovrebbero creare uno spazio sicuro e di supporto affinché i bambini possano discutere dei loro problemi e preoccupazioni. Ciò può essere ottenuto garantendo la riservatezza e la protezione dal giudizio.

- Partecipare al dialogo: i genitori dovrebbero partecipare attivamente al dialogo con i bambini, ascoltando il loro punto di vista e ponendo domande per una migliore comprensione. Ciò aiuta a stabilire una connessione e una comprensione più profonde tra i membri della famiglia.

Incoraggiare una discussione aperta all'interno delle famiglie aiuta a sviluppare relazioni di fiducia e aiuta i bambini ad affrontare efficacemente le sfide della vita.

4. Insegnare strategie di risoluzione dei conflitti: aiutare i bambini a sviluppare abilità per risolvere i conflitti e adattarsi alle situazioni negative. Discuti con loro quali misure possono intraprendere in caso di bullismo e come possono ottenere aiuto.

Sviluppare capacità di risoluzione dei conflitti è un aspetto importante nella gestione del bullismo. Aiutando i bambini a riconoscere e a rispondere in modo efficace alle situazioni negative, i genitori possono fare una differenza significativa nella loro capacità di farvi fronte. Diamo un'occhiata a questo processo in modo più dettagliato:

- Discutere i possibili scenari: i genitori possono avere un dialogo aperto con i bambini su quali situazioni potrebbero verificarsi e come potrebbero reagire ad esse. È importante discutere diverse strategie comportamentali a seconda della situazione specifica.

- Coinvolgersi in attività di gioco di ruolo: condurre attività di gioco di ruolo può aiutare i bambini ad apprendere abilità di comunicazione e risoluzione dei conflitti. I genitori possono agire come parti in conflitto e i bambini possono agire come mediatori o risolutori della situazione.

- Sostenere l'intelligenza emotiva: i genitori possono insegnare ai bambini a riconoscere le proprie emozioni e quelle degli altri, il che li aiuta a comprendere e gestire meglio il proprio comportamento in situazioni di conflitto.

- Ricerca di soluzioni alternative: è importante insegnare ai bambini a distinguere tra diversi modi di risolvere un problema e scegliere quello più adatto. Ciò può includere chiedere aiuto agli adulti, ignorare il ridicolo o contattare le risorse scolastiche.

- Stabilire i confini: i genitori dovrebbero aiutare i bambini a stabilire dei limiti con gli altri e insegnare loro ad avere fiducia nel proteggere i propri interessi senza aggressività.

- Cercare aiuto: è importante discutere con i tuoi figli a chi possono rivolgersi per chiedere aiuto se sono vittime di bullismo. Potrebbe trattarsi di un insegnante, di un consulente scolastico, di uno psicologo o del genitore stesso.

Insegnando strategie di risoluzione dei conflitti, i genitori possono aiutare i bambini ad affrontare il bullismo e a sviluppare le competenze necessarie per interagire con successo nella società.

5. Dare l'esempio: i genitori dovrebbero essere modelli per i propri figli dimostrando rispetto per gli altri, empatia e tolleranza delle differenze.

Ciò aiuterà i bambini ad apprendere i valori del rispetto e dell'equità.

I genitori svolgono un ruolo chiave nel plasmare valori e principi morali nei loro figli. Dimostrare rispetto per gli altri, empatia e tolleranza delle differenze è un aspetto essenziale della genitorialità, soprattutto nel contesto della lotta al bullismo. Vediamo perché questo è così importante:

- Formazione di valori: i bambini imparano principalmente attraverso l'osservazione e l'imitazione. Quando i genitori mostrano rispetto per gli altri e dimostrano empatia per coloro che si trovano in situazioni difficili, trasmettono ai loro figli importanti valori di rispetto, tolleranza ed equità.

- Rafforzare la connessione emotiva: i genitori che mostrano empatia e comprensione per i sentimenti dei propri figli li aiutano a sentirsi supportati e compresi. Ciò aiuta a rafforzare il rapporto di fiducia tra genitori e figli, il che rende più facile discutere i problemi, compresi quelli legati al bullismo.

- Formazione di abilità sociali: osservando i genitori, i bambini imparano ad adattare il loro comportamento alle varie situazioni sociali. Il rispetto per le differenze e la tolleranza aiutano i bambini a comprendere e accettare meglio la diversità delle persone nel loro ambiente, il che contribuisce a relazioni interpersonali più armoniose.

- Prevenzione del bullismo: mostrando rispetto ed empatia nella vita di tutti i giorni, i genitori creano una solida base per la prevenzione del bullismo. I bambini che crescono in un'atmosfera di comprensione e rispetto reciproci tendono a mostrare le stesse qualità nelle interazioni con i loro coetanei, il che aiuta a creare un ambiente sicuro e solidale.

Pertanto, dare l'esempio ai propri figli in termini di rispetto, empatia e tolleranza è un aspetto chiave dell'educazione familiare che promuove la formazione di relazioni interpersonali sane e la prevenzione del bullismo.

6. Mantieni un senso di sé positivo: aiuta tuo figlio a sviluppare un senso positivo di sé e di fiducia in se stesso sottolineando i suoi punti di forza e i suoi risultati e aiutandolo a gestire le sue debolezze.

La promozione di un senso positivo di sé nei bambini svolge un ruolo importante nella prevenzione del bullismo e nella promozione del loro benessere emotivo. Diamo un'occhiata a quali passi i genitori possono intraprendere per raggiungere questo obiettivo:

- Enfatizzare i punti di forza e i risultati ottenuti: i genitori dovrebbero riconoscere e premiare attivamente i risultati dei propri figli, anche se sembrano piccoli. Questo aiuta a costruire la fiducia in se stesso del bambino e conferma le sue capacità.

- Affrontare le debolezze in modo costruttivo: invece di evidenziare errori e carenze, i genitori dovrebbero aiutare i bambini a sviluppare strategie di coping. Il sostegno e l'incoraggiamento a migliorare aiutano i bambini a sentirsi apprezzati e competenti.

- Insegna l'autoriflessione positiva: incoraggia tuo figlio a vedere le situazioni dal lato positivo e a vederle come opportunità di crescita e sviluppo. Ciò contribuirà a ridurre i sentimenti di impotenza e ad aumentare la fiducia in se stessi.

- Trascorrere del tempo insieme: il tempo di qualità trascorso con tuo figlio aiuta a costruire la sua autostima. Socializzare, giocare e svolgere attività insieme creano relazioni affettuose e di sostegno, importanti per il benessere emotivo.

- Creare un'atmosfera di fiducia: i genitori dovrebbero essere disponibili a discutere eventuali domande e preoccupazioni dei loro figli. Sapere che i genitori li sosterranno anche se qualcosa va storto aiuta i bambini a sentirsi più sicuri e sicuri.

Promuovere il senso positivo di sé dei bambini è un aspetto importante della genitorialità e svolge un ruolo chiave nel loro sviluppo emotivo e sociale. I genitori che sostengono attivamente i propri figli li aiutano a sviluppare la fiducia in se stessi e il desiderio di avere successo nella vita.

7. Utilizza risorse educative: utilizza varie risorse educative, libri, film o programmi per discutere con i tuoi figli il problema del bullismo, le sue conseguenze e i modi per prevenirlo.

L'utilizzo di una varietà di risorse educative è una componente importante del processo anti-bullismo e di sensibilizzazione nei bambini. Vediamo quali risorse possono essere utili:

- Libri: ci sono molti libri per bambini che toccano il tema del bullismo e aiutano i bambini a comprenderne le conseguenze e i modi per prevenirlo. Questi libri spesso presentano storie di personaggi che sperimentano il bullismo e imparano a superarlo. I genitori possono leggere tali libri ai propri figli e discuterne il contenuto.

- Film e cartoni animati: anche alcuni film e cartoni animati evidenziano il problema del bullismo. Guardare questi film in famiglia può favorire una maggiore comprensione del problema e incoraggiare discussioni aperte.

- Programmi educativi: esistono molti programmi e risorse educativi progettati specificamente per insegnare ai bambini le abilità interpersonali, l'intelligenza emotiva e la prevenzione del bullismo. Questi programmi sono spesso disponibili sia online che come materiale didattico per le scuole.

- Risorse Internet: su Internet si possono trovare numerosi siti dedicati al problema del bullismo e alla sua prevenzione. Queste risorse possono offrire informazioni, articoli, video, test e altro materiale per aiutare bambini e genitori a comprendere meglio questo problema.

- Giochi di ruolo e drammatizzazione: giocare e drammatizzare può essere un modo efficace per insegnare ai bambini le abilità interpersonali e la prevenzione dei conflitti. I genitori possono organizzare tali attività come famiglia o incoraggiare i bambini a partecipare a club e attività speciali a scuola.

L'utilizzo di una varietà di risorse educative aiuta i bambini ad approfondire la loro comprensione del bullismo, a sviluppare capacità di prevenzione dei conflitti e a imparare a costruire relazioni sane con gli altri.

8. Collaborare con la scuola: i genitori dovrebbero mantenere un dialogo aperto con gli insegnanti e gli amministratori scolastici, discutendo eventuali episodi di bullismo e lavorando insieme per risolverli e prevenirli.

La collaborazione con l'istituto scolastico è un aspetto chiave nella lotta al bullismo e nella fornitura di un ambiente sicuro per i bambini. Ecco alcuni passaggi che possono aiutarti in questo:

- Stabilire un contatto: i genitori dovrebbero avviare attivamente un contatto con gli insegnanti e l'amministrazione scolastica, esprimendo la loro volontà di collaborare per risolvere i problemi di bullismo.

- Dialogo aperto: è importante stabilire un dialogo aperto e fiducioso con gli insegnanti per parlare loro di qualsiasi bullismo che i bambini stanno subendo e chiedere aiuto per affrontarlo.

- Discutere le strategie: i genitori e la scuola possono lavorare insieme per discutere le strategie per prevenire e rispondere al bullismo. Ciò potrebbe includere l'organizzazione di eventi educativi per gli studenti, seminari per gli insegnanti e lo sviluppo di una politica di tolleranza zero contro il bullismo.

- Monitoraggio della situazione: è importante monitorare costantemente la situazione a scuola e rispondere a eventuali segnali di bullismo. I genitori possono collaborare con insegnanti e amministratori per monitorare le condizioni e agire secondo necessità.

- Sostenere vittime e bulli: è importante non solo aiutare le vittime del bullismo, ma anche lavorare con i bulli per aiutarli a comprendere le conseguenze delle loro azioni e sviluppare capacità di interazione costruttiva.

La collaborazione con un istituto scolastico consente a genitori e insegnanti di unire le forze nella lotta al bullismo e creare un ambiente sicuro e solidale per tutti i bambini.

Creare un ambiente familiare aperto e favorevole alla discussione del bullismo aiuta i bambini a sentirsi protetti e sostenuti, il che contribuisce al loro benessere psicologico e al loro sviluppo positivo.

Rafforzare l'autostima e la comprensione di sé è un aspetto importante nella preparazione di un bambino ad affrontare il bullismo. Ecco alcune tecniche e strategie che possono aiutare in questo processo:

1. Sostegno e incoraggiamento : i genitori dovrebbero sostenere attivamente il bambino e incoraggiare i suoi sforzi. È importante concentrarsi non solo sui risultati, ma anche sugli sforzi che il bambino compie per raggiungere i suoi obiettivi.

Il sostegno e l'incoraggiamento da parte dei genitori svolgono un ruolo cruciale nella costruzione dell'autostima e della fiducia in se stessi del bambino. Ecco alcuni aspetti chiave di questa strategia:

- Sostegno attivo: i genitori dovrebbero interessarsi attivamente alla vita e ai risultati del bambino. Ciò include non solo la presenza ad eventi e attività, ma anche il sostegno ai suoi interessi e alle sue passioni.

- Enfatizzare lo sforzo: è importante non solo premiare i risultati del bambino, ma anche riconoscere i suoi sforzi. Anche se il risultato non è ideale, è importante apprezzare lo sforzo e il lavoro che il bambino mette nei suoi sforzi.

- Rafforzare l'autodisciplina: i genitori possono aiutare il proprio figlio a sviluppare l'autodisciplina riconoscendo i suoi sforzi e guidandolo a raggiungere autonomamente i suoi obiettivi.

- Attenzione positiva: i genitori dovrebbero esprimere il loro orgoglio e la loro gioia per gli sforzi e i risultati del bambino. Le parole positive e l'attenzione possono essere una potente fonte di motivazione per ulteriori sforzi.

- Creare uno spazio sicuro: è importante che il bambino senta che i suoi sforzi e i suoi risultati saranno sempre supportati e riconosciuti. Questo lo aiuterà a sentirsi protetto e fiducioso.

- Modellare un comportamento positivo: i genitori possono essere modelli per i loro figli dimostrando fiducia in se stessi, determinazione e duro lavoro. Ciò aiuterà tuo figlio a interiorizzare valori positivi e a sforzarsi di raggiungere i propri obiettivi.

- Sostegno continuo: è importante non solo incoraggiare il bambino nei suoi sforzi attuali, ma anche sostenerlo nel fare progetti per il futuro. I genitori possono aiutare i propri figli a stabilire obiettivi realistici e imparare come raggiungerli.

Il sostegno e l'incoraggiamento di un bambino sono strumenti importanti nel suo sviluppo e nella formazione di un senso positivo di sé. Aiutano il bambino a sentirsi prezioso e fiducioso nelle proprie capacità, che è la base per il suo sviluppo e la sua autorealizzazione di successo.

2. Comunicazione positiva : i genitori dovrebbero comunicare con il bambino in modo positivo, esprimendo il loro amore e rispetto. È importante evitare critiche e giudizi e aiutare invece il bambino a riconoscere i suoi punti di forza e i suoi risultati.

La comunicazione positiva tra genitori e figli gioca un ruolo chiave nello sviluppo di relazioni sane e nel benessere psicologico del bambino. Ecco alcuni aspetti di questa strategia:

- Esprimere amore e rispetto: i genitori dovrebbero esprimere attivamente il loro amore e rispetto per il bambino. Questo lo rende fiducioso nel suo valore e nella sua importanza per la famiglia.

- Evitare le critiche: è importante evitare critiche e giudizi quando si comunica con tuo figlio. Invece, i genitori possono concentrarsi sugli aspetti positivi del comportamento e dei risultati del bambino.

- Enfatizzare i punti di forza: i genitori possono aiutare i propri figli a riconoscere e sviluppare i propri punti di forza. Questo lo rende sicuro delle sue capacità e lo aiuta a raggiungere il successo in vari ambiti della vita.

- Sostegno e incoraggiamento: i genitori dovrebbero sostenere e incoraggiare il bambino nei suoi sforzi e risultati. Questo lo aiuta a sviluppare fiducia in se stesso e motivazione per ulteriori sforzi.

- Apertura e comprensione: i genitori dovrebbero essere aperti e comprensivi quando comunicano con i propri figli. Ciò crea fiducia e promuove una comprensione più profonda dei suoi bisogni e sentimenti.

- Comunicazione positiva: è importante mantenere una comunicazione positiva con tuo figlio, creando un'atmosfera piacevole e incoraggiandolo a condividere apertamente pensieri e sentimenti.

- Sviluppo dell'intelligenza emotiva: la comunicazione positiva con i genitori aiuta il bambino a sviluppare l'intelligenza emotiva, a imparare ad esprimere i propri sentimenti ed emozioni e a comunicare in modo efficace con gli altri.

La comunicazione positiva tra genitori e figli favorisce la formazione di relazioni forti e sane, rafforzando la fiducia in se stessi e il benessere psicologico del bambino.

3. Sviluppo delle abilità : aiuta tuo figlio a sviluppare le sue abilità e i suoi hobby. Il successo in una particolare area può aumentare notevolmente l'autostima di un bambino e dargli fiducia nelle sue capacità.

Lo sviluppo delle abilità gioca un ruolo importante nella costruzione dell'autostima e della fiducia in se stessi del bambino. Ecco alcuni aspetti di questa strategia:

- Trovare hobby: i genitori possono aiutare i propri figli a trovare hobby e interessi adatti alla sua natura e alle sue capacità. Potrebbe essere sport, arte, musica, scienza o qualsiasi altra cosa.

- Sostenere gli hobby: sostenere i genitori negli hobby dei propri figli li aiuta a sentirsi apprezzati e fiduciosi. I genitori possono dedicare tempo e risorse allo sviluppo di questi hobby.

- Formazione professionale: i genitori possono aiutare i propri figli a sviluppare competenze legate ai suoi hobby. Ciò può includere formazione, lezioni, corsi o studio autonomo.

- Incoraggiamento al successo: è importante premiare il bambino per i suoi successi e risultati nelle aree scelte. Ciò rafforza la sua autostima e lo motiva a continuare a svilupparsi.

- Partecipazione a concorsi: la partecipazione a concorsi o eventi in ambiti selezionati aiuta anche a sviluppare le capacità e l'autostima del bambino. I genitori possono sostenerlo in questo e aiutarlo a superare le difficoltà.

- Esperienze positive: le esperienze positive di sviluppo delle competenze in un bambino creano le basi per la fiducia in se stessi e la fiducia nelle proprie capacità. Questo lo aiuta ad affrontare con successo le sfide e gli ostacoli della vita.

- Comportamento modello: i genitori possono diventare modelli per i propri figli dimostrando un impegno attivo nello sviluppo delle proprie capacità e interessi. Questo lo ispira a trovare e raggiungere i suoi obiettivi.

Lo sviluppo di abilità aiuta a costruire fiducia e autostima in un bambino, il che lo aiuta ad affrontare con successo le sfide della vita e a raggiungere i suoi obiettivi.

4. Pensiero positivo: incoraggia tuo figlio a pensare positivamente e a vedere le buone qualità in se stesso. Aiutalo a trasformare pensieri e dubbi negativi in convinzioni positive.

Il pensiero positivo gioca un ruolo importante nello sviluppo di una psicologia sana in un bambino. Ecco alcuni aspetti di questa strategia:

- Sostenere pensieri positivi: i genitori possono incoraggiare il bambino a concentrarsi sui suoi punti di forza, sui suoi risultati e sulle sue capacità invece di concentrarsi sulle sue debolezze e sui suoi fallimenti. Ciò aiuta a costruire fiducia in se stessi e una visione ottimistica per il futuro.

- Insegnare a elaborare i pensieri negativi: i genitori possono aiutare il proprio bambino a riconoscere ed elaborare pensieri e convinzioni negative che potrebbe avere in varie situazioni. Ciò può includere insegnare a tuo figlio tecniche di rilassamento, meditazione, respirazione profonda o dialogo interiore positivo.

- Sostenere il positivismo realistico: è importante ricordare che il pensiero positivo non dovrebbe ignorare problemi o difficoltà reali. Il bambino deve imparare a vedere i problemi come sfide che possono essere superate e non come ostacoli insormontabili.

- Pratica della gratitudine: i genitori possono aiutare i propri figli ad apprendere il valore della gratitudine e dell'apprezzamento per ciò che hanno. Ciò potrebbe includere pratiche quotidiane di gratitudine, diari di gratitudine o riflessioni sulle parti belle della giornata.

- Modellare il pensiero positivo: i genitori possono dare l'esempio al bambino dimostrando una visione ottimistica della vita e rispondendo alle difficoltà in modo positivo. Questo aiuta il bambino ad apprendere pratiche positive e ad applicarle nella sua vita.

- Prestare attenzione al linguaggio: i genitori possono aiutare il proprio bambino a prendere consapevolezza delle parole che usa per descrivere se stesso e la sua vita, e insegnargli a sostituire le frasi negative con quelle positive. Questo aiuta a cambiare in meglio il suo modo di pensare e il suo comportamento.

Sostenere il pensiero positivo aiuta tuo figlio a sviluppare fiducia in se stesso, una visione ottimistica della vita e la capacità di affrontare le sfide della vita.

5. Insegnare strategie di risoluzione dei problemi: sviluppa strategie di risoluzione dei problemi e di gestione dello stress con tuo figlio. Aiutalo a capire che gli errori e i fallimenti fanno parte della vita ed è importante imparare da essi.

Formazione sulle strategie di problem solving e di gestione dello stress

- Comprendere i problemi: il primo passo è che il bambino comprenda la natura del problema o della sfida. I genitori possono aiutare i propri figli a scomporre un problema in parti più piccole e ad analizzarlo.

- Ricerca di opzioni di soluzione: una volta chiarito il problema, il bambino deve imparare a trovare diverse soluzioni. È importante aiutarlo a cercare approcci alternativi e a considerare diversi punti di vista.

- Valutare le opzioni: il bambino deve imparare a valutare ciascuna delle opzioni di soluzione proposte, nonché le loro conseguenze. I genitori possono aiutarlo a valutare i pro e i contro di ciascuna opzione.

- Processo decisionale: dopo aver analizzato le opzioni, il bambino deve prendere una decisione su cosa fare. I genitori possono sostenerlo in questo, ma è importante che la decisione venga presa dal bambino stesso.

- Valutazione dei risultati: una volta presa una decisione e attuata, è importante valutare i risultati. I genitori possono aiutare il proprio figlio a capire cosa può imparare da questa esperienza e quali insegnamenti può trarre per il futuro.

- Gestione dello stress: inoltre, i genitori possono insegnare ai propri figli varie strategie di gestione dello stress, come la respirazione profonda, esercizi di rilassamento, attività fisica o tecniche di meditazione.

Insegnare strategie di risoluzione dei problemi e di gestione dello stress aiuta tuo figlio a sviluppare capacità di indipendenza, pensiero analitico e stabilità emotiva, che sono importanti per il suo adattamento alla vita.

6. Sostegno alla comprensione di sé: i genitori possono aiutare i propri figli a comprendere meglio i propri sentimenti, pensieri e desideri. Incoraggia tuo figlio a esprimere le proprie emozioni e a riflettere sui propri valori e obiettivi.

Sostegno all'autocomprensione nei bambini:

- Ascolto attivo: i genitori dovrebbero mostrare interesse e attenzione a ciò che il bambino sente e pensa. Ciò include non solo il semplice ascolto, ma anche la comprensione delle emozioni e dei pensieri che il bambino sta vivendo.

- Incoraggiare l'espressione delle emozioni: il bambino deve essere sicuro che le sue emozioni siano importanti e accettabili. I genitori possono incoraggiarlo a esprimere apertamente i suoi sentimenti, anche se sembrano spiacevoli o difficili.

- Parlare di valori e obiettivi: i genitori possono aiutare il proprio figlio a capire quali valori sono importanti per lui e aiutarlo a definire i suoi obiettivi personali. Ciò aiuterà il bambino a comprendere meglio se stesso e le sue motivazioni.

- Sostegno all'autocomprensione: i genitori possono aiutare i propri figli a riflettere sui propri punti di forza e di debolezza, nonché sui propri interessi e hobby. Ciò aiuta a sviluppare una positiva comprensione di sé e la fiducia in se stessi.

- Modellazione: i genitori possono diventare modelli per i propri figli dimostrando apertura e sincerità nell'esprimere i propri sentimenti e pensieri. Ciò consentirà al bambino di vedere che comprendere se stesso ed esprimere le proprie emozioni è normale e importante.

Sostenere la comprensione di sé aiuta un bambino a sviluppare l'intelligenza emotiva e ad aumentare la fiducia e l'autostima. Queste sono competenze importanti per un adattamento e uno sviluppo di successo nella vita.

7. Modellare comportamenti positivi : i genitori possono essere modelli per i loro figli dimostrando un sano senso di sé, un pensiero positivo e fiducia in se stessi.

Modellare il comportamento positivo dei genitori:

- Sano senso di sé: i genitori che hanno un sano senso di sé possono essere modelli per i loro figli. Ciò significa che rispettano se stessi, accettano i propri punti di forza e di debolezza e si impegnano per lo sviluppo personale.

- Pensiero positivo: modellando il pensiero positivo, i genitori aiutano i bambini a vedere il mondo con colori vivaci. Possono mantenere una visione ottimistica della vita, anche in situazioni difficili, che ispira i bambini a fare lo stesso.

- Fiducia in se stessi: i genitori che mostrano fiducia in se stessi mostrano ai bambini che possono raggiungere i loro obiettivi e superare gli ostacoli. Ciò può includere parlare con sicurezza di fronte alle persone, prendere decisioni e intraprendere azioni decisive.

- Stabilità emotiva: i genitori che sono in grado di gestire le proprie emozioni in modo efficace aiutano i propri figli a sviluppare la stabilità emotiva. Possono essere un esempio su come controllare lo stress e rispondere a diverse situazioni con calma e costruttività.

- Empatia e comprensione: i genitori che mostrano empatia e comprensione verso gli altri insegnano ai propri figli l'empatia e la compassione. Possono essere un esempio di come costruire relazioni sane e comprensive con gli altri.

La modellizzazione del comportamento positivo da parte dei genitori svolge un ruolo chiave nel plasmare lo sviluppo personale e il benessere mentale dei bambini. Quando i genitori dimostrano un sano senso di sé, un pensiero positivo e fiducia in se stessi, ispirano i bambini a seguire il loro esempio e a sviluppare le proprie qualità di leadership e stabilità emotiva.

8. Cercare un aiuto professionale : se necessario, i genitori possono chiedere aiuto a psicologi o consulenti per aiutare il bambino a sviluppare la sua autostima e la comprensione di sé.

Trovare un aiuto professionale per tuo figlio:

- Conoscere i sintomi: i genitori dovrebbero essere attenti al comportamento e allo stato emotivo del proprio bambino. I sintomi di bassa autostima e problemi di comprensione di sé possono includere pessimismo, sentimenti di impotenza, evitamento dei contatti sociali e altri.

- Creare uno spazio sicuro: i genitori dovrebbero fornire al bambino supporto e comprensione, ma a volte i problemi possono essere così complessi da richiedere un aiuto professionale.

- Trovare uno specialista qualificato: i genitori possono rivolgersi a uno psicologo, psicoterapeuta o consulente specializzato in psicologia infantile. È importante scegliere un professionista che abbia esperienza di lavoro con i bambini e che sia adatto alle esigenze del singolo bambino.

- Lavorare insieme: i professionisti possono aiutare il bambino a sviluppare capacità di autostima, comprensione di sé e gestione delle emozioni attraverso tecniche terapeutiche ed esercizi pratici. I genitori possono prendere parte attiva in questo processo sostenendo e incoraggiando il bambino.

- Sostegno genitoriale: è importante che anche i genitori ricevano sostegno e consulenza da uno specialista. Ciò li aiuterà a comprendere e sostenere meglio il loro bambino nel suo sviluppo.

- Regolarità delle sedute: i genitori devono attenersi alle raccomandazioni dello specialista per quanto riguarda la frequenza e la durata delle sedute. Riunioni regolari aiuteranno a monitorare i progressi del bambino e, se necessario, ad adattare i metodi di lavoro.

- Apertura e fiducia: i genitori dovrebbero mantenere un'atmosfera aperta e fiduciosa in modo che il bambino si senta a suo agio nel discutere i suoi pensieri e sentimenti sia con loro che con lo psicologo.

Trovare un aiuto professionale per un bambino con bassa autostima e problemi di comprensione di sé può essere un passo fondamentale verso il suo benessere psicologico e il suo sviluppo di successo.

Rafforzare l'autostima e la comprensione di sé di un bambino è un passo importante nella creazione di una barriera protettiva contro il bullismo e altre influenze negative. Il sostegno dei genitori gioca un ruolo chiave in questo processo, aiutando il bambino a sviluppare fiducia in se stesso e un atteggiamento positivo verso se stesso.

L'importanza di apprendere l'empatia e il rispetto per gli altri è sviluppare la capacità di comprendere e apprezzare i sentimenti, i bisogni e le esperienze degli altri, il che contribuisce alla formazione di relazioni interpersonali armoniose, alla riduzione dei conflitti e della violenza e all'aumento dell'autostima e della leadership competenze.

L'importanza di insegnare l'empatia e il rispetto per gli altri:

- Nozioni di base sull'empatia: l'empatia è la capacità di comprendere e sentire le emozioni delle altre persone mettendoti al loro posto. L'apprendimento dell'empatia inizia con la consapevolezza dei propri sentimenti ed esperienze per poi passare alla capacità di vedere e comprendere i sentimenti degli altri.

L'empatia è la capacità di percepire e condividere le emozioni, i sentimenti e le esperienze di altre persone. Questo non significa solo comprendere le emozioni degli altri, ma anche la capacità di mettersi al loro posto, di sentire ciò che provano loro. Le basi dell'empatia iniziano con la consapevolezza dei propri sentimenti ed esperienze. Quando una persona comprende e riesce a descrivere le proprie emozioni, ciò la rende più aperta agli stati emotivi degli altri.

La consapevolezza e la gestione delle proprie emozioni è un aspetto chiave nell'apprendimento dell'empatia. Una persona che riesce a riconoscere e regolare efficacemente le proprie emozioni di solito ha una migliore comprensione delle emozioni degli altri. Inoltre, la capacità di esprimere le proprie emozioni e sentimenti aiuta a stabilire connessioni più strette e profonde con le altre persone.

Oltre alla consapevolezza delle proprie emozioni, l'empatia include anche la capacità di vedere e comprendere i sentimenti delle altre persone. Ciò richiede un'attenta presenza e la volontà di ascoltare attentamente e di percepire non solo le parole, ma anche segnali non verbali e indicatori emotivi.

Insegnare l'empatia inizia in famiglia e a scuola. Genitori e insegnanti possono modellare un comportamento empatico e insegnare ai bambini a comprendere e rispettare le emozioni degli altri. Ciò può includere discussioni sui sentimenti, giochi di ruolo, lettura di libri o visione di film in cui i bambini possono apprendere diverse esperienze emotive.

Tuttavia, sviluppare l'empatia richiede tempo e pratica. Questo è un processo che può continuare per tutta la vita. La partecipazione regolare a situazioni sociali in cui è necessario comprendere e rispettare i sentimenti degli altri aiuterà ad approfondire e migliorare le capacità di empatia.

- Sviluppare abilità sociali: l'empatia aiuta a sviluppare abilità sociali come ascoltare, comunicare e risolvere pacificamente i conflitti. Queste competenze sono fondamentali per il successo delle relazioni interpersonali a scuola, al lavoro e nella società in generale.

Lo sviluppo delle abilità sociali è indissolubilmente legato alla capacità di mostrare empatia. L'empatia ci aiuta a comprendere e sentire le emozioni delle altre persone, che è la base per una comunicazione e un'interazione di successo.

La capacità di ascoltare gli altri è un aspetto fondamentale dell'empatia. Quando prestiamo attenzione ai pensieri e ai sentimenti degli altri, creiamo le basi per la comprensione e la cooperazione reciproche. La capacità di ascoltare aiuta non solo a comprendere meglio una persona, ma anche a mostrarle rispetto e cura.

L'empatia aiuta anche a risolvere i conflitti pacificamente. Quando riusciamo a vedere una situazione dal punto di vista degli altri e a comprendere i loro sentimenti, possiamo trovare soluzioni di compromesso ed evitare comportamenti conflittuali. Invece di insistere sul nostro punto di vista, ci apriamo al dialogo e alla ricerca di soluzioni reciprocamente accettabili.

Queste abilità sociali, sviluppate attraverso l'empatia, sono i cardini delle relazioni interpersonali di successo, non solo a scuola e al lavoro, ma nella società nel suo insieme. Contribuiscono alla formazione di amicizie, alla cooperazione di squadra e alla creazione di un ambiente sociale armonioso.

- Ridurre i conflitti e la violenza: insegnare l'empatia aiuta i bambini a comprendere i sentimenti e i bisogni degli altri, il che porta a una riduzione dei conflitti e della violenza. Quando i bambini sono in grado di vedere il mondo attraverso gli occhi degli altri, tendono ad essere più tolleranti e rispettosi nei confronti degli altri.

Insegnare l'empatia gioca un ruolo chiave nel ridurre i conflitti e la violenza tra i bambini. Man mano che i bambini sviluppano la capacità di comprendere i sentimenti e i bisogni degli altri, diventano più aperti alla comunicazione tollerante e rispettosa.

Comprendere le emozioni degli altri aiuta i bambini ad apprezzare meglio le conseguenze delle loro azioni sugli altri. Diventano più attenti ai sentimenti degli altri e riescono ad anticipare come le loro parole e azioni potrebbero influenzarli. Ciò aiuta a evitare situazioni che potrebbero portare a conflitti o violenza.

Inoltre, sviluppare l'empatia nei bambini aiuta a formare relazioni più profonde e fiduciose con i loro coetanei. Quando i bambini sono in grado di esprimere empatia e comprensione verso gli altri, ciò crea le basi per un ambiente favorevole e amichevole nel loro ambiente. In tale atmosfera, i bambini si sentono più a loro agio e al sicuro, il che aiuta a ridurre i conflitti e la violenza.

Pertanto, insegnare l'empatia non solo aiuta i bambini a comprendere meglio le altre persone, ma crea anche le condizioni per relazioni armoniose e pacifiche nella loro società.

- Rispetto per la diversità: l'empatia e il rispetto per gli altri promuovono anche l'accettazione della diversità e delle differenze culturali. I bambini a cui viene insegnata l'empatia imparano ad apprezzare e rispettare le differenze di opinioni, credenze e tradizioni culturali.

Il rispetto per la diversità e le differenze culturali gioca un ruolo importante nella creazione di una società tollerante e armoniosa. Quando ai bambini viene insegnata l'empatia, sono in grado di trattare gli altri con rispetto e comprensione, anche se le loro opinioni e il loro background culturale differiscono.

La diversità di opinioni, credenze e background culturali è parte integrante della nostra società. Il rispetto per questa diversità aiuta i bambini a capire che ogni persona è unica e ha diritto alle proprie convinzioni e al proprio stile di vita. Insegnare l'empatia insegna ai bambini a vedere il mondo attraverso gli occhi degli altri, il che promuove una maggiore comprensione e rispetto per la loro diversità.

Inoltre, il rispetto della diversità aiuta a prevenire discriminazioni e atteggiamenti negativi nei confronti di persone provenienti da culture o gruppi sociali diversi. I bambini a cui viene insegnata l'empatia sono in grado di apprezzare il patrimonio culturale di altre persone e di lottare per la cooperazione e la comprensione reciproca.

Pertanto, l'empatia e il rispetto per la diversità non solo contribuiscono alla formazione di una società tollerante, ma creano anche le basi per relazioni armoniose e pacifiche tra persone di culture e visioni del mondo diverse.

- Aumento dell'autostima: comprendere e rispettare le altre persone aiuta i bambini a sentirsi importanti e preziosi per la società. Ciò aiuta a rafforzare la loro autostima e fiducia.

La comprensione e il rispetto per le altre persone svolgono un ruolo chiave nella costruzione dell'autostima nei bambini. Quando i bambini vedono che i loro sentimenti e le loro opinioni sono rispettati dagli altri, iniziano a rendersi conto del loro valore e della loro importanza per la società. Ciò aiuta a costruire una sana autostima e fiducia.

Quando i bambini sentono che le loro emozioni e i loro bisogni sono rispettati e accettati dagli altri, iniziano a vedere se stessi come membri preziosi della società. Questo li aiuta a sviluppare un atteggiamento positivo verso se stessi e la fiducia nelle proprie capacità.

È anche importante notare che il rispetto per le altre persone aiuta i bambini a sviluppare empatia. Quando riesce a mettersi nei panni degli altri e a comprenderne i sentimenti, si crea un'interazione reciproca che fa sentire il bambino parte di una comunità in cui è rispettato e valorizzato.

Pertanto, la comprensione e il rispetto delle altre persone svolgono un ruolo importante nello sviluppo di una sana autostima e fiducia in se stessi nei bambini, aiutandoli a sentirsi importanti e preziosi per la società.

- Sviluppo delle capacità di leadership: la leadership si basa sulla capacità di ispirare e motivare altre persone, il che a sua volta richiede empatia e rispetto per i loro bisogni e sentimenti. I bambini a cui vengono insegnate queste competenze possono diventare leader efficaci in futuro.

Lo sviluppo delle qualità di leadership nei bambini è un aspetto importante della loro educazione ed educazione. La leadership non si limita solo a dirigere o comandare, ma include anche la capacità di ispirare, motivare e influenzare altre persone. Questa è un'abilità importante che i bambini possono sviluppare fin dalla tenera età.

La base per una leadership di successo è l'empatia e il rispetto per le altre persone. Un leader che comprende i sentimenti e i bisogni dei suoi subordinati può interagire meglio con loro e ispirarli a raggiungere obiettivi comuni. L'empatia aiuta un leader a creare fiducia e a mantenere relazioni positive all'interno del team.

Il rispetto per i sentimenti e i bisogni degli altri aiuta anche a sviluppare le capacità comunicative, inclusa la capacità di ascoltare e considerare le opinioni degli altri. Un leader che ascolta e considera le opinioni dei suoi colleghi crea un'atmosfera di rispetto e comprensione reciproci, che contribuisce al buon funzionamento della squadra.

I bambini a cui viene insegnato l'empatia e il rispetto per gli altri possono comprendere meglio i bisogni dei loro coetanei e aiutarli in varie situazioni. Questo li aiuta a diventare non solo leader efficaci, ma anche buoni giocatori di squadra, capaci di lavorare in gruppo e raggiungere obiettivi comuni.

Pertanto, lo sviluppo delle capacità di leadership nei bambini inizia con la realizzazione della loro empatia e rispetto per gli altri, che li aiuta a diventare leader influenti e di successo in futuro.

Insegnare l'empatia e il rispetto per gli altri gioca un ruolo chiave nella costruzione di abilità sociali, nello sviluppo delle relazioni interpersonali e nella creazione di una società armoniosa. Queste competenze devono essere integrate nei programmi educativi e sostenute nell'ambiente familiare per ottenere risultati positivi nello sviluppo della personalità del bambino.

✧ · ✧ · ✧ · ✧ · ✧ · ✧ · ✧ · ✧ · ✧ · ✧ · ✧ · ✧ · ✧ · ✧ · ✧

Capitolo 6.
Strategie di prevenzione del bullismo

Prevenire il bullismo e aiutare un bambino a stabilire dei limiti e a proteggere i propri diritti richiede un approccio globale che includa sia l'insegnamento di strategie specifiche al bambino sia il sostegno da parte degli adulti. Ecco alcuni passaggi chiave:

1. Insegnare a tuo figlio le strategie per stabilire i confini:

- Insegna a tuo figlio a riconoscere i suoi confini: aiutalo a capire cosa è accettabile per lui e cosa no. Ciò include imparare a identificare i comportamenti indesiderati degli altri ed essere consapevoli dei propri confini emotivi e fisici.

Insegnare a tuo figlio le strategie per definire i confini è una parte importante del suo sviluppo e lo aiuta a diventare consapevole delle sue preferenze, sentimenti e limiti confortevoli quando interagisce con gli altri. Aiutando un bambino a capire cosa può accettare e cosa dovrebbe rifiutare, genitori e insegnanti lo aiutano a sviluppare autostima e fiducia.

È importante aiutare tuo figlio a capire che i confini sono qualcosa di naturale e necessario per il suo benessere. L'apprendimento inizia con la comprensione delle proprie emozioni e sensazioni. Il bambino deve essere in grado di riconoscere i suoi sentimenti e capire cosa gli causa disagio. Ciò può includere la discussione di diverse situazioni in cui il bambino si sente a disagio o insicuro.

Successivamente, devi insegnare a tuo figlio a riconoscere i comportamenti indesiderati di altre persone. Potrebbero essere azioni invadenti, violazioni del suo spazio o insulti. Il bambino deve capire che ha diritto ai suoi confini e il diritto di proteggerli.

Anche conoscere i propri confini emotivi e fisici è fondamentale. Il bambino deve sapere che può rifiutarsi di comunicare con coloro che gli causano emozioni negative e che ha il diritto di esprimere le sue preferenze riguardo al suo spazio e ai suoi confini personali.

In definitiva, insegnare a tuo figlio le strategie per definire i confini lo aiuta a sviluppare capacità di autodifesa, rispetto di sé e fiducia in se stesso. Questo gli dà l'opportunità di stabilire relazioni sane con gli altri e di interagire con loro con successo in futuro.

- Insegna a tuo figlio ad essere assertivo: insegnagli ad esprimere i suoi sentimenti e bisogni in modo chiaro e sicuro, senza violare i diritti e i sentimenti delle altre persone.

Insegnare a un bambino ad essere assertivo è un processo importante per il suo sviluppo e la fiducia in se stesso. Questa abilità lo aiuta a esprimere i suoi pensieri, sentimenti e bisogni in un modo che non violi i diritti e i sentimenti degli altri. Diamo un'occhiata a questo argomento in modo più dettagliato.

Il primo passo per insegnare l'assertività è aiutare tuo figlio a diventare consapevole dei propri sentimenti e bisogni. Il bambino deve capire che i suoi sentimenti contano e ha il diritto di esprimerli. Ciò include la capacità di determinare come si sente in una situazione particolare e cosa vuole o di cui ha bisogno in quel momento.

Quindi il bambino deve imparare a esprimere i suoi pensieri e sentimenti in modo chiaro e sicuro. Ciò può includere l'uso di "messaggi in prima persona" che descrivano i suoi sentimenti e bisogni senza essere colpevoli o aggressivi. Ad esempio, invece di dire: "Mi ignori sempre", un bambino potrebbe dire: "Mi sento ferito quando non mi ascolti".

È anche importante insegnare a tuo figlio a rispettare i sentimenti e i diritti delle altre persone. Ciò include la capacità di ascoltare e comprendere il punto di vista degli altri, anche se non sono d'accordo con esso. Il bambino deve capire che assertività non significa ignorare i sentimenti degli altri, ma piuttosto la capacità di trovare un equilibrio tra i propri bisogni e quelli degli altri.

L'uso di abilità assertive aiuta un bambino a sviluppare fiducia in se stesso e rispetto per gli altri. Questa abilità gli consente di interagire con successo con il mondo che lo circonda, risolvere pacificamente i conflitti e costruire relazioni sane. In definitiva, imparare ad essere assertivo aiuta un bambino a diventare emotivamente più maturo e ad avere successo nel comunicare con gli altri.

- Sviluppa la fiducia in se stesso di tuo figlio: incoraggia i suoi risultati, evidenzia i suoi punti di forza e aiutalo a superare le sue debolezze. Più un bambino crede in se stesso, più facile sarà per lui stabilire dei limiti e proteggersi.

Sviluppare la fiducia in se stessi in un bambino è uno dei compiti più importanti per i genitori. Capire come farlo può avere profonde conseguenze per il suo futuro.

Innanzitutto è importante concentrarsi sui risultati ottenuti dal bambino, anche quelli più piccoli. Quando si rende conto che i suoi sforzi vengono apprezzati, ciò stimola il suo senso di fiducia. Il supporto è importante non solo nei momenti di successo, ma anche nei momenti di fallimento. Aiutando un bambino a sperimentare le delusioni e ad imparare da esse, i genitori lo aiutano a capire che i fallimenti fanno parte della vita e non determinano il suo valore.

In secondo luogo, è importante aiutare il bambino a riconoscere i suoi punti di forza e a svilupparli. Potrebbe trattarsi di qualsiasi aspetto della loro personalità o abilità, che si tratti di pensiero creativo, abilità atletica o cordialità. Quando un bambino vede di avere qualcosa di speciale che lo rende unico, rafforza la sua autostima.

È anche importante aiutare il bambino a superare le sue debolezze e i suoi difetti. Invece di giudicarlo per i suoi errori, i genitori dovrebbero sostenerlo e aiutarlo a trovare modi per correggerli o accettarli. Ciò permette al bambino di sentirsi apprezzato e importante anche nei momenti di fallimento.

Nel complesso, la fiducia in se stessi è un dono che i genitori possono fare ai propri figli. Il sostegno, l'incoraggiamento e l'amore sono componenti chiave di questo processo. Quando un bambino crede in se stesso, è in grado di stabilire dei limiti e proteggersi in tutte le situazioni, il che lo rende più felice e di successo nella vita.

2. Formazione sulle strategie per far valere i propri diritti:

- Sviluppa la fiducia di tuo figlio: insegnagli a difendere se stesso e i suoi diritti. Ciò può includere l'uso di una voce forte, uno sguardo fiducioso e dichiarazioni di convinzione.

Lo sviluppo della fiducia dei bambini gioca un ruolo chiave nella loro capacità di proteggere se stessi e i propri diritti.

È importante insegnare a tuo figlio a difendere se stesso, soprattutto quando si trova ad affrontare situazioni spiacevoli o sente che i suoi diritti vengono violati. Ciò include l'uso di una voce forte, uno sguardo sicuro e il parlare con convinzione. I genitori possono aiutare i propri figli a imparare a esprimere i propri pensieri e sentimenti in modo chiaro e sicuro insegnando loro come argomentare correttamente il proprio punto di vista.

È anche importante insegnare a tuo figlio la differenza tra le situazioni in cui è necessario parlare in propria difesa e quando è meglio arrendersi o cercare aiuto. I genitori possono discutere diversi scenari e giochi di ruolo con i propri figli per aiutarli a imparare a riconoscere situazioni potenzialmente pericolose e a rispondere in modo appropriato.

Inoltre, è importante insegnare al bambino il rispetto per se stesso e per i suoi diritti. Quando un bambino comprende il suo valore e rispetta i suoi confini, gli sarà più facile proteggerli. I genitori possono aiutare il proprio bambino a sviluppare un atteggiamento positivo sostenendolo nei suoi sforzi e aiutandolo a superare le difficoltà.

Infine, è importante sottolineare al bambino che ha diritto alla protezione e al sostegno e che deve cercare aiuto quando necessario. Questo lo aiuterà a sentirsi più sicuro e calmo in varie situazioni.

- Scenari pratici: improvvisa con tuo figlio diverse situazioni in cui potrebbe subire bullismo e aiutalo a trovare e provare diversi modi per rispondere ad esse.

Praticare gli scenari è un modo efficace per aiutare tuo figlio a prepararsi per potenziali situazioni di bullismo e imparare come rispondere in modo appropriato ad esse. I genitori possono condurre giochi di ruolo con i propri figli in cui simulano vari scenari, come umiliazione, bullismo o attacchi diretti da parte dei coetanei. Durante questi giochi, il bambino può provare diversi modi per rispondere all'aggressione, ad esempio difendendo con sicurezza i suoi diritti, ignorando l'autore del reato o cercando aiuto da un insegnante o dai genitori.

È importante che i genitori sostengano il bambino e discutano con lui di queste situazioni dopo il gioco, discutendo su cosa è stato utile e cosa si sarebbe potuto fare diversamente. Questo aiuterà tuo figlio a comprendere meglio le sue reazioni e a trovare le strategie di difesa più efficaci.

Inoltre, i genitori possono discutere con i propri figli varie situazioni che possono verificarsi nella vita reale e aiutarli a elaborare un piano d'azione in caso di bullismo. Ciò può includere aspetti come evitare conflitti, chiedere aiuto e cercare sostegno da amici o adulti.

Praticare gli scenari aiuta un bambino non solo a prepararsi per possibili situazioni di bullismo, ma anche a sviluppare la fiducia in se stesso e la capacità di rispondere efficacemente alle situazioni stressanti.

- Sostenere il bambino: è importante che il bambino sappia che i suoi genitori e gli altri adulti lo sostengono e sono pronti ad aiutarlo se necessario.

Il sostegno dei genitori e degli altri adulti è fondamentale per combattere il bullismo e aiutare i bambini a stabilire dei limiti e a proteggersi. Innanzitutto, i bambini devono sapere che possono rivolgersi ai genitori o ad altri adulti per chiedere aiuto e sostegno se si trovano ad affrontare una situazione di bullismo. È importante che il bambino si senta ascoltato e sostenuto in ogni situazione, e che possa avere la certezza che gli adulti prenderanno sul serio il suo problema e lo aiuteranno a trovare una soluzione.

Il sostegno dei genitori include anche il coinvolgimento attivo nella vita di tuo figlio e il dialogo con lui sulle esperienze della sua giornata. I genitori dovrebbero cercare cambiamenti nel comportamento e nell'umore dei loro figli che potrebbero indicare che stanno vivendo problemi di bullismo. L'apertura e le relazioni di fiducia in famiglia aiutano il bambino a sentirsi a proprio agio nel discutere i propri problemi e nel cercare sostegno.

Inoltre, i genitori possono aiutare i propri figli a sviluppare capacità di autodifesa e assertività in modo che possa rispondere adeguatamente alle situazioni di bullismo. Ciò può includere insegnare a tuo figlio a stabilire dei limiti, esprimere i propri sentimenti e bisogni in modo chiaro e sicuro e insegnargli a cercare il sostegno degli adulti se si sente minacciato.

Pertanto, il sostegno dei genitori e degli altri adulti svolge un ruolo importante nel proteggere i bambini dal bullismo e nell'aiutarli a sviluppare capacità di autodifesa e di adattamento a situazioni difficili.

3. Promuovere la cooperazione con l'istituzione:

- Stabilire una comunicazione aperta con gli insegnanti e l'amministrazione scolastica: i genitori dovrebbero essere consapevoli della situazione dei propri figli a scuola ed essere disposti a collaborare con la scuola in caso di problemi.

La cooperazione tra i genitori e un'istituzione educativa come una scuola svolge un ruolo importante nel fornire un ambiente educativo positivo per i bambini. La comunicazione aperta tra genitori e insegnanti, nonché tra l'amministrazione scolastica, è un aspetto chiave di una collaborazione di successo.

In primo luogo, i genitori devono essere informati su ciò che accade a scuola e sull'ambiente in cui vivono i loro figli. Ciò include aggiornamenti regolari sul processo di apprendimento, sugli eventi attuali e sui possibili problemi che gli studenti potrebbero incontrare. Questa comunicazione aperta aiuta i genitori a sentirsi coinvolti nella vita della scuola e a prendere parte attiva nel processo educativo dei propri figli.

Se sorgono problemi o difficoltà, è importante che i genitori e l'istituto scolastico collaborino per risolverli. Ciò può comportare la discussione del problema, l'identificazione delle cause e la ricerca di soluzioni collaborative. I genitori possono portare idee e suggerimenti preziosi e l'istituzione può fornire risorse e supporto per implementarli.

Inoltre, una comunicazione aperta aiuta a creare un clima di fiducia e rispetto reciproco tra i genitori e l'istituto scolastico. Ciò crea le basi per una collaborazione efficace e per il raggiungimento degli obiettivi educativi comuni.

Pertanto, stabilire una comunicazione aperta tra i genitori e l'istituto scolastico svolge un ruolo importante nel garantire un'istruzione di qualità e il benessere dei bambini. Promuove la creazione di partenariati e la creazione di condizioni per l'apprendimento e lo sviluppo di successo di ogni studente.

- Promuovere un ambiente scolastico sicuro: sostenere attivamente programmi e iniziative per prevenire il bullismo nella scuola e creare un ambiente favorevole e amichevole per tutti gli studenti.

Creare un ambiente scolastico sicuro è uno degli aspetti chiave per garantire un'atmosfera educativa positiva. I genitori possono contribuire attivamente a questo processo sostenendo vari programmi e iniziative volti a prevenire il bullismo e a creare un ambiente amichevole per tutti gli studenti.

In primo luogo, i genitori possono sostenere i programmi scolastici anti-bullismo, come corsi di intelligenza emotiva, corsi di Friendly School, programmi di adattamento sociale, ecc. La partecipazione dei genitori a tali eventi non solo sostiene la comunità scolastica, ma dimostra anche ai bambini l'importanza di combattere gli atteggiamenti negativi. fenomeni nella società.

Inoltre, i genitori possono sostenere la necessità di risorse e servizi aggiuntivi a scuola per sostenere i bambini che affrontano problemi di bullismo. Ciò può includere l'organizzazione di ulteriori consultazioni con psicologi o assistenti sociali, la creazione di gruppi di sostegno per i bambini, nonché lo svolgimento di tavole rotonde e dibattiti con la partecipazione di genitori, insegnanti e amministrazione scolastica.

È anche importante interagire attivamente con gli insegnanti e l'amministrazione scolastica, esprimendo le proprie preoccupazioni e suggerimenti per migliorare la sicurezza e il benessere dei bambini. I genitori possono avviare discussioni sulle questioni di sicurezza durante le riunioni genitori-insegnanti, nonché offrire le loro idee e soluzioni per migliorare la situazione a scuola.

Pertanto, i genitori svolgono un ruolo importante nella creazione di un ambiente scolastico sicuro sostenendo vari programmi e iniziative, nonché interagendo attivamente con gli insegnanti e l'amministrazione scolastica. La loro partecipazione contribuisce alla formazione di un'esperienza educativa positiva per tutti gli studenti e aiuta a superare i problemi del bullismo e di altri fenomeni negativi.

4. Incoraggiare il dialogo aperto:

- Mantieni la comunicazione con tuo figlio: è importante che senta di poter discutere liberamente con te di eventuali problemi o preoccupazioni legate al bullismo o ad altre situazioni difficili.

Mantenere un dialogo aperto con tuo figlio è un aspetto fondamentale per prevenire e superare il bullismo. I bambini dovrebbero sapere che possono discutere liberamente con i loro genitori di eventuali problemi, preoccupazioni o situazioni spiacevoli che incontrano a scuola o fuori dalla scuola.

I genitori possono creare un'atmosfera di apertura e fiducia in cui il bambino si sente a suo agio nell'esprimere i suoi pensieri e sentimenti. È importante ascoltare attentamente, senza giudizi, critiche o reazioni negative. Il bambino dovrebbe sapere che i suoi genitori lo sosterranno e lo aiuteranno sempre in ogni situazione.

I genitori possono avviare attivamente conversazioni con il proprio figlio su come sta andando la sua vita scolastica, quali amici ha, quali eventi stanno accadendo in classe. È importante porre domande aperte che consentano a tuo figlio di esprimere liberamente i propri pensieri e sentimenti.

I genitori possono anche tenersi in contatto con insegnanti e altri genitori per tenersi aggiornati su ciò che accade a scuola e sui problemi che potrebbero verificarsi tra i loro figli. Ciò consentirà ai genitori di rispondere rapidamente a qualsiasi situazione spiacevole e fornire supporto al proprio bambino.

È importante ricordare che il dialogo aperto è un processo bidirezionale e i genitori devono essere preparati non solo ad ascoltare il bambino, ma anche ad offrirgli sostegno, consigli e aiuto nella risoluzione dei problemi che si presentano. Solo così si potrà creare un rapporto di fiducia che aiuterà il bambino a sentirsi protetto e sostenuto in ogni situazione.

- Incoraggia tuo figlio a parlare delle sue esperienze: aiutalo a esprimere i suoi sentimenti e pensieri sul bullismo e supportalo nella risoluzione dei problemi.

Incoraggiare tuo figlio a parlare delle sue esperienze è importante per creare fiducia e aiutarlo ad affrontare i problemi di bullismo.

In primo luogo, i genitori dovrebbero mostrare interesse per la vita del proprio figlio e sostenerlo attivamente in tutte le situazioni. Ciò può essere dimostrato attraverso conversazioni regolari in cui il bambino può parlare della sua giornata, delle esperienze a scuola o delle uscite con gli amici. È importante che il bambino sappia che le sue opinioni e i suoi sentimenti sono importanti per i suoi genitori.

Quindi, se un bambino si trova ad affrontare una situazione di bullismo, i genitori dovrebbero mostrare comprensione ed empatia per le sue esperienze. È importante ascoltarlo, sostenerlo e discutere le possibili soluzioni al problema. Il bambino dovrebbe sentire di poter esprimere liberamente i suoi sentimenti e pensieri senza timore di giudizi o critiche.

I genitori possono anche aiutare i propri figli a esprimere le proprie emozioni e pensieri incoraggiandoli a comunicare e scrivere. Ciò potrebbe avvenire attraverso l'inserimento nel diario, il disegno o altri metodi creativi. La cosa principale è che il bambino senta che i suoi pensieri e sentimenti contano e possono essere espressi.

È importante ricordare che i genitori devono essere pronti a sostenere il bambino non solo emotivamente, ma anche praticamente. Se la situazione diventa grave, i genitori dovrebbero chiedere aiuto agli insegnanti, agli amministratori scolastici o ad altri professionisti specializzati nel sostegno ai bambini in caso di bullismo.

Insieme, queste strategie possono aiutare un bambino a imparare a stabilire dei limiti, a far valere i propri diritti e ad affrontare le situazioni di bullismo in modo efficace e con sicurezza.

Lo sviluppo dell'adattamento sociale e delle capacità comunicative gioca un ruolo chiave nella vita di una persona, a partire dalla prima infanzia e proseguendo per tutta la vita. Queste abilità consentono a una persona di interagire con successo con gli altri, costruire relazioni, risolvere conflitti e raggiungere i propri obiettivi. Consideriamo gli aspetti principali dello sviluppo di queste abilità:

1. Empatia e comprensione dei sentimenti degli altri: la capacità di comprendere le emozioni e i sentimenti degli altri è la base di una comunicazione di successo. Lo sviluppo dell'empatia inizia nell'infanzia e richiede l'impegno di genitori e insegnanti. Ai bambini dovrebbero essere insegnate le emozioni, discuterne e imparare a mettersi nei panni degli altri.

L'empatia, ovvero la capacità di comprendere e condividere i sentimenti degli altri, gioca un ruolo fondamentale nella comunicazione e nelle relazioni interpersonali. Ci permette di percepire il mondo attraverso gli occhi di altre persone e di interagire in modo efficace con loro. Lo sviluppo dell'empatia inizia nella prima infanzia e continua per tutta la vita.

È importante che i bambini imparino a riconoscere le emozioni sia in se stessi che negli altri. Genitori e insegnanti possono aiutare i bambini in questo discutendo le diverse situazioni e le emozioni che evocano. Ad esempio, puoi discutere con tuo figlio come si sente quando il suo giocattolo viene portato via da un altro bambino e come potrebbero sentirsi altri bambini in situazioni simili.

Un altro aspetto importante dello sviluppo dell'empatia è la capacità di mettersi nei panni degli altri. I bambini possono esplorare le situazioni da diverse prospettive immaginando se stessi come altre persone. Ad esempio, potrebbero pensare a come si sentirebbero se il loro giocattolo venisse loro portato via, o come si sentirebbe un altro bambino se gli venisse portato via il giocattolo.

Sviluppare l'empatia richiede pratica e attenzione costante. È importante mantenere un dialogo aperto con i bambini, incoraggiarli a esprimere i propri sentimenti e pensieri ed essere disposti ad ascoltarli e sostenerli in situazioni difficili. Interagire con persone diverse e comunicare in diverse situazioni sociali aiuta anche a sviluppare l'empatia mentre i bambini imparano a comprendere la diversità delle emozioni e delle reazioni umane.

2. Capacità di ascolto e rispetto: la capacità di ascoltare e mostrare rispetto per le opinioni degli altri è necessaria per un'interazione efficace. È necessario insegnare ai bambini come ascoltare attivamente, porre domande ed esprimere le proprie opinioni senza violare i diritti e i sentimenti degli altri.

Le capacità di ascolto e rispetto svolgono un ruolo chiave nell'interazione con successo con gli altri. Ciò è particolarmente importante per i bambini, poiché li aiuta non solo a comprendere meglio gli altri, ma anche a costruire relazioni di qualità con gli altri.

La capacità di ascoltare attivamente qualcuno con cui stai parlando significa non solo essere fisicamente presente e ascoltare ciò che dice, ma anche essere attento ai suoi pensieri e alle sue emozioni. Genitori e insegnanti possono aiutare i bambini a sviluppare questa abilità insegnando loro non solo ad ascoltare attentamente, ma anche a porre domande per comprendere meglio ciò che viene detto e a mostrare interesse per la conversazione.

Il rispetto per le opinioni degli altri implica riconoscere il loro diritto alla propria opinione ed esprimere rispetto per tale opinione, anche se non coincide con la propria. Ai bambini dovrebbe essere insegnato che ognuno ha diritto alla propria opinione, ed è importante saper ascoltare e rispettare questa opinione, anche se ci sembra strana o incomprensibile.

È anche importante insegnare ai bambini a esprimere i propri pensieri e opinioni senza violare i diritti e i sentimenti degli altri. Ciò include la capacità di esprimersi in modo chiaro e costruttivo e di essere disposti a impegnarsi nel dialogo e a discutere apertamente diversi punti di vista.

La pratica di queste abilità inizia nella prima infanzia e richiede supporto e guida continui da parte degli adulti. Più i bambini imparano ad ascoltare e a rispettare gli altri, meglio saranno in grado di affrontare i conflitti e costruire relazioni di qualità con gli altri.

3. Sviluppo delle capacità comunicative: include la capacità di esprimere i propri pensieri e sentimenti in modo comprensibile, scegliere parole appropriate e formulare i propri pensieri in modo chiaro e specifico. Ciò aiuta ad evitare incomprensioni e conflitti nella comunicazione.

Lo sviluppo delle capacità comunicative gioca un ruolo importante in tutti gli aspetti della vita di una persona, a partire dalla più tenera età. Queste abilità ci aiutano a comunicare in modo efficace con gli altri, a esprimere i nostri pensieri e sentimenti, a risolvere problemi e a raggiungere obiettivi.

La capacità di esprimere i propri pensieri e sentimenti in una forma comprensibile è la base di una comunicazione di successo. Ciò include scegliere le parole giuste, articolare i tuoi pensieri in modo chiaro e specifico e adattare il tuo linguaggio e il tuo stile di comunicazione al tuo pubblico.

Le abilità comunicative aiutano a evitare incomprensioni e conflitti nella comunicazione. Quando ci esprimiamo in modo chiaro e chiaro, riduciamo la probabilità che le nostre parole vengano interpretate male e che le nostre intenzioni vengano chiarite. Inoltre, la capacità di comunicare in modo efficace ti aiuta a sviluppare relazioni più profonde e produttive con altre persone.

Lo sviluppo delle capacità comunicative richiede pratica e feedback. Gli adulti possono aiutare i bambini a farlo incoraggiandoli a esprimersi, fare domande e impegnarsi nel dialogo. I giochi di ruolo, la discussione di libri e film e la partecipazione ad attività educative possono essere ottimi modi per esercitare le capacità comunicative.

È anche importante tenere conto delle caratteristiche individuali di ciascun bambino e avvicinarsi allo sviluppo delle sue capacità comunicative tenendo conto delle sue esigenze e capacità. Prima i bambini iniziano a sviluppare queste abilità, meglio saranno in grado di affrontare le sfide comunicative future.

4. Gestione dei conflitti: la capacità di risolvere i conflitti in modo pacifico e costruttivo è un aspetto importante dell'adattamento sociale. Ai bambini dovrebbero essere insegnate strategie di risoluzione dei conflitti come la ricerca di compromessi, l'accettazione di altri punti di vista e la ricerca di soluzioni che soddisfino tutte le parti.

La gestione dei conflitti svolge un ruolo chiave nello sviluppo delle abilità sociali dei bambini e nelle relazioni sane con gli altri. Questo processo aiuta i bambini a imparare a risolvere i disaccordi in modo pacifico ed efficace, il che è importante per la loro riuscita integrazione nella società.

Ai bambini dovrebbero essere insegnate strategie di risoluzione dei conflitti in modo che possano affrontare efficacemente situazioni di tensione e trovare soluzioni reciprocamente accettabili. Una delle strategie chiave è cercare un compromesso, in cui entrambe le parti siano disposte a fare concessioni per raggiungere un accordo. Questo insegna ai bambini la flessibilità di pensiero e la comprensione che non è sempre possibile raggiungere completamente il proprio obiettivo, ma è importante trovare un equilibrio di interessi.

È anche importante insegnare ai bambini la capacità di accettare altri punti di vista e comprendere le posizioni degli altri. Ciò aiuta a sviluppare la loro empatia e la comprensione della diversità di opinioni nella società. La capacità di ascoltare attivamente e rispettosamente la posizione dell'interlocutore aiuta a costruire la comprensione reciproca e a ridurre i conflitti.

È anche importante insegnare ai bambini a cercare soluzioni che soddisfino tutte le parti. Ciò richiede un pensiero creativo e la volontà di cercare modi alternativi per raggiungere gli obiettivi. Allo stesso tempo, è importante insegnare ai bambini non solo a considerare i propri interessi, ma anche a tenere conto dei bisogni e dei desideri delle altre persone.

Imparare a gestire i conflitti richiede pazienza e comprensione da parte degli adulti. È importante sostenere i bambini nei loro sforzi e aiutarli a sviluppare capacità di risoluzione dei problemi che andranno a beneficio loro in futuro.

5. Sviluppare la fiducia: la fiducia in se stessi gioca un ruolo chiave per una comunicazione di successo. I bambini hanno bisogno di essere incoraggiati e sostenuti nei loro sforzi e aiutati a sviluppare capacità di auto-presentazione e di adattamento alle diverse situazioni.

Sviluppare la fiducia dei bambini è un aspetto importante della loro preparazione sociale e psicologica alla vita. I bambini sicuri di sé comunicano più facilmente con gli altri, dimostrano qualità di leadership e affrontano con maggiore successo le sfide della vita.

Uno dei metodi chiave per sviluppare la fiducia è incoraggiare e sostenere i bambini nei loro sforzi. Genitori ed educatori devono riconoscere e valorizzare gli sforzi dei bambini, indipendentemente dalle loro prestazioni, e aiutarli a sviluppare le competenze importanti per il successo. Il sostegno sotto forma di lode, rispetto e fiducia aiuta a creare fiducia nelle proprie capacità e capacità.

È anche importante aiutare i bambini a sviluppare capacità di auto-presentazione e di adattamento alle diverse situazioni. Ciò include imparare a esprimere pensieri e sentimenti in modo efficace, connettersi con nuove persone e affrontare i cambiamenti nell'ambiente. Praticare le abilità comunicative e partecipare a vari eventi sociali aiuta i bambini a sentirsi più sicuri e a proprio agio in diverse situazioni.

Infine, è importante ricordare che la fiducia in se stessi si sviluppa gradualmente e richiede tempo e pazienza. Genitori e insegnanti dovrebbero essere pazienti e solidali nell'aiutare i bambini a superare le difficoltà e lottare per l'auto-miglioramento. Feedback positivo e motivazione contribuiscono alla costante crescita della fiducia del bambino in se stesso e nelle sue capacità.

6. Partecipazione a gruppi e attività sociali: la partecipazione a gruppi sociali, progetti di gruppo ed eventi sociali aiuta a sviluppare competenze nel lavoro di squadra, nella cooperazione e nella comunicazione con persone diverse.

La partecipazione a gruppi e attività sociali svolge un ruolo importante nello sviluppo delle abilità sociali nei bambini e negli adolescenti. Ciò offre loro l'opportunità di imparare come interagire con persone diverse, sviluppare capacità di lavoro di squadra, cooperazione e comunicazione.

Innanzitutto, la partecipazione a gruppi sociali e progetti di squadra aiuta i bambini e gli adolescenti a imparare a lavorare in squadra. Imparano come interagire con gli altri, risolvere conflitti, costruire relazioni e raggiungere obiettivi comuni. Si tratta di competenze importanti che torneranno loro utili in tutti gli ambiti della vita, dalla scuola alla carriera professionale.

Inoltre, la partecipazione ad eventi sociali aiuta a sviluppare capacità di comunicazione. I bambini imparano ad esprimere i propri pensieri e sentimenti, ad ascoltare gli altri, a porre domande ed esprimere le proprie opinioni. Imparano anche ad adattarsi a situazioni e pubblici diversi, il che li aiuta a diventare comunicatori più sicuri e adattivi.

La partecipazione a gruppi sociali aiuta anche a sviluppare l'empatia e la comprensione delle altre persone. Interagendo con persone diverse, i bambini e gli adolescenti imparano a mettersi nei panni degli altri e a comprenderne le emozioni e i sentimenti. Questo li aiuta a sviluppare relazioni più profonde e migliori con gli altri.

Pertanto, la partecipazione a gruppi e attività sociali non è solo un modo per trascorrere del tempo, ma anche uno strumento importante per sviluppare abilità sociali di cui beneficeranno i bambini e gli adolescenti per tutta la vita.

Lo sviluppo di queste competenze inizia in famiglia e nella scuola dell'infanzia, prosegue a scuola e all'università, per poi avvenire per tutta la vita attraverso l'esperienza e l'autoeducazione. Un ruolo speciale nella formazione di queste abilità è svolto da programmi educativi, corsi di formazione ed eventi volti a sviluppare le competenze sociali.

L'uso di giochi e modelli di ruolo è un metodo efficace per insegnare abilità di risoluzione dei conflitti a bambini e adolescenti. Questo approccio consente ai bambini di imparare a risolvere problemi, interagire tra loro e sviluppare capacità comunicative mentre giocano in un ambiente sicuro e controllato. Diamo uno sguardo più da vicino a come funziona:

- Creare simulazioni di conflitto: attraverso giochi e modelli di ruolo, i bambini possono interpretare ruoli diversi e sperimentare diversi scenari di conflitto. Ciò consente loro di comprendere meglio le motivazioni e le prospettive degli altri, il che aiuta a sviluppare empatia e comprensione.

Giochi e modelli di ruolo offrono ai bambini l'opportunità di sperimentare ruoli e scenari diversi in cui potrebbero incontrare conflitti. Ciò consente loro di comprendere i sentimenti e le motivazioni degli altri, nonché le conseguenze delle loro azioni. Durante il gioco i bambini possono sperimentare diverse strategie di risoluzione dei conflitti e osservare i risultati delle loro azioni.

Uno degli aspetti chiave di questo metodo è lo spazio di gioco sicuro, che consente ai bambini di esprimersi senza timore di giudizi o conseguenze negative. Ciò aiuta i bambini a sviluppare autostima e fiducia poiché vedono che i loro pensieri e sentimenti sono importanti e rispettati.

Al termine del gioco, discutere e analizzare gli eventi accaduti aiuta i bambini ad apprendere le lezioni e ad applicarle nella vita reale. Questa fase gioca un ruolo importante nel processo di apprendimento, poiché aiuta i bambini a trasferire le loro esperienze nella pratica e a sviluppare capacità di interazione sociale in situazioni reali.

Pertanto, creare situazioni di conflitto simulato attraverso giochi e modelli di ruolo è un metodo efficace per sviluppare abilità sociali nei bambini, poiché promuove la loro crescita emotiva e intellettuale e li aiuta anche a imparare a risolvere efficacemente problemi e conflitti nella vita.

- Pratica decisionale: durante il gioco, i bambini si trovano di fronte a delle scelte e sono costretti a prendere decisioni. Ciò li aiuta a sviluppare competenze nell'analisi delle situazioni, nella valutazione delle alternative e nel prendere decisioni informate.

Durante il gioco, i bambini si trovano spesso di fronte alla necessità di prendere decisioni. Questo processo non è solo divertente, ma ha anche un potenziale educativo. In primo luogo, i giochi offrono ai bambini l'opportunità di affrontare una varietà di situazioni in cui devono scegliere tra diverse linee d'azione. Tali situazioni possono essere associate alla risoluzione dei conflitti, alla risoluzione dei problemi o alla scelta di strategie o tattiche nel gioco.

Prendere decisioni nei giochi richiede che i bambini siano in grado di analizzare una situazione, valutare possibili alternative e anticipare le possibili conseguenze delle loro azioni. Ad esempio, nei giochi di strategia, i bambini devono tenere conto non solo della posizione attuale, ma anche delle possibili mosse del nemico per fare la scelta migliore. Ciò sviluppa il loro pensiero critico e la capacità di anticipare le conseguenze delle loro decisioni.

Inoltre, i giochi spesso creano situazioni in cui le decisioni devono essere prese in condizioni di tempo o risorse limitate. Questo aiuta i bambini a imparare a prendere decisioni informate sotto stress e pressione.

Il formato del gioco promuove anche la partecipazione attiva dei bambini al processo decisionale. A differenza dei compiti educativi, in cui le decisioni vengono spesso prese individualmente, nei giochi i bambini possono discutere insieme le opzioni e raggiungere un accordo in gruppo. Ciò aiuta a sviluppare capacità di lavoro di squadra e di collaborazione.

Pertanto, la pratica del processo decisionale attraverso i giochi presenta molti vantaggi pedagogici, poiché aiuta i bambini a sviluppare capacità analitiche, pensiero critico, capacità di prevedere le conseguenze e lavorare in gruppo.

- Sviluppo delle capacità comunicative: giochi e modelli di ruolo stimolano la comunicazione tra i partecipanti, il che li aiuta a migliorare le proprie capacità comunicative, a considerare i punti di vista degli altri e ad esprimersi in modo più chiaro e sicuro.

Giochi e modelli di ruolo sono strumenti eccellenti per sviluppare le capacità comunicative dei bambini. Durante il gioco, i bambini interagiscono attivamente tra loro, comunicano, esprimono i loro pensieri e idee. Imparano ad ascoltarsi a vicenda, a considerare i punti di vista degli altri e a trovare un terreno comune.

Uno degli aspetti chiave dello sviluppo delle capacità comunicative nei giochi è la necessità di spiegare le proprie azioni e strategie. I bambini sono costretti ad esprimere i propri pensieri e a parlare dei propri progetti, il che richiede una presentazione chiara e precisa. Ciò aiuta a sviluppare capacità di comunicazione sicure ed efficaci.

I giochi di ruolo sono particolarmente utili per sviluppare capacità di empatia e comprensione delle altre persone. Durante il gioco, i bambini vengono trasportati nei ruoli di vari personaggi e sperimentano le loro emozioni, motivazioni e prospettive. Questo li aiuta a comprendere meglio i sentimenti e i pensieri degli altri, il che è un aspetto importante per una comunicazione di successo.

Inoltre, i giochi aiutano i bambini a sviluppare capacità di ascolto attivo. Imparano ad ascoltare attentamente i loro interlocutori, a porre domande e a mostrare interesse per le loro opinioni. Questo è importante per creare un'atmosfera di comprensione e rispetto reciproci nella comunicazione.

Pertanto, i giochi e i modelli di ruolo svolgono un ruolo significativo nello sviluppo delle capacità comunicative dei bambini, aiutandoli a diventare più sicuri, empatici e competenti nel comunicare con gli altri.

- Apprendimento esperienziale: i giochi consentono ai bambini e agli adolescenti di sperimentare diverse strategie di risoluzione dei conflitti e di vedere i risultati delle loro azioni. Queste esperienze di apprendimento pratico sono spesso più efficaci della semplice discussione di concetti teorici.

I giochi svolgono un ruolo importante nel processo di apprendimento di bambini e adolescenti, soprattutto quando si tratta di sviluppare capacità di risoluzione dei conflitti. Uno degli aspetti principali che rendono i giochi un metodo di apprendimento efficace è che permettono ai bambini e agli adolescenti di apprendere attraverso l'esperienza.

Durante il gioco, bambini e adolescenti possono sperimentare diverse strategie di risoluzione dei conflitti e vedere direttamente i risultati delle loro azioni. Ad esempio, nei giochi di ruolo, possono provare diversi approcci per risolvere situazioni di conflitto e osservare quali conseguenze portano a una particolare soluzione.

Queste esperienze di apprendimento pratico sono spesso più efficaci della semplice discussione di concetti teorici. Quando i bambini hanno l'opportunità di applicare direttamente ciò che hanno imparato in situazioni di vita reale, ricordano meglio il materiale e acquisiscono una comprensione più profonda del suo significato.

Inoltre, i giochi creano un ambiente confortevole e sicuro in cui i bambini sono liberi di sperimentare e commettere errori senza timore di conseguenze negative. Ciò consente loro di sviluppare fiducia in se stessi e nelle proprie capacità, nonché di imparare dai propri errori.

Pertanto, l'uso dei giochi nell'insegnamento delle abilità di risoluzione dei conflitti è un metodo efficace che consente ai bambini e agli adolescenti di apprendere attraverso l'esperienza e sviluppare le abilità pratiche necessarie per un adattamento sociale di successo.

- Mantenere l'interesse e la motivazione: i giochi e i modelli di ruolo sono solitamente più divertenti e interessanti per i bambini, quindi è più probabile che partecipino attivamente e accettino i materiali didattici.

Giochi e modelli di ruolo svolgono un ruolo chiave nel mantenere i bambini interessati e motivati ad apprendere. Questo metodo di insegnamento non solo offre ai bambini un'opportunità unica di apprendere attraverso l'esperienza, ma crea anche un ambiente stimolante ed emozionante che incoraggia la partecipazione attiva.

A differenza dei metodi di insegnamento tradizionali, che possono sembrare noiosi e ripetitivi, i giochi e i modelli di ruolo sono solitamente più divertenti e interessanti per i bambini. Attraverso il gioco, i bambini possono assumere ruoli diversi, esplorare nuovi scenari e interagire con il mondo che li circonda, rendendo l'apprendimento più vivace ed emozionante.

Inoltre, i giochi consentono ai bambini di essere attivi e di prendere decisioni, il che stimola la loro partecipazione e attività nel processo di apprendimento. Quando i bambini sentono di avere il controllo degli eventi e di avere l'opportunità di influenzare l'esito del gioco, la loro motivazione ad apprendere aumenta in modo significativo.

È anche importante notare che i giochi aiutano a sviluppare la creatività, l'immaginazione e il pensiero critico nei bambini. Durante il gioco, sono costretti a proporre nuove idee, trovare soluzioni non standard e analizzare i risultati delle loro azioni, il che contribuisce al loro sviluppo intellettuale.

Pertanto, l'uso di giochi e modelli di ruolo nell'insegnamento non solo rende il processo di apprendimento più divertente e interessante, ma supporta anche efficacemente la motivazione dei bambini all'apprendimento e contribuisce al loro sviluppo a tutto tondo.

Pertanto, l'utilizzo di giochi e modelli di ruolo per insegnare le competenze di risoluzione dei conflitti consente ai bambini e agli adolescenti di sviluppare efficacemente le abilità sociali necessarie per un adattamento di successo nella società.

❖·❖·❖·❖·❖·❖·❖·❖·❖·❖·❖·❖·❖·❖·❖

Capitolo 7.
Come aiutare un bambino vittima di bullismo.

Comunicare in modo efficace con tuo figlio riguardo al bullismo e identificare i fatti richiede pazienza, attenzione e sostegno. Ecco alcuni passaggi che puoi eseguire:

1. Stabilisci un'atmosfera aperta e fiduciosa : dai a tuo figlio tempo e spazio per esprimere i suoi pensieri e sentimenti senza paura o restrizioni. Sottolinea che sei pronto ad ascoltare e ad aiutare.

Stabilire un'atmosfera aperta e fiduciosa con tuo figlio gioca un ruolo cruciale nella comunicazione dei problemi, incluso il bullismo. Ecco come puoi integrare questo aspetto:

- Creare uno spazio sicuro: è importante rassicurare il bambino che tutti i suoi pensieri, emozioni e paure siano accettati senza restrizioni o giudizi. Il bambino ha bisogno di sentire che i suoi problemi sono importanti e che può esprimere in sicurezza i propri sentimenti.

- Sostenere l'espressione dei sentimenti: i genitori e gli adulti dovrebbero essere disposti ad ascoltare il bambino e ad accettare le sue emozioni senza critiche. Questo aiuta il bambino a sentirsi compreso e supportato.

- Ascolto attivo: è importante non solo ascoltare, ma anche dimostrare un'attenzione attiva al bambino. Ciò include il contatto visivo, le espressioni facciali e i gesti che dimostrano che sei interessato a ciò che ha da dire.

- Dialoghi aperti: offri a tuo figlio l'opportunità di parlare in un momento e in un luogo a lui convenienti. Potrebbe trattarsi di una conversazione individuale davanti a una tazza di tè o di una passeggiata all'aria aperta, dove si sente più a suo agio.

- Convalidare l'importanza: sottolineare che le sue opinioni e sentimenti contano. Il bambino ha bisogno di sapere che la sua voce viene ascoltata e rispettata, anche se le opinioni divergono.

- Disponibilità ad aiutare: assicurati che tuo figlio capisca che sei pronto ad aiutarlo in qualsiasi situazione. Ciò include non solo ascoltare, ma anche offrire un supporto costruttivo e lavorare insieme per risolvere il problema.

- Sottolinea la riservatezza: spiega a tuo figlio che le sue conversazioni con te rimarranno confidenziali a meno che la sua sicurezza o salute non siano a rischio.

- Tempo e pazienza: tieni presente che costruire la fiducia richiede tempo e pazienza. Potrebbe volerci del tempo prima che tuo figlio si senta a suo agio nell'esprimere i propri pensieri e sentimenti.

2. Sii empatico: mostra comprensione e compassione per il bambino. Cerca di metterti al suo posto e di comprendere le sue emozioni ed esperienze.

Essere empatici con un bambino non solo dimostra comprensione delle sue emozioni, ma crea anche una profonda connessione e fiducia. L'empatia ci permette di vedere il mondo attraverso gli occhi di un'altra persona e sentire ciò che sta provando. Ecco alcuni aspetti chiave di questo argomento:

- Ascoltare attivamente: l'empatia inizia con l'essere presenti nel momento e con l'ascolto profondo. Concentrati su tuo figlio, esprimi il tuo rispetto e convalida le sue emozioni.

- Comprendere i sentimenti: prova a metterti nei panni del bambino e a capire come si sente. Ciò non significa che devi essere d'accordo con il suo punto di vista, ma puoi capire perché si sente in quel modo.

- Mostra il tuo sostegno: mostra a tuo figlio che sei con lui e che i suoi sentimenti sono importanti per te. Potrebbero essere parole di incoraggiamento, un abbraccio o semplicemente la tua presenza.

- Sostenerlo adeguatamente: il sostegno al bambino dovrebbe essere adeguato alla sua età e situazione. Non dovresti esagerare o sottovalutare i suoi sentimenti, ma piuttosto confermarli e aiutarlo a capirli.

- Sii paziente: l'empatia richiede tempo e pazienza. Non abbiate fretta di dare consigli o soluzioni, date a vostro figlio l'opportunità di esprimere e realizzare i suoi sentimenti.

- Praticare l'empatia: l'empatia è un'abilità che può essere sviluppata. Praticalo nella tua vita quotidiana, cercando di comprendere e sostenere le altre persone, compreso tuo figlio.

Essendo empatici con il bambino, creiamo un ambiente sano e di sostegno in cui può sentirsi compreso e amato.

3. Fai domande aperte: prova a fare domande che incoraggino risposte aperte, come: "Quali situazioni ti disturbano?" o "Chi è coinvolto in questo problema?"

Ponendo domande aperte, creiamo opportunità affinché il bambino possa esprimere liberamente i propri pensieri, sentimenti e preoccupazioni. Ecco alcuni punti chiave di questo approccio:

- Incoraggiare l'apertura: le domande aperte hanno lo scopo di incoraggiare il bambino a parlare delle sue esperienze e dei suoi problemi senza timore di essere giudicato o frainteso. Ciò aiuta a creare un'atmosfera di apertura e fiducia.

- Approfondire la comprensione: le domande che iniziano con "Come", "Perché", "Cosa" e "Chi" aiutano i bambini a pensare ai loro sentimenti e alle ragioni del loro comportamento. Promuovono una profonda comprensione della situazione e aiutano a identificare la radice del problema.

- Chiarimento delle informazioni: le domande aperte possono aiutare a chiarire le informazioni su ciò che sta accadendo e identificare i dettagli della situazione. Ciò consente ai genitori o agli insegnanti di comprendere meglio il contesto del problema e trovare i modi più efficaci per aiutare.

- Costruire empatia: ponendo domande che consentono al bambino di rivelare i suoi sentimenti ed esperienze, mostriamo la nostra empatia e sostegno. Questo aiuta il bambino a sentirsi compreso e protetto.

- Sostenere la riflessione: rispondere a domande aperte può stimolare la riflessione e l'autoanalisi nel bambino. Comincia a prendere coscienza dei suoi pensieri e sentimenti, il che contribuisce alla sua crescita e al suo sviluppo personale.

- Rafforzare la comunicazione: interagire con tuo figlio attraverso domande aperte rafforza le capacità comunicative e lo aiuta a esprimere i suoi pensieri in modo più chiaro e appropriato.

In sintesi, l'uso di domande aperte nella comunicazione con un bambino aiuta a creare un clima di fiducia, una profonda comprensione delle sue esperienze e lo sviluppo dell'empatia da parte degli adulti.

4. Ascolta attentamente: concentrati su ciò che tuo figlio sta dicendo e mostra rispetto per il suo punto di vista. Evitare interruzioni e giudizi.

Ascoltare con attenzione e rispetto è la chiave per comunicare in modo efficace con tuo figlio. Ecco alcuni aspetti importanti di questa strategia:

- Presenza attiva: essendo pienamente presente e in sintonia con tuo figlio, gli mostri la tua attenzione e il tuo interesse. Questo crea un clima di fiducia e comprensione.

- Immersione totale nella conversazione: concentrati sulle parole e sulle espressioni di tuo figlio per comprendere appieno il suo punto di vista e i suoi sentimenti. Evita distrazioni e assenza mentale.

- Rispetto per il punto di vista: riconoscere il diritto del bambino alle proprie opinioni e sentimenti, anche se diversi dai tuoi. Questo lo aiuta a sentirsi ascoltato e rispettato.

- Evitare interruzioni e giudizi: dai a tuo figlio l'opportunità di finire i suoi pensieri senza interromperlo o esprimere i suoi giudizi. Questo gli permette di sentirsi a proprio agio e libero di esprimere i suoi pensieri.

- Sostenere l'espressione emotiva: consenti a tuo figlio di esprimere le proprie emozioni senza paura del giudizio. Sii tollerante nei confronti dei suoi sentimenti e dimostra che sei pronto a sostenerlo in ogni situazione.

- Fare domande chiarificatrici: per approfondire la tua comprensione della situazione, puoi porre domande chiarificatrici che ti aiuteranno a chiarire i punti che causano difficoltà e a rivelare la profondità dei sentimenti del bambino.

In definitiva, ascoltare con attenzione e rispetto crea un ambiente positivo per una comunicazione aperta, permettendo al bambino di sentirsi supportato e compreso.

5. Convalida i sentimenti di tuo figlio: sostieni tuo figlio convalidando i suoi sentimenti e le sue preoccupazioni. Ad esempio, puoi dire: "Capisco che potrebbe essere difficile per te" oppure "È davvero ingiusto".

Convalidare i sentimenti di un bambino gioca un ruolo importante nello stabilire una connessione emotiva e nel sostenere il suo benessere emotivo. Ecco come farlo:

- Comprensione ed empatia: mostra a tuo figlio che capisci le sue emozioni e sentimenti. Questo lo aiuta a sentirsi accettato e supportato. Ad esempio, potresti dire: "Capisco che ti senti ansioso" oppure "Penso che questa sia una situazione molto difficile per te".

- Convalidare paure e preoccupazioni: esprimere sostegno per le paure e le preoccupazioni di tuo figlio lo aiuta a sentirsi protetto e compreso. Ad esempio, potresti dire: "Capisco che questo ti spaventa" oppure "Capisco perché sei preoccupato".

- Sostegno attraverso il riconoscimento dell'ingiustizia: a volte un bambino si sente offeso o trattato ingiustamente. È importante riconoscere questi sentimenti e convalidarli. Ad esempio, potresti dire: "Mi dispiace tanto per quello che ti è successo" oppure "Capisco che non mi sembra giusto".

- Usare parole ed espressioni appropriate: è importante scegliere parole che riflettano lo stato emotivo del bambino e sostengano i suoi sentimenti. Ad esempio, puoi usare le parole "capisco", "capisco", "capisco quanto sia difficile per te", ecc.

- Stabilire una connessione emotiva: convalidare i sentimenti di tuo figlio aiuta a stabilire una connessione emotiva tra voi, che aiuta a creare fiducia e lo aiuta a sentirsi al sicuro.

Per riassumere, convalidare i sentimenti di un bambino è un importante strumento di comunicazione che lo aiuta a sentirsi supportato, compreso e protetto.

6. Raccogli prove: se tuo figlio parla di situazioni specifiche, chiedigli di descriverle in dettaglio. Porre domande sull'ora, il luogo, i partecipanti e la natura dell'incidente.

Raccogliere prove è importante per comprendere la situazione del bullismo e intraprendere le azioni appropriate. Ecco come farlo:

- Chiedi dettagli: chiedi a tuo figlio di descrivere la situazione in dettaglio. Scopri quando e dove è successo, chi è stato coinvolto nell'incidente e quali azioni specifiche si sono verificate.

- Domande chiarificatrici: fai domande chiarificatrici per avere un quadro completo di ciò che è successo. Chiedi informazioni sui sentimenti di tuo figlio, sulle reazioni alla situazione e su come questa lo ha influenzato.

- Raccogliere prove: se possibile, scoprire se ci sono altre persone che potrebbero aver visto cosa è successo. Parla con gli insegnanti, il personale scolastico o altri genitori per ulteriori prove.

- Informazioni sul documento: registra tutti i dati ricevuti, comprese date, luoghi, nomi dei partecipanti e descrizioni degli eventi. Ciò ti aiuterà ad avere un quadro chiaro di ciò che sta accadendo e a fornire dati affidabili quando necessario.

- Cerca aiuto: se sospetti di bullismo, chiedi aiuto a insegnanti, psicologi o specialisti del sostegno all'infanzia. Possono offrire consigli e supporto nella risoluzione del problema.

La raccolta di prove consente di determinare con maggiore precisione la natura dell'incidente, identificarne le cause e adottare misure efficaci per prevenire ulteriori manifestazioni di bullismo.

7. Incoraggia l'apertura: assicurati che tuo figlio sappia che può rivolgersi a te se ha problemi e che non dovrà affrontare conseguenze negative se denuncia il bullismo.

Incoraggiare l'apertura nei bambini è la chiave per identificare il bullismo e prevenire le conseguenze negative. Ecco alcune tecniche che possono aiutare a creare tale atmosfera:

- Stabilire la fiducia: mantieni un rapporto di fiducia con tuo figlio in modo che si senta a suo agio nel venire da te per qualsiasi problema. Identifica i suoi interessi e bisogni unici, mostra interesse per la sua vita e mostra sostegno.

- Sostegno e comprensione: Sostieni tuo figlio in tutte le situazioni e mostra comprensione dei suoi sentimenti ed emozioni. Rassicuralo che sei sempre pronto ad ascoltarlo e ad aiutarlo in caso di problemi.

- Atteggiamento positivo nei confronti della comunicazione: crea un'atmosfera in cui la comunicazione con te sia percepita come qualcosa di naturale e piacevole. Incoraggia tuo figlio a esprimere i propri pensieri e sentimenti senza paura del giudizio.

- Sostegno nel parlare apertamente: se tuo figlio viene da te con informazioni sul bullismo o altri problemi, esprimi gratitudine per la sua apertura e sostieni la sua decisione di cercare aiuto. Spiega che sei orgoglioso del suo coraggio e che stai facendo tutto il possibile per aiutarlo.

- Promessa di riservatezza: assicurati che tuo figlio sappia che le sue comunicazioni rimarranno riservate a meno che non siano richieste misure di sicurezza. Spiega che hai la responsabilità di agire se vengono rilevate gravi minacce alla sua sicurezza o alla sicurezza degli altri.

Incoraggiare l'apertura aiuta a creare un'atmosfera di fiducia e comprensione, che è importante per identificare il bullismo e prevenirne le conseguenze negative.

8. Discuti le possibili azioni: parla con tuo figlio delle misure che possono essere adottate per risolvere il problema. Discuti le opzioni, incluso contattare il tuo insegnante, il consulente scolastico o l'amministrazione.

Discutere le possibili azioni con tuo figlio può aiutarlo a sentirsi più sicuro e consapevole su come agire in caso di bullismo. Ecco alcuni passaggi che puoi eseguire:

- Supporto e comprensione: iniziare la conversazione esprimendo comprensione e supporto. Dì a tuo figlio che capisci che la situazione potrebbe essere difficile per lui e che sei pronto ad aiutarlo.

- Identificazione del problema: parla con tuo figlio di ciò che sta accadendo e cerca di capire quali eventi o azioni specifici hanno portato al problema.

- Discuti le possibili soluzioni: incoraggia tuo figlio a considerare diverse opzioni. Discuti quali misure possono aiutarlo a risolvere il problema e fermare il bullismo.

- Supporto per la ricerca di aiuto: parla di chi puoi rivolgerti per chiedere aiuto. Valuta se contattare il tuo insegnante, il consulente scolastico o l'amministrazione in modo che possano adottare misure per prevenire il bullismo.

- Discutere le conseguenze: parlare di quali potrebbero essere le conseguenze di diverse azioni. Discuti quali potrebbero essere i pro e i contro nel chiedere aiuto e altri modi per risolvere il problema.

- Pianificazione delle azioni: aiuta tuo figlio a creare un piano d'azione basato sulle opzioni discusse. Discuti su come seguirà questo piano e su come puoi aiutarlo lungo il percorso.

Discutere le possibili azioni aiuterà il bambino a comprendere le sue opzioni e a trovare il modo migliore per risolvere il problema del bullismo.

9. Fornisci sostegno e protezione: assicurati che tuo figlio sappia che sei dalla sua parte e che sei pronto ad aiutarlo in ogni situazione.

Fornire sostegno e protezione a tuo figlio quando è vittima di bullismo è fondamentale per aiutarlo ad affrontare la situazione e a sentirsi protetto. Ecco alcuni modi per fornire questo supporto:

- Stabilire un'atmosfera aperta e fiduciosa: è importante che il bambino sappia che può rivolgersi a te per qualsiasi problema e che sei pronto ad aiutarlo. Crea un'atmosfera di fiducia in cui si senta a suo agio nell'esprimere i suoi pensieri e sentimenti.

- Convalidare i sentimenti: sostieni tuo figlio convalidando i suoi sentimenti e le sue preoccupazioni. Mostra comprensione per le sue emozioni e rassicuralo che ha il diritto di sentirsi come si sente.

- Ascolto e comprensione: ascoltare attentamente il bambino, rispettando il suo punto di vista. Concentrati su ciò che sta dicendo ed evita di giudicare o interrompere.

- Sostegno e protezione: assicurati che tuo figlio sappia che sei dalla sua parte e che sei pronto ad aiutarlo in ogni situazione. Spiegagli che non è solo e che ha il sostegno di te, di altri adulti e di amici.

- Incoraggiare la ricerca di aiuto: Sostieni tuo figlio nel chiedere aiuto se sente di non farcela da solo. Spiega che chiedere aiuto non è un segno di debolezza, ma piuttosto mostra coraggio e cura di sé.

Fornire sostegno e protezione a tuo figlio quando è vittima di bullismo lo aiuta a sentirsi più sicuro e preparato ad affrontare il problema.

10. Agire: una volta identificato il bullismo, collaborare con le persone competenti della scuola o dell'organizzazione per adottare misure per fermare il comportamento e garantire la sicurezza del bambino.

Una volta identificato il bullismo, è importante adottare misure proattive per garantire la sicurezza del bambino e prevenire ulteriori violenze. Ecco alcuni passaggi chiave che puoi eseguire:

- Contatta le persone competenti della scuola o dell'organizzazione: contatta l'insegnante, il consulente scolastico, il preside o altro personale educativo che può agire per fermare il bullismo. Fornire loro tutte le informazioni disponibili su ciò che sta accadendo, comprese date, luoghi e persone coinvolte negli incidenti.

- Discutere azioni specifiche: parlare con il personale educativo delle misure specifiche che possono intraprendere per proteggere il bambino e prevenire ulteriori abusi. Ciò può includere il monitoraggio della situazione, il dialogo con le persone coinvolte e l'introduzione di misure preventive per prevenire futuri episodi di bullismo.

- Mantenimento del bambino: fornire al bambino il sostegno e la protezione necessari nella scuola o nell'organizzazione. Discuti con lui quali misure sono state adottate per mantenerlo al sicuro e assicurati che possa contattarti in caso di problemi.

- Monitoraggio e valutazione: monitorare la situazione e garantire che le misure adottate siano efficaci e portino ad un miglioramento della situazione. Se necessario, discuti i passi successivi con il personale accademico o cerca un aiuto professionale.

È importante ricordare che la soluzione del problema del bullismo richiede uno sforzo congiunto da parte di genitori, educatori e pubblico. Sostenere e proteggere il minore dovrebbe essere una priorità per tutte le parti coinvolte.

Sostenere il bambino nell'affrontare le difficoltà emotive è un aspetto importante della genitorialità e della cura del suo benessere. Ecco alcuni passaggi chiave che possono aiutare in questo processo:

1. Trascorri del tempo comunicando: crea un ambiente aperto e solidale in cui tuo figlio sente che le sue emozioni sono importanti e accettate. Trascorrete del tempo insieme, ascoltatelo, fate domande aperte e mostrate interesse per le sue esperienze.

Comprendere e sostenere il benessere emotivo di un bambino sono aspetti fondamentali del suo sviluppo e della sua salute. Un modo importante per aiutarlo ad affrontare le difficoltà emotive è trascorrere del tempo comunicando con lui. Ciò significa creare un ambiente speciale in cui il bambino si senta a suo agio e protetto, dove sappia che i suoi sentimenti e le sue emozioni sono importanti e saranno accettati.

È importante riservare del tempo affinché tuo figlio comunichi con lui da solo, senza influenze esterne e irritanti. Potrebbe trattarsi di una passeggiata, di un momento di gioco, di socializzare a tavola o prima di andare a letto. La cosa principale è che questo è il momento in cui lo ascolti veramente, mostri interesse per le sue opinioni ed esperienze, fai domande e trai conclusioni. È anche importante non solo ascoltare, ma anche mostrare a tuo figlio che capisci i suoi sentimenti e le sue emozioni. Questo può essere fatto attraverso l'empatia, esprimendo simpatia e sostegno, anche se non sempre sei d'accordo con ciò che dice.

Sostegno significa anche creare un ambiente sicuro in cui il bambino possa sentirsi protetto e importante. È importante dimostrare a tuo figlio che può venire da te per qualsiasi problema o preoccupazione e che lo sosterrai e lo aiuterai sempre. Ciò può includere essere coinvolto nei suoi hobby e interessi, discutere attivamente dei suoi successi e fallimenti e fornire supporto nella risoluzione dei suoi problemi.

2. **Sostieni l'espressione** delle emozioni: insegna a tuo figlio a riconoscere ed esprimere le sue emozioni. Sostienilo nell'esprimere i suoi sentimenti, anche se sembrano negativi o scomodi. Aiutalo a trovare modi sani per esprimere le emozioni, ad esempio disegnando, scrivendo o parlando.

Sostenere l'espressione emotiva di tuo figlio è un aspetto fondamentale per aiutarlo ad affrontare le difficoltà emotive. Le emozioni sono una parte naturale dell'esperienza umana e imparare a riconoscerle ed esprimerle gioca un ruolo importante nel benessere mentale.

È importante insegnare a tuo figlio ad essere consapevole delle sue emozioni e capire che possono essere varie e normali. Questo lo aiuta a comprendere meglio se stesso e le sue reazioni alle diverse situazioni. Sostenere l'espressione delle emozioni significa anche accettare i suoi sentimenti, anche se sembrano spiacevoli o negativi. È importante ricordare che le emozioni non sono sempre facili da controllare e il bambino ha bisogno di sentire che le sue emozioni saranno accettate senza giudizio.

Anche aiutare tuo figlio a trovare modi sani per esprimere le proprie emozioni è molto importante. Ciò può includere vari metodi creativi come disegnare, scrivere, giocare con i giocattoli o anche semplicemente parlare. Questi metodi consentono al bambino di esprimere i propri sentimenti senza paura o giudizio, il che promuove la consapevolezza e l'elaborazione. Inoltre, aiutando tuo figlio a trovare modi sani per esprimere le emozioni, lo aiutiamo a sviluppare strategie di regolazione emotiva adattiva che possono essere utili nella vita di tutti i giorni e nell'età adulta.

3. **Insegna strategie di coping:** sviluppa strategie con tuo figlio per far fronte alle emozioni difficili. Ciò può includere la respirazione profonda, la pratica della meditazione o l'uso di affermazioni positive.

Aiutalo a capire che ha il controllo sulle sue reazioni alle emozioni.

Insegnare a tuo figlio le strategie per affrontare le emozioni difficili è un passo importante nel suo sviluppo emotivo. Quando un bambino si trova ad affrontare sentimenti forti, deve sapere come affrontarli per non sentirsi impotente o sopraffatto.

Il primo passo nell'insegnare strategie di coping è aiutare il bambino a riconoscere le sue emozioni e le reazioni fisiologiche ad esse. Ciò può includere insegnargli a riconoscere i sintomi fisici dello stress, come la respirazione rapida o il battito cardiaco accelerato, nonché aiutarlo a identificare le emozioni che sta provando, come rabbia, paura o tristezza.

Puoi quindi lavorare su diverse strategie di coping per aiutare tuo figlio a far fronte a queste emozioni. La respirazione profonda è una delle strategie più comuni ed efficaci. Aiuta a ridurre lo stress e la tensione nel corpo, favorendo uno stato mentale più calmo. Aiuta tuo figlio a capire come respirare correttamente: lentamente, profondamente e in modo uniforme.

Altre strategie includono la pratica della meditazione o l'uso di affermazioni positive. La meditazione aiuta un bambino a concentrarsi sul respiro e a calmare i pensieri, il che può aiutare a calmare la mente e le emozioni. Le affermazioni positive possono aiutare a trasformare i pensieri negativi in pensieri più positivi, aumentando il senso di autostima e fiducia.

È importante ricordare che ogni bambino è unico e che il lavoro sulle strategie di coping deve essere individualizzato. Alcune strategie possono essere più efficaci per alcuni bambini, quindi è importante provare metodi diversi e trovare quelli che funzionano meglio per un bambino in particolare. È anche importante insegnare a tuo figlio a rendersi conto che ha il controllo sulle sue reazioni alle emozioni e che ha la capacità di scegliere come rispondere ai suoi sentimenti.

4. **Incoraggia l'autoaiuto:** aiuta tuo figlio a sviluppare capacità di autoaiuto e autoregolamentazione. Ciò include la capacità di identificare i propri bisogni, chiedere aiuto e prendere decisioni che promuovano il proprio benessere.

Incoraggiare l'autoaiuto in un bambino gioca un ruolo importante nel suo sviluppo emotivo e sociale. Sviluppare capacità di auto-aiuto e autoregolamentazione aiuta un bambino non solo ad affrontare le difficoltà in modo più efficace, ma anche a diventare più indipendente e sicuro di sé.

Un aspetto importante della promozione dell'auto-aiuto è aiutare il bambino a sviluppare la capacità di identificare i propri bisogni. Ciò include insegnare a tuo figlio a riconoscere le sue emozioni, i suoi bisogni e i suoi desideri. Quando un bambino è consapevole dei suoi bisogni, riesce a capire meglio di cosa ha bisogno per il suo benessere.

Un altro aspetto importante è insegnare a tuo figlio a chiedere aiuto. Ciò include la capacità di un bambino di comunicare con gli altri, esprimere i propri bisogni e chiedere aiuto quando necessario. L'aiuto in questo può includere l'insegnamento di abilità comunicative efficaci e la costruzione della fiducia in se stessi.

È anche importante aiutare tuo figlio a sviluppare capacità decisionali che promuovano il suo benessere. Ciò può includere insegnare al bambino ad analizzare le situazioni, valutare le alternative e scegliere la linea d'azione più appropriata. L'aiuto nello sviluppo di queste abilità aiuterà tuo figlio a sentirsi più sicuro e indipendente in una varietà di situazioni della vita.

Nel complesso, incoraggiare l'auto-aiuto in un bambino è un processo che richiede pazienza, sostegno e comprensione da parte degli adulti. Promuovere lo sviluppo di queste abilità aiuterà tuo figlio ad affrontare meglio le sfide della vita e a svilupparsi come persona indipendente.

5. Fornisci supporto a professionisti: se le difficoltà emotive di tuo figlio diventano gravi o prolungate, cerca aiuto da uno psicologo, un pediatra o altri professionisti che possano fornire il supporto e le risorse necessarie.

Se un bambino sta vivendo difficoltà emotive gravi o a lungo termine, potrebbe aver bisogno dell'aiuto di specialisti come psicologi, pediatri o altri professionisti della salute mentale. Questi professionisti hanno la conoscenza e l'esperienza per fornire il supporto e l'assistenza di cui tuo figlio ha bisogno per affrontare le sue difficoltà emotive.

Uno psicologo può aiutare un bambino a comprendere le sue emozioni, identificare le cause delle difficoltà e sviluppare strategie e abilità per superarle. Può condurre sessioni terapeutiche durante le quali il bambino può esprimere i suoi sentimenti, discutere i problemi e trovare modi per risolverli.

Anche il pediatra può svolgere un ruolo importante nel sostenere un bambino con difficoltà emotive, soprattutto se tali difficoltà sono legate a problemi fisici o malattie. Può aiutare a determinare se c'è qualche motivo medico dietro la condizione del bambino e prescrivere trattamenti o raccomandazioni appropriati.

Inoltre, ci sono altri professionisti che possono fornire sostegno al bambino, come gli assistenti sociali, i terapisti del gioco e i consulenti matrimoniali e familiari. È importante trovare il professionista giusto che abbia esperienza di lavoro con i bambini e possa fornire un'assistenza personalizzata che soddisfi le esigenze del bambino e della sua famiglia.

Cercare un aiuto professionale non solo aiuterà tuo figlio a superare le difficoltà emotive, ma gli darà anche l'opportunità di sviluppare capacità di autoaiuto e autoregolamentazione sotto la guida di un professionista esperto.

6. Sii empatico e paziente: ricorda che ogni bambino è unico e affronta le proprie battaglie emotive. Sii empatico, paziente e solidale mentre aiuti tuo figlio a superare le sfide e a sviluppare capacità di resilienza emotiva.

Essere empatici e pazienti con le difficoltà emotive di tuo figlio è un aspetto fondamentale per supportarlo nell'affrontare i problemi emotivi. Ogni bambino è unico e ognuno ha la propria storia, esperienze ed emozioni individuali. Pertanto, è importante affrontare ogni caso con comprensione ed empatia.

Quando mostriamo empatia verso un bambino, affermiamo l'importanza dei suoi sentimenti e delle sue emozioni. Questo lo aiuta a sentirsi importante e compreso, il che aiuta a sviluppare la sua autostima e la sua fiducia. Il sostegno incondizionato da parte degli adulti può diventare un sostegno per un bambino nei momenti difficili e aiutarlo ad acquisire un senso di sicurezza e protezione.

Anche un atteggiamento paziente gioca un ruolo importante nell'aiutare il bambino ad affrontare le difficoltà emotive. Il recupero emotivo e psicologico di un bambino è un processo che richiede tempo e impegno. Pertanto, è importante essere pazienti e non aspettarsi risultati immediati. Invece, devi dare a tuo figlio sostegno e tempo per comprendere le sue emozioni, esprimerle e trovare modi per affrontarle.

Il sostegno da parte di adulti che mostrano empatia e pazienza crea un ambiente favorevole affinché i bambini si sentano sicuri e supportati. Questo è un fattore importante nel suo sviluppo emotivo e nella formazione di capacità di stabilità emotiva.

Va ricordato che il processo di sostegno del bambino nell'affrontare le difficoltà emotive può essere a lungo termine e richiede costante attenzione e cura da parte degli adulti.

Quando i genitori si trovano ad affrontare un problema di bullismo, è importante stabilire interazioni costruttive con gli insegnanti e il personale scolastico per affrontare il problema. Ecco alcuni passaggi che possono aiutare in questo processo:

1. **Avvia una conversazione:** inizia una conversazione con gli insegnanti o l'amministrazione scolastica sul problema del bullismo di tuo figlio. Sii aperto e onesto riguardo alle tue preoccupazioni ed esperienze.

Vieni a un incontro con gli insegnanti o l'amministrazione scolastica per discutere il problema del bullismo. Il tuo obiettivo è avviare un dialogo aperto sulla situazione e trovare modi per risolvere il problema. È importante prepararsi in anticipo per la conversazione in modo da essere preparati agli aspetti emotivi della discussione e offrire soluzioni costruttive.

Quando inizi una conversazione, assicurati di avere abbastanza tempo e spazio per discutere. Esprimi le tue preoccupazioni e preoccupazioni riguardo al comportamento di tuo figlio. Condividi esempi specifici di incidenti vissuti da tuo figlio per capire come gli insegnanti o gli amministratori possono aiutarti.

Sii empatico e comprensivo, mentre esprimi la speranza che insieme possiate trovare una soluzione a questo problema. Offri il tuo sostegno e la tua collaborazione per trovare modi per prevenire il bullismo e proteggere tuo figlio.

Una volta conclusa la conversazione, chiarisci i passaggi successivi e concorda un piano d'azione. Concordate il ruolo di ciascun partecipante – genitori, insegnanti e amministratori scolastici – affinché lavorino insieme nel migliore interesse di vostro figlio.

2. **Condividi le prove:** fornisci esempi specifici di situazioni di bullismo vissute da tuo figlio. Ciò può includere date, luoghi e descrizioni di incidenti.

Naturalmente, fornire prove del bullismo che tuo figlio sta subendo è fondamentale per comprendere e affrontare il problema. Ecco alcuni esempi di situazioni di bullismo con descrizioni aggiuntive:

1. Incidente durante una pausa tra le lezioni:

- Data: 15 marzo 2024.

- Ubicazione: corridoio tra le stanze 204 e 205.

- Descrizione: Un bambino ha riferito che durante una pausa tra le lezioni è stato vittima di bullismo da parte di tre compagni di classe. Lo fermarono nel corridoio, prendendosi gioco del suo aspetto e delle sue capacità. Gli hanno anche portato via lo zaino e hanno ignorato le sue richieste di restituirlo.

2. Incidente durante una lezione di educazione fisica:

- Data: 21 marzo 2024.

- Luogo: palestra della scuola.

- Descrizione: Un bambino sostiene che durante una lezione di educazione fisica, diversi compagni di classe lo hanno sistematicamente bullizzato, facendo rimbalzare la sua pallavolo e insultandolo per il suo basso livello di gioco. Afferma inoltre che l'insegnante di educazione fisica non è intervenuto quando ha chiesto aiuto.

3. Incidente durante la pausa pranzo:

- Data: 5 aprile 2024.

- Luogo: mensa scolastica.

- Descrizione: Il bambino ha detto che durante la pausa pranzo diversi bambini di una classe parallela si sono avvicinati a lui e hanno iniziato a deridere il suo stile di vita e i suoi interessi. Gli hanno anche strappato il panino dalle mani e lo hanno gettato nella spazzatura.

Questi esempi specifici con date, luoghi e descrizioni degli incidenti possono aiutare gli insegnanti e i funzionari scolastici a comprendere meglio la situazione e ad adottare le misure appropriate per proteggere tuo figlio.

3. Ascoltare **il punto di vista della scuola :** ascoltare il punto di vista della scuola sulla situazione. Chiedi a insegnanti e amministratori di

condividere le loro osservazioni e piani d'azione.

Quando inizi una conversazione con insegnanti e amministratori scolastici sul problema del bullismo di tuo figlio, è importante ascoltare il loro punto di vista sulla situazione. Comprendere la posizione della scuola può aiutarti a ottenere un quadro completo di ciò che sta accadendo e a lavorare insieme per sviluppare piani d'azione efficaci.

È importante essere aperti e pazienti quando si parla con insegnanti e amministratori scolastici. Puoi iniziare la conversazione sottolineando che desideri discutere del problema di bullismo che tuo figlio sta vivendo e ascoltare il suo punto di vista sulla situazione. Porre domande aperte per capire come la scuola vede il problema, quali azioni ha già intrapreso e quali piani ha per il futuro.

Insegnanti e amministratori possono condividere le loro osservazioni sul comportamento di tuo figlio a scuola, su come interagiscono con gli altri studenti e su come rispondono agli episodi di bullismo. Possono anche parlare delle azioni già intraprese per affrontare il problema e dei piani per il futuro, comprese le misure per prevenire il bullismo e sostenere tuo figlio.

Ascoltare il punto di vista della scuola vi consentirà di comprendere meglio la situazione e di lavorare insieme per risolverla. Ciò ti consentirà anche di impegnarti in un dialogo costruttivo e di creare un piano d'azione che funzionerà per tutte le parti.

4. **Collabora per trovare soluzioni:** offriti di collaborare con il personale scolastico per trovare soluzioni per fermare il bullismo. Discutere le possibili strategie e azioni che possono essere intraprese.

Quando si propone la collaborazione con il personale scolastico per trovare soluzioni per fermare il bullismo, è importante enfatizzare la collaborazione e la discussione sulle possibili strategie e azioni.

Offrendoti di collaborare, dimostri la tua volontà di lavorare con insegnanti e amministratori scolastici per affrontare il problema del bullismo. Puoi esprimere la tua volontà di partecipare attivamente alla discussione offrendo le tue idee e sostenendo quelle degli altri.

È importante considerare i punti di vista e le esperienze del personale scolastico quando si discutono possibili strategie e azioni. Puoi proporre diversi approcci per affrontare il bullismo, come condurre programmi educativi, organizzare discussioni di gruppo o sviluppare una politica di tolleranza zero contro il bullismo.

È anche importante considerare le esigenze individuali di tuo figlio e di altri bambini che potrebbero essere vittime di bullismo. Puoi collaborare con insegnanti e amministratori per discutere possibili strategie di sostegno e tutela che funzioneranno per tutti i bambini della scuola.

Collaborare per trovare soluzioni per fermare il bullismo riunisce gli sforzi di tutte le parti interessate e crea approcci più efficaci e sostenibili per prevenire e risolvere il problema.

5. **Monitorare i progressi:** è importante monitorare come la scuola sta rispondendo al problema del bullismo e quali misure vengono adottate per risolverlo. Mantenere una comunicazione aperta e discutere eventuali progressi o difficoltà.

Monitorare i progressi nell'affrontare il problema del bullismo a scuola è un passo importante per sostenere il bambino e fornire un ambiente educativo sicuro. Come genitore, dovresti essere consapevole di come la scuola risponde agli episodi di bullismo e di quali misure specifiche vengono adottate per affrontarlo.

È importante mantenere una comunicazione aperta con il personale scolastico, discutendo regolarmente eventuali progressi o difficoltà nella lotta al bullismo. Ciò può includere la discussione delle misure adottate per prevenire il bullismo, i risultati degli interventi o dei programmi implementati e la condivisione di informazioni su casi specifici e la loro risoluzione.

Puoi contattare insegnanti, consulenti scolastici o amministratori per conoscere lo stato di avanzamento delle indagini sugli episodi di bullismo e quali misure sono state adottate per proteggere tuo figlio e altri bambini da situazioni simili in futuro.

Mantenendo una comunicazione aperta e monitorando i progressi, fai parte del processo di lotta al bullismo e dimostri il tuo impegno nel fornire un ambiente sicuro e solidale per tutti i bambini a scuola.

6. Contatta l'amministrazione: se non sei soddisfatto della risposta degli insegnanti o di altri dipendenti della scuola, contatta l'amministrazione. Richiedi un incontro con il preside della scuola o altri funzionari senior per discutere la situazione.

Se ritieni che la risposta degli insegnanti o di altro personale scolastico a una situazione di bullismo sia insufficiente o insoddisfacente, è importante contattare l'amministrazione scolastica. Ciò potrebbe includere la richiesta di un incontro con il preside della scuola o altri funzionari senior per discutere la situazione in modo più dettagliato.

Quando contatti l'amministrazione, preparati a fornire documentazione o esempi specifici di situazioni di bullismo vissute da tuo figlio. Ciò può includere date, luoghi e descrizioni di incidenti, nonché qualsiasi prova o testimonianza aggiuntiva di altri genitori o figli.

Durante l'incontro con l'amministrazione potrete esprimere le vostre preoccupazioni e richieste riguardo alla soluzione del problema del bullismo. Discuti con loro le possibili strategie e azioni che possono essere intraprese per fermare il bullismo e garantire la sicurezza di tuo figlio e degli altri bambini a scuola.

Contattare l'amministrazione è un passo importante nella lotta al bullismo e nella protezione dei diritti di tuo figlio a un ambiente educativo sicuro. Sii assertivo e assertivo nelle tue azioni per garantire una risposta adeguata da parte della direzione scolastica.

7. Rivolgersi a risorse esterne: se il problema del bullismo non viene affrontato a scuola, prendere in considerazione la possibilità di contattare organizzazioni o professionisti esterni, come psicologi o consulenti sul bullismo.

Se il problema del bullismo a scuola rimane irrisolto, è importante prendere in considerazione la possibilità di rivolgersi a risorse o professionisti esterni che possano aiutare a risolvere la situazione. Organizzazioni esterne, come le organizzazioni no-profit che lavorano a sostegno dei bambini e delle famiglie, possono fornire consigli e indicazioni su come affrontare il bullismo.

Anche gli psicologi e i consulenti in materia di bullismo possono essere risorse utili. Hanno esperienza nei problemi comportamentali nei bambini e negli adolescenti e possono offrire supporto e consulenza su misura sia ai genitori che ai bambini.

Rivolgendosi a risorse esterne, i genitori possono ricevere ulteriori informazioni sulle strategie anti-bullismo e supporto nello sviluppo di un piano d'azione per affrontare il problema. In alcuni casi, queste risorse possono anche aiutare con contatti e riferimenti ad altri professionisti o organizzazioni, se necessario.

È importante ricordare che i genitori non dovrebbero essere lasciati soli nella lotta al bullismo. Rivolgersi a risorse esterne può essere un passo fondamentale per fornire sostegno e protezione al minore, nonché per trovare strategie di coping efficaci.

8. Fornisci supporto a tuo figlio: è anche importante fornire supporto e protezione a tuo figlio mentre affronta il bullismo. Discuti le strategie per affrontare il bullismo e assicurati che sappia che sei dalla sua parte.

Quando tuo figlio ha a che fare con il bullismo, è importante fornirgli supporto e protezione. Per prima cosa puoi parlargli di come si sente, di quali situazioni sta vivendo e di quali reazioni vuole vedere. Ascolta attentamente, mostra empatia e rassicuralo che sei sempre dalla sua parte.

Successivamente, è importante discutere le strategie per affrontare il bullismo con tuo figlio. Puoi parlargli dei diversi modi per reagire al bullismo, come chiedere aiuto a un insegnante o a un altro adulto, ignorare la situazione o usare un tono sicuro quando comunichi con il bullo.

Ricorda di mantenere un ambiente familiare aperto e solidale in cui tuo figlio sente che le sue emozioni sono importanti e accettate. Trascorrete del tempo insieme, ascoltatelo, fate domande aperte e mostrate interesse per le sue esperienze.

Inoltre, resta in contatto con gli insegnanti e l'amministrazione scolastica. Inizia una conversazione sul bullismo di tuo figlio e sii aperto e onesto riguardo alle tue preoccupazioni ed esperienze. Se il problema continua a rimanere irrisolto, non esitate a contattare l'amministrazione scolastica o altri funzionari senior per discutere la situazione.

E ricorda che ogni bambino è unico e affronta le proprie battaglie emotive. Sii empatico, paziente e solidale mentre aiuti tuo figlio a superare le sfide e a sviluppare capacità di resilienza emotiva.

Capitolo 8.
Miti sul bullismo.

I miti comuni sul bullismo possono portare a malintesi e idee sbagliate sulla questione. Ecco alcuni dei principali miti:

1. Il bullismo è solo uno scherzo di un bambino: questo mito suggerisce che il bullismo sia una parte normale dell'esperienza infantile e che i bambini debbano semplicemente superarlo. Il bullismo, infatti, è un reato grave che può avere conseguenze negative e durature per la vittima.

Il mito che il bullismo sia solo uno scherzo infantile è uno dei malintesi più comuni e pericolosi che può portare a incomprensioni e approcci a questo problema. Ecco uno sguardo più dettagliato a questo mito:

- Negazione della gravità del problema: questo mito sottovaluta fondamentalmente la gravità della situazione. Il bullismo non dovrebbe essere visto come una parte normale dell'esperienza infantile, ma piuttosto come una forma di abuso psicologico o fisico che può colpire gravemente la vittima.

- Effetti negativi sulla vittima: il bullismo può portare a problemi psicologici come depressione, ansia, bassa autostima, disturbo da stress post-traumatico, nonché problemi fisici tra cui lesioni e malattie come mal di testa e disturbi di stomaco. Queste conseguenze possono lasciare un segno indelebile nella vita della vittima, influenzandone il benessere emotivo, le relazioni sociali e il successo scolastico o lavorativo.

- Creare una cultura negativa: accettare l'idea che il bullismo sia semplicemente parte della normale esperienza infantile può aiutare a creare una cultura di tolleranza nei confronti della violenza. Ciò può portare i bambini a considerare il comportamento accettabile e addirittura, in alcuni casi, a incoraggiarlo, creando un ambiente dannoso per la crescita e lo sviluppo.

- Risoluzione dei problemi controproducente: se il bullismo viene visto solo come uno scherzo infantile, può portare gli adulti a non adottare le misure necessarie per fermare il comportamento e fornire supporto alle vittime. Ciò ostacola lo sviluppo di strategie anti-bullismo efficaci e la creazione di un ambiente sicuro e solidale.

Nel complesso, questo mito sul bullismo evidenzia la necessità di educare e informare la società sulla gravità di questo problema e sul fatto che il bullismo non dovrebbe essere trattato come qualcosa di normale o accettabile. Sfatare questo mito e riconoscere la gravità del bullismo sono passi fondamentali per agire per prevenirlo e combatterlo.

Continuiamo il discorso approfondendo gli effetti che il bullismo ha sulla vittima:

- Conseguenze psicologiche: per la vittima del bullismo le conseguenze psicologiche possono essere estremamente gravi e durature. Il trauma emotivo causato dal bullismo può portare allo sviluppo di depressione, ansia, disturbo da stress post-traumatico (PTSD) e altri problemi psicologici. I bambini e gli adolescenti vittime di bullismo spesso sperimentano paura, impotenza e senso di isolamento, che possono influenzare la loro autostima e il benessere emotivo generale.

- Conseguenze fisiche: alcune forme di bullismo possono portare a lesioni fisiche e malattie. Ad esempio, la violenza fisica o la minaccia di violenza fisica possono causare lesioni, mentre gli attacchi verbali possono causare stress, che a sua volta può portare a sintomi fisici come mal di testa, insonnia, problemi digestivi e persino problemi cardiaci.

- Isolamento sociale e alienazione: il bullismo può portare all'isolamento sociale e all'alienazione della vittima dai coetanei e persino dai membri della famiglia. Le vittime spesso si sentono socialmente insicure ed evitano i contatti sociali per paura di affrontare il ridicolo o la violenza. Ciò può portare a seri problemi nell'adattamento e nella formazione di sane relazioni interpersonali in futuro.

- Problemi accademici e professionali: il bullismo può influenzare il successo accademico o lavorativo della vittima. Lo stress costante e la distrazione causati dal bullismo possono portare a un calo dei risultati accademici, a scarsi risultati di apprendimento e persino all'assenteismo. Per le vittime adulte di bullismo, possono sorgere problemi anche nell'ambito della carriera, dove il bullismo sul lavoro può influenzare lo sviluppo professionale e il benessere.

Date queste conseguenze, è chiara la necessità di combattere il bullismo e fornire alle vittime sostegno e protezione.

2. La vittima attira il bullismo a causa del suo comportamento o del suo aspetto : questo mito incolpa la vittima di essere vittima di bullismo a causa del suo comportamento o del suo aspetto. In realtà, il bullismo si basa sul potere e sul desiderio di controllare o distruggere un'altra persona, piuttosto che sul comportamento o sull'aspetto della vittima.

Il bullismo basato sul mito secondo cui la vittima è attratta da sé dal suo comportamento o dal suo aspetto è una convinzione pericolosa ed errata che attribuisce la colpa del bullismo alla vittima, piuttosto che assumersi la responsabilità delle azioni negative del bullo stesso.

- Fraintendimento sulle cause del bullismo: questo mito afferma erroneamente che il bullismo si verifica a causa del comportamento o dell'aspetto della vittima. In effetti, il bullismo si basa molto spesso sul desiderio dell'aggressore di prendere il controllo o distruggere un'altra persona, dimostrando il suo potere e il suo dominio.

- Ignorare fattori importanti: questo mito riduce il ruolo svolto da fattori come la riluttanza del bullo ad accettare le differenze, la bassa autostima o i problemi nella vita del bullo . Ignora anche le possibili ragioni del bullismo, come il desiderio di attirare l'attenzione, il desiderio di manipolare gli altri o di mostrare la propria forza di fronte agli altri.

- Impatto negativo sulla vittima: la ripetuta affermazione di questo mito può portare ad un aumento del senso di colpa e della vergogna nella vittima del bullismo, il che non fa altro che esacerbare la sua sofferenza e ridurre la sua autostima.

- Distrazione dai problemi reali: incolpare la vittima di essere la responsabile del bullismo distoglie l'attenzione dalla necessità di combattere il bullismo stesso e di creare un ambiente sicuro per tutti i partecipanti alla società.

È quindi importante combattere questo mito educando il pubblico sulle reali cause e conseguenze del bullismo e promuovendo una cultura di rispetto, tolleranza e sostegno.

3. Ignora semplicemente il bullismo e finirà: questo mito suggerisce che ignorare il bullismo lo farà scomparire. Tuttavia, ignorare il bullismo può peggiorare la situazione perché il bullismo si basa sul desiderio di ottenere attenzione e controllo sugli altri.

Il mito secondo cui semplicemente ignorando il bullismo lo si farà scomparire è un'affermazione infondata e persino pericolosa. Ecco perché:

- Aumento dell'aggressività: il bullismo, basato sul desiderio di ottenere attenzione e controllo sugli altri, può aumentare se viene ignorato. La mancata risposta al comportamento aggressivo può incoraggiare il bullo a diventare più aggressivo e assertivo per raggiungere i suoi obicttivi.

- Affermazione di potere: ignorare il bullismo può essere percepito dall'aggressore come un segno di debolezza e impotenza da parte della vittima. Ciò può rafforzare la fiducia dell'aggressore nel proprio potere e incoraggiarlo a continuare il comportamento aggressivo.

- Durata del bullismo: se il bullismo non si ferma a causa della negligenza, può continuare e peggiorare, creando conseguenze negative per la vittima. Ciò può portare al deterioramento psicologico, all'isolamento sociale e persino al danno fisico.

- Creare un ambiente sicuro: ignorare il bullismo non crea un ambiente sicuro e solidale in cui tutti si sentono sicuri e rispettati. Affrontare il bullismo richiede intervento attivo, sostegno ed educazione.

Pertanto, è importante non trascurare il bullismo, ma adottare misure per fermarlo, tra cui la ricerca dell'aiuto degli adulti, la creazione di un ambiente favorevole e l'insegnamento alla società di trattarsi reciprocamente con consapevolezza e rispetto.

4. Il bullismo è solo violenza fisica: questo mito suggerisce che il bullismo si manifesta sempre attraverso la violenza fisica. Il bullismo, infatti, può essere verbale, emotivo, sociale, cyberbullismo e molte altre forme di bullismo.

Il mito secondo cui il bullismo si limita alla violenza fisica è un'affermazione fuorviante e mal informata. Il bullismo, infatti, può assumere diverse forme, sia visibili che nascoste. Ecco una spiegazione più dettagliata:

- Bullismo verbale: questa è una forma di bullismo in cui la vittima viene insultata verbalmente, minacciata o ridicolizzata. Questo tipo di bullismo può essere diretto o indiretto, ma provoca sempre gravi danni al benessere psicologico della vittima.

- Bullismo emotivo: questo tipo di bullismo mira a indurre emozioni negative nella vittima attraverso l'umiliazione, la minaccia o la manipolazione. Può manifestarsi ignorando, isolando o diffondendo voci, portando a sentimenti di impotenza e dolore nella vittima.

- Bullismo sociale: si tratta di una forma di bullismo che implica l'esclusione o l'isolamento della vittima dai gruppi sociali, il danneggiamento del suo status o reputazione e la creazione di pressioni di gruppo per manipolarla e controllarla.

- Cyberbullismo: questo tipo di bullismo si verifica nello spazio digitale attraverso Internet e i social media. Può comportare l'invio di minacce, insulti, diffusione di informazioni false o commenti negativi, che possono avere effetti devastanti sulla salute mentale della vittima.

Il bullismo rappresenta quindi una gamma di comportamenti molto più ampia della semplice violenza fisica e comprende varie forme di aggressione che possono essere ugualmente distruttive per la vittima. Contrastare efficacemente il bullismo richiede la consapevolezza di tutte le sue forme e l'adozione di misure adeguate per fermarlo e prevenirlo.

5. Il bullismo è solo una parte della crescita e dell'adolescenza: questo mito afferma che il bullismo è un fenomeno naturale che i bambini e gli adolescenti sperimentano nel loro cammino verso l'età adulta. In effetti, il bullismo non è una parte inevitabile della crescita e dovrebbe essere considerato un disturbo grave che richiede un intervento.

Il mito secondo cui il bullismo fa semplicemente parte della crescita e dell'adolescenza sottovaluta la gravità del fenomeno e le sue potenziali conseguenze negative. Ecco una spiegazione più dettagliata di questo argomento:

- Bullismo come disturbo grave: mantenere la convinzione che il bullismo sia una parte normale della crescita maschera la gravità del comportamento. Il bullismo, infatti, è una forma di aggressione e violenza che nuoce non solo al benessere fisico ma anche psicologico della vittima.

- Potenziali conseguenze per la vittima: il bullismo può portare a conseguenze gravi e a lungo termine per la vittima, inclusi problemi psicologici come depressione, ansia, disturbo da stress post-traumatico, nonché isolamento sociale, diminuzione dell'autostima e problemi con le relazioni sociali. adattamento.

- Responsabilità dell'intervento: l'idea che il bullismo sia una parte inevitabile della crescita sposta la responsabilità di fermarlo dalla vittima agli altri. Tuttavia, una lotta efficace al bullismo richiede l'intervento attivo della società, delle scuole, dei genitori e di altre parti interessate.

- Creare una cultura del rispetto e della tolleranza: accettare il bullismo come parte integrante dell'adolescenza mina gli sforzi volti a creare una cultura del rispetto, della tolleranza e della sicurezza nelle istituzioni educative e nella società in generale.

Pertanto, è importante riconoscere che il bullismo non è una parte inevitabile della crescita, ma è un disturbo grave che richiede un intervento immediato e sforzi per fermarlo e prevenirlo. È necessario lavorare attivamente per creare ambienti sicuri e solidali che tengano conto delle esigenze di tutti i partecipanti alla società.

6. Il bullismo è un problema solo per la vittima: questo mito suggerisce che il bullismo colpisce solo la vittima e non l'intero ambiente sociale. In effetti, il bullismo può avere conseguenze diffuse per tutti nella società, compresi gli astanti e persino gli stessi bulli .

Nella società esiste il mito secondo cui il bullismo è un problema solo della vittima e porta a sottovalutare l'intera gamma di conseguenze negative di questo fenomeno. Ecco una spiegazione estesa di questa affermazione:

- Conseguenze per i testimoni: le persone che assistono al bullismo possono anche subire traumi psicologici. Spesso si sentono impotenti, impauriti o colpevoli per non essere in grado o esitare a intervenire. Ciò può portare a stress, ansia e altri problemi emotivi.

- Impatto sugli altri: il bullismo ha un impatto negativo sull'ambiente sociale, creando un'atmosfera di paura, incertezza e ingiustizia. Ciò può portare alla disintegrazione dei legami sociali, alla diminuzione della fiducia negli altri e a un generale deterioramento del clima morale.

- Conseguenze per gli stessi aggressori : basandosi sul mito secondo cui il bullismo colpisce solo la vittima, spesso si dimentica l'impatto di questo comportamento sull'aggressore stesso . Il bullismo può aumentare i tratti negativi della personalità come l'aggressività, la violenza e la mancanza di rispetto per gli altri, che possono successivamente portare all'isolamento sociale, a problemi di comunicazione e ad altre conseguenze negative.

- Impatto sul processo educativo: il bullismo colpisce l'ambiente educativo, creando ostacoli all'apprendimento e allo sviluppo di tutti i partecipanti al processo educativo. Le vittime di bullismo sperimentano difficoltà di concentrazione, comprensione del materiale e motivazione all'apprendimento, mentre gli astanti possono anche provare disagio, che in ultima analisi influisce sul rendimento scolastico e sul processo educativo complessivo.

Pertanto, il bullismo non ha solo un impatto individuale sulla vittima, ma ha anche ampie conseguenze sociali, psicologiche ed educative per tutti i partecipanti alla società. Il tentativo di creare un ambiente sicuro e solidale deve includere una maggiore comprensione di tutti gli aspetti del bullismo.

7. Il bullismo è semplicemente una parte normale della vita scolastica: alcune persone potrebbero credere che il bullismo sia solo una parte della cultura scolastica e che tutti i bambini ne facciano esperienza. Tuttavia, questo è un mito poiché il bullismo non è normale e non dovrebbe essere tollerato.

Nella società esiste il mito secondo cui il bullismo è un problema solo della vittima e porta a sottovalutare l'intera gamma di conseguenze negative di questo fenomeno. Ecco una spiegazione estesa di questa affermazione:

- Conseguenze per i testimoni: le persone che assistono al bullismo possono anche subire traumi psicologici. Spesso si sentono impotenti, impauriti o colpevoli per non essere in grado o esitare a intervenire. Ciò può portare a stress, ansia e altri problemi emotivi.

- Impatto sugli altri: il bullismo ha un impatto negativo sull'ambiente sociale, creando un'atmosfera di paura, incertezza e ingiustizia. Ciò può portare alla disintegrazione dei legami sociali, alla diminuzione della fiducia negli altri e a un generale deterioramento del clima morale.

- Conseguenze per gli stessi aggressori : basandosi sul mito secondo cui il bullismo colpisce solo la vittima, spesso si dimentica l'impatto di questo comportamento sull'aggressore stesso . Il bullismo può aumentare i tratti negativi della personalità come l'aggressività, la violenza e la mancanza di rispetto per gli altri, che possono successivamente portare all'isolamento sociale, a problemi di comunicazione e ad altre conseguenze negative.

- Impatto sul processo educativo: il bullismo colpisce l'ambiente educativo, creando ostacoli all'apprendimento e allo sviluppo di tutti i partecipanti al processo educativo. Le vittime di bullismo sperimentano difficoltà di concentrazione, comprensione del materiale e motivazione all'apprendimento, mentre gli astanti possono anche provare disagio, che in ultima analisi influisce sul rendimento scolastico e sul processo educativo complessivo.

Pertanto, il bullismo non ha solo un impatto individuale sulla vittima, ma ha anche ampie conseguenze sociali, psicologiche ed educative per tutti i partecipanti alla società. Il tentativo di creare un ambiente sicuro e solidale deve includere una maggiore comprensione di tutti gli aspetti del bullismo.

8. La vittima del bullismo è responsabile della situazione: alcune persone potrebbero credere che la vittima del bullismo sia responsabile della situazione a causa del suo comportamento o del suo aspetto. Tuttavia, questo è un malinteso poiché nessuno merita di essere vittima di bullismo o violenza.

L'affermazione che la vittima del bullismo sia responsabile di ciò che sta accadendo è uno dei miti comuni sul bullismo. Questo è un malinteso che spesso porta a giustificare o nascondere il comportamento abusivo da parte dell'aggressore. Esaminiamo questo problema in modo più dettagliato:

- Colpa della vittima: le vittime di bullismo spesso affrontano accuse secondo cui sono loro stesse a essere responsabili di ciò che sta accadendo a causa del loro comportamento, aspetto o qualche altra caratteristica. Si tratta tuttavia di un presupposto errato poiché nessuna azione o caratteristica della vittima giustifica la violenza o il bullismo.

- Responsabilità del bullo: La responsabilità primaria del bullismo spetta al bullo che mette in atto violenza, umiliazione o altre forme di aggressione nei confronti della vittima. Incolpare la vittima per le azioni dell'aggressore rimuove la protezione della vittima e aumenta i sentimenti di impotenza e colpa.

- Aspetti psicologici: il bullismo può avere gravi effetti psicologici sulla vittima, tra cui depressione, ansia, disturbo da stress post-traumatico e persino pensieri suicidi. Incolpare la vittima non fa altro che aumentare la sua sofferenza e approfondire il suo trauma psicologico.

- Accettazione e sostegno: invece di incolpare la vittima, la società dovrebbe riconoscere il problema del bullismo e fornire sostegno alle vittime. Ciò può includere l'educazione sul bullismo, la creazione di spazi sicuri e programmi di sostegno alla salute mentale per coloro che sperimentano il problema.

Pertanto, è importante rendersi conto che nessuna vittima di bullismo merita di soffrire e che la responsabilità della violenza ricade sempre sul bullo. Incolpare la vittima non fa altro che peggiorare il problema e impedisce loro di ottenere il sostegno e la protezione di cui hanno bisogno.

9 . Il bullismo è solo uno scherzo o un gioco: alcune persone potrebbero minimizzare la gravità del bullismo considerandolo solo uno scherzo o un gioco amichevole. Il bullismo, infatti, ha conseguenze negative e può causare gravi danni alla salute mentale e fisica della vittima.

L'affermazione che il bullismo sia solo uno scherzo o un gioco è uno dei miti comuni su questo fenomeno. Questo malinteso evidenzia un approccio frivolo a un problema serio che può avere gravi conseguenze per la vittima. Esaminiamo questo problema in modo più dettagliato:

- Gravità del bullismo: il bullismo è una forma di aggressione e violenza che può portare a gravi conseguenze per la vittima. Questi non sono solo scherzi o giochi, ma un attacco alla personalità e all'autostima di una persona.

- Effetti psicologici: le vittime di bullismo possono soffrire di depressione, ansia, sindrome da stress post-traumatico e altri problemi psicologici. Per loro il bullismo non è solo un gioco, ma fonte di grave sofferenza mentale.

- Conseguenze fisiche: alcune forme di bullismo, come la violenza fisica o verbale, possono causare gravi danni alla salute della vittima. Questo non è un gioco, ma una vera violazione del benessere fisico.

- Creazione di un ambiente negativo: il bullismo crea un ambiente dannoso e tossico che può diffondersi oltre i singoli casi e influenzare l'intero clima sociale.

- Necessità di intervento: accettare il bullismo come mero scherzo o gioco è inaccettabile e richiede un intervento attivo da parte delle istituzioni educative, della comunità e della società in generale.

Nel complesso, è importante rendersi conto che il bullismo è molto più grave di semplici scherzi o giochi. È una forma di violenza e aggressione che richiede un trattamento e un intervento seri per prevenirla e fermarla.

10. Il bullismo è una parte inevitabile dell'infanzia: alcune persone potrebbero credere che il bullismo sia una parte inevitabile della crescita e che i bambini dovrebbero semplicemente "crescere" da esso. Tuttavia, questa è un'affermazione falsa perché il bullismo non è un aspetto normale o inevitabile dell'infanzia. Può e deve essere prevenuto e affrontato per garantire un ambiente sicuro e solidale per tutti i bambini.

L'idea che il bullismo sia una parte inevitabile dell'infanzia è un mito comune che è dannoso per comprendere e affrontare il problema. Diamo uno sguardo più da vicino:

- Inaccettabilità del bullismo: è importante capire che il bullismo non dovrebbe mai essere considerato un aspetto normale o inevitabile dell'infanzia. Il bullismo è una forma di violenza e aggressione che va contro i principi di sicurezza e rispetto di ogni persona.

- Conseguenze per le vittime: il bullismo può avere gravi conseguenze sul benessere mentale ed emotivo dei bambini, portando a depressione, ansia e altri problemi psicologici. Può lasciare ferite profonde che possono influenzare la vita della vittima per gli anni a venire.

- Il ruolo degli educatori e della società: invece di considerare il bullismo come un fenomeno inevitabile, gli adulti e la società nel suo complesso devono adottare misure attive per prevenire e frenare questo comportamento negativo. Le istituzioni educative, i genitori, gli educatori e la società in generale devono lavorare insieme per creare un ambiente sicuro e solidale per i bambini.

- Misure proattive: una lotta efficace al bullismo comprende l'insegnamento ai bambini delle competenze di intelligenza emotiva, risoluzione dei conflitti e comunicazione rispettosa. È anche importante sviluppare sistemi e meccanismi di supporto per rispondere agli episodi di bullismo.

- Prevenzione e risposta: è importante svolgere un lavoro di prevenzione, fornire istruzione e sostegno sia alle vittime che ai potenziali bulli. Anche la risposta rapida ed efficace agli episodi di bullismo è un aspetto fondamentale nella lotta a questo problema.

Nel complesso, il bullismo non è un aspetto inevitabile dell'infanzia e dovrebbe essere considerato un disturbo grave che richiede un intervento immediato e misure adeguate per prevenirlo e combatterlo. Creare un ambiente sicuro e solidale per tutti i bambini dovrebbe essere una priorità per le istituzioni educative e la società in generale.

I miti sul bullismo possono rendere molto difficile comprendere e risolvere il problema. La diffusione di false credenze sul bullismo può portare a sottostimare la sua gravità e il suo impatto sulle vittime, oltre a ostacolare interventi efficaci per superarlo. Pertanto, è importante educare il pubblico sulla reale natura del bullismo e sulle sue conseguenze.

Un mito comune è l'idea che il bullismo sia semplicemente parte dell'esperienza dell'infanzia o dell'adolescenza e che i bambini dovrebbero semplicemente "crescere" da esso. Tuttavia, questo è un malinteso poiché il bullismo non è un aspetto inevitabile dell'infanzia e dovrebbe essere considerato un disturbo grave che richiede un intervento immediato.

Un altro mito comune è che il bullismo colpisca solo la vittima e non l'intera comunità. Tuttavia, in realtà, il bullismo ha conseguenze diffuse per tutti nella società, compresi gli astanti e persino gli stessi bulli.

Esiste anche il mito secondo cui il bullismo è solo uno scherzo o un gioco, il che sminuisce la gravità del problema. Il bullismo, infatti, ha conseguenze negative e può causare gravi danni sia alla salute mentale che fisica della vittima. La diffusione di questi miti può ostacolare gli sforzi efficaci per combattere il bullismo, quindi è importante educare il pubblico sulla reale natura di questo problema e sulle sue gravi conseguenze. La consapevolezza di queste idee sbagliate aiuta a comprendere e combattere meglio il bullismo nella società, nonché ad adottare misure efficaci per prevenire e combattere questo problema.

✧ · ✧ · ✧ · ✧ · ✧ · ✧ · ✧ · ✧ · ✧ · ✧ · ✧ · ✧ · ✧ · ✧ · ✧

Capitolo 9.
Come smettere di essere una vittima. Non la tradizionale reinvenzione di sé.

Gli esseri umani , come specie, hanno il potenziale per compiere gli atti più terribili, spietati e crudeli su questo pianeta. Questa affermazione può provocare reazioni diverse e causare la necessità di ripensare il nostro atteggiamento nei confronti dell'umanità.

Cosa ci fa considerare una persona una creatura così crudele e spietata? Forse è la sua storia, piena di guerre, conflitti e violenza. Forse è la sua capacità di distruggere l'ambiente e altri esseri viventi. O forse si tratta di una capacità e di un desiderio geneticamente assegnati nel subconscio di una persona di infliggere sofferenze ai suoi simili, per cui c'è sempre una ragione, sia a causa delle differenze di fede, razza, politica o altri fattori. Per trovare ragioni per vedere abbastanza e cercare di distruggere qualcuno come se stesso, una persona a volte non cerca nemmeno ragioni, ma sceglie una vittima dal suo ambiente. Ma qui questa scelta ricade sempre su chi è fisicamente o mentalmente più debole.

Si può dire che dentro ogni persona c'è anche il potenziale per la compassione, la gentilezza e uno stato di giustizia. L'umanità ha creato numerosi enti di beneficenza, programmi di aiuto e progressi scientifici e medici che aiutano a migliorare la vita di milioni di persone.

Ma ditemi, tutti questi enti di beneficenza stanno indirizzando i loro sforzi verso cosa? Ti risponderò: per la protezione di coloro che hanno sofferto a causa di altre persone, di coloro che sono diventati vittime. Che si tratti di una popolazione economicamente insicura, con i ricchi che succhiano la ricchezza dei poveri, distruggendo posti di lavoro o facendo salire i prezzi. Chi fa tutto questo? Esatto, un'altra persona che è un aggressore diretto. Ma qui la maggior parte di noi dipende direttamente da loro e nella maggior parte dei casi non possiamo fare nulla in risposta. Questi aggressori governano il mondo e hanno creato leggi per proteggerli.

Ma non bisogna dimenticare che ci sono anche altre vittime che hanno subito danni fisici diretti da altre persone. E qui va notato che sono stati creati centri di assistenza alle vittime, principalmente a livello statale. Ma qui dovremmo prestare attenzione alla domanda se queste organizzazioni possono aiutare pienamente le vittime? In molti casi sì, queste organizzazioni aiutano a far fronte all'aggressore e forse ricevono anche un risarcimento. Ma ti assicuro che chi è stato vittima lo diventerà di nuovo se non sconfiggerà da solo l'aggressore. Nel 60% dei casi le ex vittime subiscono nuovamente aggressioni da parte di altri aggressori e nella metà dei casi anche dallo stesso aggressore. Ma questa volta l'aggressione può già avere risultati letali, poiché in molti casi l'aggressore non permette alla vittima di chiedere aiuto, in questo caso uccidendo la sua vittima.

Qui è importante spiegare al bambino in modo che capisca che gli aggressori sono le stesse persone della vittima stessa, tutti i bambini sono ugualmente persone . Le persone sul pianeta condividono gli stessi tratti fondamentali della natura umana e le differenze tra loro, sebbene significative sotto alcuni aspetti, sono in definitiva minori. Le caratteristiche fisiologiche e psicologiche possono determinare il comportamento di una persona, ma non rendono nessuna persona più preziosa o inferiore alle altre.

È importante che un bambino vittima di bullismo comprenda che eventuali differenze tra le persone sono create dalla società e dalla cultura e non dovrebbero determinare l'autostima personale o le relazioni con gli altri. Riconsiderare il tuo atteggiamento verso te stesso e gli altri può aiutarti a iniziare il processo di cambiamento della tua percezione mentale della situazione e della tua personalità nel suo complesso.

Cioè, devi spiegare al bambino che è anche la stessa persona dei suoi delinquenti. È molto importante che il bambino comprenda la tavola come un concetto semplice e naturale. È anche vero che tutte le persone sul pianeta sono uguali e si differenziano solo da un piccolo insieme di fattori che includono differenze fisiologiche e psicologiche. E allo stesso tempo non sono affatto grandi. Queste differenze influenzano naturalmente il comportamento di una persona e il modo in cui trascorrerà tutta la sua vita.

La comprensione da parte del bambino che la vittima e l'aggressore sono uguali in tutto tranne che in due fattori è importante come ispirazione per il bambino. È necessario parlare spesso con il bambino di questo, che ha tutte le stesse qualità umane del suo aggressore. Che anche un bambino ha pieno diritto ai propri pensieri, sentimenti e desideri, proprio come qualsiasi altra persona sul pianeta. Questa comprensione può essere la chiave per liberarti dall'essere una vittima.

E se stai leggendo questo adesso, significa che sei pronto ad aiutare tuo figlio . Forse questo è il desiderio di non lasciare tuo figlio nel ruolo di vittima per tutta la vita. Questo è un ottimo primo passo sia per i genitori che per i bambini. Ma non fermarti qui. È necessario trasmettere al bambino l'idea che da qualche parte nel profondo del subconscio, forse anche inconsciamente, il bambino sente questo desiderio di cambiamento. Questo è il desiderio di cambiare il mondo interiore, di riconsiderare l'atteggiamento del bambino verso se stesso e il mondo che lo circonda.

È necessario spiegare che tuo figlio può cambiare il suo ruolo psicologico, la sua autostima, il suo modo di pensare. Spiega a tuo figlio come questo cambiamento può influenzare ogni aspetto della sua vita. Che tuo figlio possa diventare più sicuro, forte e deciso. Il bambino deve cominciare a vedere il mondo da una prospettiva diversa, da una prospettiva più positiva. Il bambino deve liberarsi dalle catene della paura e della negatività che lo hanno tenuto per molto tempo in un circolo vizioso.

Questo fattore psicologico è una chiave estremamente importante per il cambiamento. Questo è un tesoro interiore che dovrebbe capovolgere il mondo interiore di tuo figlio. E il bambino non deve aver paura di lui, ma accoglierlo. Tuo figlio deve permettersi di accettarlo e implementarlo nella sua vita. Non è difficile, è molto semplice. Ma questo è incredibilmente importante. Questa è l'occasione di tuo figlio, il suo momento. E in nessun caso tuo figlio dovrebbe perderlo.

Approfondiamo questo secondo fattore necessario affinché tuo figlio smetta di essere una vittima. Pensa alle condizioni fisiche di tuo figlio. Forse si sente vulnerabile, non abbastanza forte per proteggersi. Ciò accade spesso dopo che un bambino ha subito atti di bullismo, che possono lasciarlo danneggiato non solo emotivamente, ma anche fisicamente. Guardando dall'esterno, tu, come genitore, puoi capire perfettamente che il corpo di tuo figlio non è pronto per la resistenza, per la protezione dall'aggressore.

Ma se stai leggendo questo libro, significa che hai il desiderio di cambiare la situazione e aiutare tuo figlio. Cioè, vuoi che le condizioni fisiche di tuo figlio riflettano la sua forza interiore e la sua sicurezza. È possibile. Non è così difficile come sembra. Ma richiederà comunque impegno e tempo. Sì, capisco che tu, per il bene di tuo figlio, desideri ottenere risultati subito, ma questo non è possibile. Hai passato anni a insegnare a tuo figlio come essere una vittima e ti ci vorrà del tempo per insegnargli a smettere di essere una vittima. Ma ho una buona notizia, non dovrai impiegarci anni, posso anche darti un lasso di tempo entro il quale se il bambino segue le mie istruzioni, smetterà di essere una vittima. Questo va da tre mesi a un anno. Tutto dipende dallo stato fisico e mentale del bambino, dal tuo desiderio di fare sforzi e persuasione per seguire l'obiettivo assegnato, e anche da quanto il bambino si arrenderà al processo di ricostruzione di se stesso, della sua coscienza e del suo corpo, in una personalità diversa. .

Chiamiamo fisiologico il secondo fattore. Questo è il corpo di tuo figlio, la sua forma fisica, che può cambiare per diventare più forte, più pronto a difendere. Potrebbe trattarsi di sport, fitness, arti marziali, qualcosa che ti aiuterà a rafforzare il tuo corpo e ad aumentare il tuo livello di fiducia in te stesso.

Potrebbe trattarsi di sport, fitness, arti marziali, qualcosa che ti aiuterà a rafforzare il tuo corpo e ad aumentare il tuo livello di fiducia in te stesso. Vediamolo più in dettaglio per capire da dove cominciare e cosa è adatto a chi.

Ma ricorda che questo è un processo. Questa non è una soluzione immediata al problema. Ma ogni passo, ogni esercizio, ogni allenamento ti avvicina al tuo obiettivo: essere forte e sicuro di te. Non dovresti aver paura di dedicarci tempo e impegno. In definitiva, sono in gioco la salute, la forza e la vita di vostro figlio. Hai deciso che tuo figlio non sarà mai più una vittima e ha bisogno del tuo aiuto anche senza rendersene pienamente conto.

Diamo un'occhiata ai risultati della modifica di questi due fattori. Immagina come il nuovo stato psicologico e fisico cambierà la situazione di tuo figlio. Non sarà mai più una vittima. Il tuo bambino non sarà solo una persona normale, ma avrà anche forza, fiducia e determinazione. Ciò lo libererà dalle catene del bullismo e dell'autoviolenza e gli consentirà di realizzare appieno il suo potenziale.

E non solo questo. Forse, se il bambino lo desidera, può anche diventare un difensore degli altri dal bullismo. Tuo figlio potrà utilizzare la sua esperienza e i suoi punti di forza per sostenere coloro che si trovano in una situazione simile. Il suo desiderio di proteggere gli altri sarà un segno della tua trasformazione interiore, della tua crescita e forza.

Ma come genitore, devi capire che le cattive condizioni fisiche del corpo di tuo figlio sono quasi interamente di tua responsabilità. E questo ora deve essere corretto. Dovrai convincere il bambino che questa è una sua scelta, perché sotto coercizione, il processo di trasformazione di tuo figlio in una nuova persona diventerà violento e tu ti trasformerai in un aggressore, costringendo tuo figlio a praticare sport contro la sua volontà. Ma deve esserci il suo desiderio personale di cambiare se stesso e il suo mondo. Questa è la strada verso la libertà dal bullismo e la strada verso una vita nuova, più forte e più sicura. Naturalmente, essendo stata una vittima per così tanti anni, il percorso verso questo potrebbe non essere facile. Richiederà sforzo mirato , determinazione e tempo da parte del bambino. Ma ogni passo, ogni sforzo ti avvicinerà al tuo obiettivo.

Parliamo del primo fattore, che forse è il meno difficile da modificare, ma che allo stesso tempo gioca un ruolo importante nel processo di superamento del bullismo. Questa è una consapevolezza della dignità umana personale e dell'uguaglianza con gli autori di reato.

Il bambino deve capire che è un essere umano, proprio come i suoi aggressori. Tuo figlio possiede gli stessi organi, ossa, cervello, pelle. Indipendentemente dalle sue dimensioni fisiche o dal suo aspetto, tuo figlio è assolutamente uguale al suo aggressore in quasi ogni aspetto. La cosa importante da capire qui è che il tuo sé interiore non è meno prezioso e potente di quello di chiunque altro.

Forse in passato l'educazione o le circostanze facevano sentire il bambino meno importante o vulnerabile. O semplicemente non essere preparato per la vita reale, che è piena di crudeltà di cui non era nemmeno a conoscenza. Ma questo non dovrebbe determinare il futuro di tuo figlio. È necessario rompere nella tua mente questa illusione di un mondo "giusto ed eguale", creata nel corso degli anni della tua vita, e capire che questo è un passo estremamente importante verso la liberazione dal ruolo di vittima.

Il bambino deve credere in se stesso. Credi che sia forte e capace di cambiare la sua vita. È necessario fare questo primo passo verso la comprensione di sé e il rispetto di sé. Perché quando un bambino crede in se stesso, quando si rende conto del proprio valore, apre le porte a nuove opportunità e alla libertà dalla paura e dall'umiliazione.

Affinché tutto funzioni secondo il nostro piano, entrambi i fattori devono funzionare e cambiare allo stesso tempo e tu come genitore dovrai tenerlo d'occhio. Quando consideriamo i consigli pratici, torneremo e riconsidereremo costantemente entrambi i fattori come un unico insieme che non può esistere separatamente.

$$\diamond \cdot \diamond \cdot \diamond \cdot \diamond \cdot \diamond \cdot \diamond \cdot \diamond \cdot \diamond \cdot \diamond \cdot \diamond \cdot \diamond \cdot \diamond \cdot \diamond \cdot \diamond \cdot \diamond$$

Capitolo 10.
Armonia di due fattori. Cosa scegliere per te stesso.

Prepararsi a resistere all'aggressione richiede non solo il rafforzamento del corpo fisico, ma anche il ripensamento del proprio stato mentale. Non si tratta di un percorso facile, ma di un passo importante verso la liberazione dal ruolo di vittima.

La scelta dell'attività sportiva gioca un ruolo fondamentale in questo processo. Esistono molti sport, ognuno dei quali può essere uno strumento per sviluppare forza fisica, coordinazione e sicurezza. Tuttavia, non tutti gli sport sono adatti per insegnare l'autodifesa e la risposta rapida in situazioni critiche.

L'allenamento nelle arti marziali, ad esempio, non solo può migliorare la tua forma fisica, ma anche insegnarti tecniche di difesa efficaci. Sviluppano non solo il corpo, ma anche la mente, tenendo conto della tattica e della strategia. È importante scegliere uno sport che ti aiuti non solo a diventare più forte, ma anche a imparare a prendere decisioni in situazioni stressanti.

Inoltre, la preparazione per resistere all'aggressione dovrebbe includere il lavoro sugli aspetti psicologici. Le vittime di bullismo spesso provano sentimenti di impotenza, paura e mancanza di autostima. Oltre alla formazione, è importante chiedere il sostegno di uno psicologo o formatore specializzato nel lavoro con le vittime di violenza. Ciò aiuterà il bambino non solo a superare il trauma, ma anche a riconsiderare la sua situazione, acquisire fiducia e imparare a rispondere efficacemente all'aggressività.

È importante ricordare che prepararsi a resistere all'aggressione è un processo che richiede tempo, pazienza e il costante sviluppo delle capacità sia fisiche che psicologiche. Devi essere preparato al fatto che il cambiamento può richiedere tempo, ma ogni passo lungo il percorso ti avvicina a liberarti dall'essere una vittima e ad acquisire il controllo sulla tua vita.

In questa sezione approfondiremo il mondo dello sport, che può diventare il tuo affidabile alleato nella lotta contro l'aggressività. Esploriamo diversi percorsi unici che ti apriranno la strada verso la forza fisica e mentale, rendendoti capace di sfidare il tuo aggressore.

Immagina che ogni movimento di tuo figlio possa essere pieno di grazia e forza, che abbia una fiducia che si diffonde dall'interno verso l'esterno. E questi non sono sogni, ma una realtà realizzabile attraverso lo sport. Ecco perché ti suggerisco di intraprendere il percorso di miglioramento di tuo figlio attraverso le attività sportive.

Scegliere lo sport giusto è fondamentale. Ho selezionato solo alcuni tipi di sport e te li ho offerti per attirare la tua attenzione su quei tipi che sono facilmente padroneggiabili e disponibili in ogni angolo del mondo. Dopotutto, il nostro obiettivo è dare a tuo figlio gli strumenti per resistere efficacemente all'aggressore nel più breve tempo possibile.

Inoltre, questi tipi di formazione sono molto buoni perché hanno ampliato le capacità di formazione online e molti tutorial video su YouTube. Oggi su Internet sono disponibili molti tutorial e risorse video che consentono a un bambino di iniziare oggi stesso il suo percorso di trasformazione, direttamente a casa. Questa è un'opportunità non solo per rafforzare il tuo corpo, ma anche per cambiare idea, acquisire sicurezza e cambiare te stesso.

La cosa principale da ricordare è che ogni passo in questa direzione ti avvicina al tuo obiettivo. E anche se non hai la possibilità di iscrivere tuo figlio in una società sportiva per praticare sport sotto la supervisione di un allenatore, e noi, insieme a te, comprendiamo naturalmente che l'apprendimento indipendente non sostituisce la formazione professionale, ma in alcune situazioni lo fa può essere un'alternativa completamente degna e diventare una salvezza per tuo figlio. Hai una piena opportunità di insegnare a tuo figlio a prendere il controllo della propria vita a partire da oggi. E dopo alcuni mesi, potrà diventare completamente pronto a dare un degno rifiuto all'aggressore e ad ogni prova che la vita gli lancia.

Consideriamo diversi sport popolari che possono essere praticati in quasi ogni parte del mondo e che possono essere appresi in tempi relativamente brevi per aiutare la vittima di bullismo:

1. Boxe: la boxe è uno sport che aiuta a sviluppare forza, resistenza, coordinazione e autocontrollo. Padroneggiare le tecniche di boxe di base può aiutare una vittima a imparare a difendersi e a reagire contro un aggressore.

La boxe non è solo uno sport, è uno strumento che può cambiare non solo il tuo aspetto fisico, ma anche il tuo stato mentale. Non è un caso che sia considerato uno dei modi più efficaci per aiutare le vittime del bullismo.

La cosa positiva è che la boxe richiede che tu sia completamente concentrato e in controllo. Nel processo di formazione impari a gestire le tue emozioni, a sviluppare l'autodisciplina e a rafforzare l'autocontrollo. Queste abilità sono estremamente importanti per le vittime di bullismo, poiché aiutano non solo a controllare le proprie emozioni in situazioni di conflitto, ma anche a prendere decisioni ponderate nei momenti critici.

Inoltre, la boxe sviluppa forza fisica, resistenza e coordinazione. Ciò non solo migliora la tua forma fisica, ma ti dà anche fiducia nelle tue capacità. Le vittime di bullismo, dopo aver appreso le tecniche base della boxe, possono sentirsi più sicure e pronte ad affrontare l'aggressore.

Uno dei punti chiave della boxe è lo sviluppo delle capacità di autodifesa. Impari non solo colpi e parate, ma anche strategie per schivare gli attacchi. Questo ti rende più competente e preparato per le situazioni della vita reale per strada o a scuola in cui possono sorgere conflitti.

Pertanto, la boxe non è solo una disciplina sportiva, ma un intero insieme di strumenti che possono cambiare il tuo stile di vita e aiutarti a smettere di essere una vittima. Allena non solo il tuo corpo, ma anche la tua mente, rendendoti una persona forte e sicura di sé, in grado di reagire contro un aggressore e difendersi.

Inoltre, va tenuto presente che la boxe, oltre all'allenamento fisico, promuove anche lo sviluppo delle capacità psicologiche necessarie per contrastare efficacemente l'aggressività.

In primo luogo, un allenamento regolare di boxe aiuta a migliorare l'autostima e la fiducia in se stessi della vittima di bullismo. Il senso di forza e di fiducia nelle proprie capacità acquisito superando le barriere fisiche e psicologiche nella boxe aiuta la vittima a realizzare il proprio valore e la propria importanza.

In secondo luogo, l'allenamento di boxe insegna alla vittima a controllare le sue reazioni a situazioni stressanti. Nella boxe si impara non solo ad affrontare le sfide fisiche, ma anche a controllare le proprie emozioni, mantenendo il sangue freddo nelle situazioni critiche. Ciò è particolarmente importante per chi è vittima di bullismo, poiché la capacità di mantenere la calma può aiutare a evitare conflitti e un'escalation di violenza.

La boxe aiuta anche la vittima del bullismo a sviluppare pensiero strategico e pianificazione. Durante il processo di allenamento impari ad analizzare le situazioni, prevedere le azioni del tuo avversario e sviluppare strategie di contromossa efficaci. Queste abilità possono essere applicate non solo sul ring, ma anche nella vita di tutti i giorni, aiutando la vittima a prendere decisioni intelligenti e ad agire nel suo migliore interesse.

Pertanto, la boxe non solo rafforza il corpo fisico, ma sviluppa anche le capacità psicologiche necessarie per difendersi efficacemente dal bullismo. Dato l'approccio olistico di questo sport, è uno dei mezzi più efficaci per aiutare le vittime di bullismo nel loro percorso verso l'autoresponsabilizzazione e il sostegno.

La boxe è un tipo di arte marziale in cui le armi principali sono solo le mani. Le gare di boxe si svolgono su un ring speciale dove due pugili combattono tra loro usando solo pugni. L'obiettivo della boxe è sferrare quanti più pugni possibile al tuo avversario evitando il contatto con i suoi pugni.

Nella boxe, viene prestata molta attenzione alla tecnica dei pugni: dritto, gancio, montante e altri. Altri elementi importanti della boxe sono la difesa e la schivata dei colpi dell'avversario. L'allenamento di boxe aiuta a sviluppare velocità, forza, resistenza e tempo di reazione, oltre a migliorare la forma fisica e la coordinazione.

2 . Kickboxing: il kickboxing combina elementi della boxe e varie tecniche di calcio. Aiuta a sviluppare forza, coordinazione e fiducia in se stessi.

La kickboxing non è solo uno sport, è uno stile di vita che può essere un potente strumento per le vittime di bullismo nel loro percorso verso l'auto-miglioramento e la protezione. Scopriamo come questo sport può aiutarti a smettere di essere una vittima e a combattere l'aggressore.

Innanzitutto, la kickboxing offre un allenamento completo che include sia elementi di boxe che varie tecniche di calcio. Ciò significa che hai l'opportunità di sviluppare non solo la forza e la coordinazione delle tue braccia, ma anche delle tue gambe, rendendoti più versatile e pronto per una varietà di situazioni. Questa varietà di formazione consente alle vittime di bullismo di acquisire competenze che le aiuteranno ad affrontare efficacemente una varietà di tipi di aggressione.

In secondo luogo, la kickboxing aiuta a sviluppare la fiducia in se stessi. L'allenamento costante, il miglioramento graduale della tecnica e il raggiungimento di nuovi obiettivi creano un senso di progresso e autostima. Ciò è particolarmente importante per le vittime di bullismo, che spesso soffrono di scarsa autostima e scarsa fiducia. La fiducia in se stessi li aiuterà a sentirsi più sicuri e pronti a difendersi da un aggressore.

Inoltre, la kickboxing insegna strategie di autodifesa alla vittima di bullismo. Durante l'allenamento impari non solo ad attaccare in modo efficace, ma anche a ritirarti e difenderti dagli attacchi. Ciò aiuta la vittima del bullismo ad apprendere competenze che possono essere utili in situazioni reali, per strada o a scuola, dove possono sorgere conflitti.

Quindi, il kickboxing non è solo uno sport, è un insieme di strumenti che possono cambiare la vita di una vittima di bullismo. Insegna non solo la forza fisica, ma anche la fiducia in se stessi, il pensiero strategico e le capacità di autodifesa, rendendoli più forti e più capaci di reagire contro un aggressore.

Oltre a questi benefici, la kickboxing promuove anche il benessere emotivo e la gestione dello stress nelle vittime di bullismo. Durante l'allenamento vengono rilasciate endorfine, gli ormoni della felicità, che aiutano a migliorare l'umore e a ridurre lo stress e l'ansia. Ciò è particolarmente importante per coloro che soffrono degli effetti psicologici del bullismo, come depressione, ansia o disturbo da stress post-traumatico.

Inoltre, l'allenamento di kickboxing può diventare una sorta di canale per l'espressione di emozioni negative e aggressività. Invece di reprimere le proprie emozioni, le vittime di bullismo possono utilizzare la formazione come un modo per liberare sentimenti ed energia negativi. Questo li aiuta non solo ad affrontare il disagio emotivo, ma anche a sviluppare modi più sani di rispondere alle situazioni stressanti.

Inoltre, il kickboxing può essere un potente strumento per costruire connessioni sociali e supporto. La partecipazione alla formazione di gruppo crea l'opportunità di incontrare persone che hanno esperienze o interessi simili e di sostenersi a vicenda nel raggiungimento di obiettivi comuni. Ciò aiuta le vittime del bullismo a sentirsi parte di una comunità e a ricevere ulteriore supporto nel loro percorso verso il miglioramento personale.

Pertanto, la kickboxing non è solo un mezzo di allenamento fisico, ma anche un potente strumento per migliorare il benessere psicologico e l'adattamento sociale delle vittime di bullismo. Li aiuta non solo a diventare più forti e più sicuri di sé, ma anche a imparare a gestire efficacemente le emozioni negative e lo stress, creando le basi per una vita sana e felice.

Kickboxin combina elementi di boxe e tecniche di calcio. Oltre ai pugni, nel kickboxing vengono utilizzati anche i calci, il che rende questo sport più vario e dinamico. La kickboxing consente diversi tipi di pugni: bassi, medi e alti, che consentono ai combattenti di attaccare diverse aree del corpo dell'avversario.

L'allenamento di kickboxing comprende anche il lavoro sulla tecnica di colpo, difesa, schivata e forma fisica. Inoltre, la kickboxing aiuta a sviluppare flessibilità, forza delle gambe e resistenza. A differenza della boxe, la kickboxing permette di utilizzare non solo le braccia, ma anche le gambe in combattimento, il che la rende più versatile ed efficace in varie situazioni.

3. Karate: il karate è un'arte marziale che insegna tecniche di parata, colpo e difesa. Aiuta anche a sviluppare la concentrazione e l'autodisciplina.

Il karate non è solo un metodo di difesa, ma anche una filosofia di vita che può aiutare le vittime di bullismo a cambiare sia fisicamente che mentalmente. Diamo un'occhiata a come questo sport può aiutarti a smettere di essere una vittima e ad acquisire le capacità per combattere un aggressore.

Innanzitutto, il karate insegna tecniche di autodifesa, comprese le tecniche di blocco, colpo e difesa. Queste abilità consentono alle vittime di bullismo di difendersi efficacemente quando vengono attaccate, aumentando la loro autostima e la capacità di reagire contro il bullo. L'allenamento regolare di karate aiuta a rafforzare queste abilità e a instillare i riflessi, che è importante per reazioni rapide e adeguate in situazioni di stress.

In secondo luogo, il karate aiuta a sviluppare la concentrazione e l'autodisciplina. Attraverso la formazione, gli studenti imparano a controllare i propri pensieri e le proprie emozioni, il che li aiuta a concentrarsi su un compito e a prendere decisioni ponderate. Queste abilità sono particolarmente importanti per le vittime di bullismo, poiché le aiutano a mantenere la calma e a rispondere in modo razionale alle pressioni e alle minacce.

Inoltre, il karate insegna il rispetto per se stessi e per gli altri, che contribuisce alla formazione di un atteggiamento positivo verso se stessi e ad una maggiore autostima. Ciò è particolarmente importante per le vittime di bullismo, che potrebbero soffrire di sentimenti di inferiorità e di percezione di sé negativa. La fiducia in se stessi e il rispetto per i propri confini li aiutano a diventare meno vulnerabili agli aggressori e a reagire quando necessario.

Pertanto, il karate fornisce un potente strumento per aiutare le vittime di bullismo nel loro viaggio verso l'auto-miglioramento e la protezione. Non solo insegna tecniche di difesa personale, ma promuove anche la concentrazione, l'autodisciplina e il rispetto di sé, rendendolo uno strumento efficace per combattere l'aggressività e sviluppare una personalità positiva.

Inoltre, va tenuto presente che il karate, oltre all'allenamento fisico, aiuta anche a sviluppare la forza interiore e la fiducia in se stessi nelle vittime di bullismo. L'allenamento costante in questo sport aiuta a rafforzare gli aspetti spirituali e psicologici dell'individuo, cosa non meno importante per un'efficace resistenza all'aggressore.

Il karate insegna alle vittime di bullismo non solo a difendersi fisicamente, ma anche a trovare forza interiore e pace dentro di sé. Nel processo di formazione, imparano a controllare le proprie emozioni, a trovare l'armonia interiore e a bilanciare il proprio mondo interiore. Questo li aiuta non solo ad affrontare le conseguenze negative del bullismo, ma anche a sviluppare un carattere forte e resiliente che non è suscettibile all'influenza dei bulli.

Inoltre, il karate insegna alle vittime del bullismo i principi della moralità e dell'etica, aiutandole a prendere le giuste decisioni in situazioni difficili. Imparano a rispettare i rivali, anche se aggressivi, e a trovare soluzioni pacifiche ai conflitti. Queste abilità li aiutano non solo a proteggersi dal bullismo, ma anche a evitare i conflitti e a trovare soluzioni pacifiche ai problemi.

Il karate quindi non è solo una disciplina fisica, ma anche una filosofia di vita in grado di cambiare il mondo interiore ed esteriore delle vittime di bullismo. Insegna loro non solo a difendersi dalle aggressioni, ma anche a sviluppare forza interiore, fiducia e saggezza, che li rendono irremovibili e pronti a superare qualsiasi sfida che la vita pone loro.

Anche il Karate e il Taekwondo sono arti marziali, ma hanno radici e metodi diversi. Il Karate, originario del Giappone, si concentra spesso su tecniche di colpi e parate, mentre il Taekwondo, originario della Corea, è specializzato nelle tecniche di calci.

Karate e Taekwondo sono entrambe antiche arti marziali orientali che si sono sviluppate in contesti culturali e storici diversi, conferendo loro caratteristiche uniche.

Il karate è un'arte marziale giapponese sviluppatasi sull'isola di Okinawa. La base del karate sono le tecniche di pugni, calci e parate. Nel karate, l'attenzione è rivolta non solo alla tecnica del colpo, ma anche allo sviluppo interno del combattente, alla sua forza mentale e agli aspetti spirituali. Il karate è un efficace sistema di autodifesa che insegna al combattente a controllare la forza e ad usarla per scopi difensivi.

Il Taekwondo è un'arte marziale coreana che si concentra sulle tecniche dei calci. Questo sport è famoso per i suoi calci alti e potenti, che possono essere sferrati sia con potenza che con movimenti veloci. Il Taekwondo comprende anche vari elementi di punzonatura, blocco e difesa. Tuttavia, ciò che lo rende unico è che si concentra specificamente sulle tecniche di calcio, rendendolo una scelta eccellente per coloro che desiderano sviluppare la forza e la flessibilità degli arti inferiori.

Quindi, sebbene sia il Karate che il Taekwondo siano forme efficaci di autodifesa, hanno le loro caratteristiche che possono attrarre persone diverse a seconda delle loro preferenze e obiettivi. Il karate, con la sua attenzione ai pugni e allo sviluppo interno, può essere adatto a coloro che vogliono sviluppare la coordinazione e gli aspetti spirituali delle arti marziali. Mentre il Taekwondo, con la sua enfasi sui calci e sulla resistenza, può essere preferibile per coloro che desiderano migliorare la propria flessibilità e abilità nei calci.

4. Taekwondo: Il Taekwondo è un'arte marziale coreana che include tecniche di calci e pugni. Aiuta a migliorare la coordinazione, la flessibilità e la resistenza.

Karate e Taekwondo sono entrambe antiche arti marziali orientali che si sono sviluppate in contesti culturali e storici diversi, conferendo loro caratteristiche uniche.

Il karate è un'arte marziale giapponese sviluppatasi sull'isola di Okinawa. La base del karate sono le tecniche di pugni, calci e parate. Nel karate, l'attenzione è rivolta non solo alla tecnica del colpo, ma anche allo sviluppo interno del combattente, alla sua forza mentale e agli aspetti spirituali. Il karate è un efficace sistema di autodifesa che insegna al combattente a controllare la forza e ad usarla per scopi difensivi.

Il Taekwondo è un'arte marziale coreana che si concentra sulle tecniche dei calci. Questo sport è famoso per i suoi calci alti e potenti, che possono essere sferrati sia con potenza che con movimenti veloci. Il Taekwondo comprende anche vari elementi di punzonatura, blocco e difesa. Tuttavia, ciò che lo rende unico è che si concentra specificamente sulle tecniche di calcio, rendendolo una scelta eccellente per coloro che desiderano sviluppare la forza e la flessibilità degli arti inferiori.

Quindi, sebbene sia il Karate che il Taekwondo siano forme efficaci di autodifesa, hanno le loro caratteristiche che possono attrarre persone diverse a seconda delle loro preferenze e obiettivi. Il karate, con la sua attenzione ai pugni e allo sviluppo interno, può essere adatto a coloro che vogliono sviluppare la coordinazione e gli aspetti spirituali delle arti marziali. Mentre il Taekwondo, con la sua enfasi sui calci e sulla resistenza, può essere preferibile per coloro che desiderano migliorare la propria flessibilità e abilità nei calci.

Il Taekwondo non è solo un'arte marziale, ma anche un percorso di auto-miglioramento che può rendere la vittima di bullismo più forte e sicura di sé. Diamo un'occhiata a come questo sport può aiutare una vittima di bullismo a smettere di essere tale e a combattere l'aggressore.

Innanzitutto, il Taekwondo insegna tecniche efficaci di autodifesa, inclusi calci e pugni. Queste tecniche consentono alle vittime di bullismo di rispondere rapidamente ed efficacemente agli attacchi, consentendo loro di proteggere se stesse e i propri confini. L'allenamento regolare nel taekwondo migliora la coordinazione e sviluppa i riflessi, necessari per un'autodifesa efficace in situazioni reali.

In secondo luogo, il taekwondo aiuta a sviluppare la forza mentale e la fiducia in se stessi nelle vittime di bullismo. Durante il processo di formazione, imparano a superare le proprie paure e dubbi, nonché a sviluppare il pensiero positivo e la fiducia in se stessi. Questo li aiuta a credere in se stessi e nelle proprie capacità, il che li rende meno vulnerabili ai bulli e li aiuta a sviluppare un'immagine di sé positiva.

Inoltre, il Taekwondo insegna alle vittime del bullismo la disciplina e l'autocontrollo. Attraverso la formazione, imparano a controllare le proprie emozioni e a rispondere alle situazioni stressanti con compostezza. Questo li aiuta non solo ad affrontare le emozioni negative, ma anche a prendere decisioni ponderate in situazioni difficili, il che è un aspetto importante per contrastare l'aggressività.

Il taekwondo, quindi, non è solo una disciplina sportiva, ma anche un percorso di crescita personale e di protezione dal bullismo. Insegna tecniche efficaci di autodifesa, rafforza la forza mentale e la fiducia in se stessi e sviluppa la disciplina e l'autocontrollo. Queste abilità rendono le vittime del bullismo più forti e più capaci di affrontare le sfide che la vita lancia loro e di reagire contro il bullo.

Inoltre, il taekwondo aiuta anche le vittime di bullismo a sviluppare un atteggiamento rispettoso e tollerante verso gli altri. Attraverso la formazione, imparano a rispettare i loro allenatori, i compagni di allenamento e gli altri partecipanti, il che sviluppa un atteggiamento rispettoso e aperto nei confronti delle persone in generale. Queste abilità li aiutano a comprendere meglio le motivazioni del comportamento degli altri e a trovare un terreno comune, il che è importante per creare relazioni positive e superare i conflitti.

Inoltre, il Taekwondo promuove la salute fisica e il benessere delle vittime di bullismo. L'allenamento regolare aiuta a migliorare la forma fisica, la resistenza, la flessibilità e la forza generale. Questo li aiuta non solo a essere preparati allo scontro fisico, ma anche a migliorare il loro benessere e la fiducia in se stessi.

Vale anche la pena notare che il Taekwondo insegna alle vittime del bullismo i principi dell'etica e della moralità, che sono importanti per la formazione del carattere e dei valori. Durante il processo di formazione, imparano ad essere responsabili, onesti ed equi, il che li aiuta a sviluppare qualità di leadership e a prendere le giuste decisioni nella vita.

Pertanto, il taekwondo non è solo una disciplina sportiva, ma anche un intero stile di vita che promuove lo sviluppo della salute fisica e mentale, la formazione di un atteggiamento rispettoso e tollerante verso gli altri, nonché i principi di etica e moralità. Questi aspetti lo rendono uno strumento efficace per aiutare le vittime di bullismo a superare le difficoltà e raggiungere una crescita personale.

4. Judo: il Judo è un'arte marziale giapponese che si concentra su tecniche di lancio e presa. Questo può essere un modo efficace per proteggersi e controllare la situazione.

Il Judo non è solo un'arte marziale, ma anche una filosofia in grado di trasformare la vittima del bullismo, aiutandola a diventare più forte sia fisicamente che mentalmente. Diamo un'occhiata a come questo sport può aiutare una vittima di bullismo a smettere di essere tale e a combattere l'aggressore.

Innanzitutto, il judo insegna tecniche di proiezione e presa che possono essere efficaci nella difesa dagli attacchi. Queste tecniche consentono alle vittime di bullismo di controllare la situazione e di proteggersi in caso di influenza aggressiva. L'allenamento regolare del judo migliora la coordinazione, la forza e la flessibilità, rendendo la vittima più preparata allo scontro fisico.

In secondo luogo, il judo insegna l'autocontrollo e la gestione delle proprie emozioni. Attraverso la formazione, le vittime del bullismo imparano a mantenere la calma e a prendere decisioni intelligenti in situazioni stressanti. Questo li aiuta a evitare scoppi emotivi e l'escalation dei conflitti, che è un aspetto importante nel contrastare l'aggressività.

Inoltre, il judo promuove lo sviluppo di qualità spirituali come rispetto, tolleranza e moderazione. Le vittime del bullismo imparano a rispettare i loro rivali e oppositori, anche se aggressivi, e a trovare soluzioni pacifiche ai conflitti. Queste abilità li aiutano a diventare più sicuri e indipendenti nelle loro interazioni con gli altri, il che rafforza la loro posizione e li rende meno vulnerabili ai bulli.

Il judo quindi non è solo una disciplina sportiva, ma anche un percorso di crescita personale e di protezione dal bullismo. Insegna alle vittime del bullismo non solo l'allenamento fisico, ma anche come gestire le emozioni, sviluppare qualità spirituali e rafforzare l'autostima. Queste abilità li rendono più sicuri e capaci di affrontare le sfide che la vita lancia loro e di combattere un aggressore.

Oltre a questi benefici, il judo aiuta anche le vittime di bullismo a sviluppare importanti abilità di vita che possono essere utili in vari ambiti della loro vita.

Il judo insegna alle vittime del bullismo il pensiero strategico e la pianificazione. Durante l'allenamento imparano ad analizzare la situazione, ad anticipare le azioni dell'avversario e a sviluppare strategie di risposta efficaci. Queste abilità possono essere applicate non solo sul tappeto, ma anche nella vita di tutti i giorni, aiutando le vittime di bullismo ad adattarsi alle diverse situazioni e a prendere le giuste decisioni.

Il judo insegna anche alle vittime del bullismo la pazienza e la perseveranza. L'allenamento in questo sport spesso richiede molto tempo e impegno per raggiungere il successo. Le vittime di bullismo imparano a non arrendersi al primo fallimento, ma a continuare a lavorare su se stesse e sulle proprie capacità, anche se i risultati non arrivano subito. Questa pratica persistente li aiuta a sviluppare forza di volontà e resistenza, utili per affrontare l'aggressività e raggiungere i propri obiettivi.

Inoltre, il judo aiuta le vittime di bullismo a sviluppare fiducia in se stesse e nelle proprie capacità. Durante il processo di formazione, padroneggiano gradualmente nuove tecniche e tecniche, superando i loro dubbi e paure. Questo li aiuta a credere in se stessi e nelle proprie capacità, il che è un fattore importante per superare l'impatto negativo del bullismo e sviluppare un'immagine di sé positiva.

Pertanto, il judo non è solo una disciplina sportiva, ma anche un modo per sviluppare importanti competenze di vita per le vittime di bullismo. Insegna loro il pensiero strategico, la pazienza e la fiducia in se stessi, che li aiutano non solo a proteggersi dalle aggressioni, ma anche a superare le conseguenze negative del bullismo e a diventare individui forti e sicuri di sé.

6. Wrestling: il wrestling è uno sport che sviluppa forza, flessibilità, resistenza e pensiero tattico. Insegna anche varie tecniche per controllare un avversario e può essere efficace nell'autodifesa.

Il wrestling è uno sport antico che offre molti vantaggi alle vittime del bullismo, ed ecco perché.

Innanzitutto, il wrestling insegna tecniche efficaci di autodifesa. Le vittime di bullismo che praticano la lotta imparano a controllare i propri avversari e a utilizzare varie tecniche di presa e lancio, che possono essere importanti in caso di attacchi fisici. Questo li aiuta non solo a proteggersi, ma anche a ridurre il rischio di lesioni in situazioni di conflitto.

In secondo luogo, il wrestling aiuta a sviluppare la forma fisica e rafforzare il corpo. L'esercizio fisico regolare migliora la forza, la resistenza e la flessibilità delle vittime di bullismo, rendendole più sicure delle proprie capacità fisiche e promuovendo il benessere generale.

Inoltre, il wrestling allena il pensiero tattico e la pianificazione strategica. Durante la formazione, le vittime del bullismo imparano ad analizzare la situazione, ad anticipare le azioni dell'avversario e a sviluppare strategie d'azione efficaci. Queste abilità possono essere utili non solo sul tappetino, ma anche nella vita di tutti i giorni, aiutandoli a prendere decisioni intelligenti e a trovare la via d'uscita da situazioni difficili.

Pertanto, il wrestling non è solo una disciplina sportiva, ma anche un potente strumento per aiutare le vittime del bullismo. Insegna metodi efficaci di autodifesa, rafforza la salute fisica e sviluppa il pensiero tattico, che rende le vittime del bullismo più forti e sicure, pronte a respingere l'aggressore e a difendersi in ogni situazione.

Inoltre, la lotta aiuta anche a sviluppare la resilienza psicologica e la fiducia nelle vittime di bullismo. Durante l'allenamento incontrano varie sfide come competizione, stress e fatica e imparano a superarle. Queste esperienze li aiutano a sviluppare fiducia in se stessi e nella propria capacità di affrontare le sfide.

Il wrestling aiuta anche a sviluppare disciplina e autocontrollo. Attraverso la formazione, le vittime del bullismo imparano a seguire routine e regole rigide, il che le aiuta a sviluppare responsabilità e autodisciplina. Queste qualità sono importanti non solo in palestra, ma anche nella vita di tutti i giorni, aiutandoli a mantenere la calma e a controllare le proprie emozioni in tutte le situazioni.

Infine, il wrestling aiuta a costruire amicizie e sostegno. Durante l'allenamento, le vittime di bullismo trovano sostegno da parte dei loro allenatori e compagni di squadra, il che le aiuta a sentirsi sicure e fiduciose. Ciò crea un'atmosfera di assistenza e comprensione reciproca, che contribuisce al loro benessere psicologico e all'adattamento sociale.

Pertanto, il wrestling non è solo una disciplina sportiva, ma anche un approccio globale per aiutare le vittime del bullismo. Sviluppa forza mentale, fiducia e autocontrollo, aiutandoli ad affrontare le sfide e a proteggersi dalle aggressioni. In realtà, il wrestling non solo modella la salute fisica, ma rafforza anche lo stato mentale, creando le basi per la fiducia e il successo dell'adattamento nella società.

Judo e Lotta includono tecniche di presa e lancio, ma hanno origini e regole diverse. Il judo è un'arte marziale giapponese, mentre il wrestling è uno sport olimpico praticato in tutto il mondo.

Judo e Lotta sono due sport diversi che, sebbene abbiano somiglianze nelle tecniche di presa e lancio, differiscono per origine, filosofia e regole di competizione.

Il Judo è un'arte marziale giapponese sviluppata alla fine del XIX secolo da Jigoro Kano. Si basa sui principi di morbidezza, flessibilità ed efficienza, dove l'obiettivo è usare la forza del nemico contro se stesso. Gli elementi principali del judo sono le tecniche di lancio e di presa, nonché il lavoro a terra. Nel judo un aspetto importante è lo sviluppo della tecnica, della tattica e della strategia, nonché la preparazione mentale alle competizioni.

Il wrestling è uno sport olimpico che comprende tecniche di presa e lancio, nonché lotta a terra. Affonda le sue radici nell'antichità e si è sviluppato in varie culture, tra cui l'antica Grecia e Roma. Esistono diverse varietà di lotta, come la lotta greco-romana, la lotta libera e la lotta con la cintura. Gli obiettivi principali del wrestling sono controllare l'avversario, eseguire prese e tecniche e guadagnare punti per posizione e tecnica superiori.

Quindi, sebbene sia il Judo che il Wrestling coinvolgano tecniche di presa e lancio, differiscono per origini, filosofia e approccio alla competizione. Il Judo, con le sue radici giapponesi e l'attenzione all'efficienza e alla flessibilità, può essere attraente per coloro che sono interessati alla cultura giapponese e alla ricerca dell'eccellenza tecnica. Mentre il Wrestling, con il suo status olimpico e la varietà di stili, può attrarre chi cerca un'attività frenetica e competitiva.

7. Sambo: Sambo è un'arte marziale russa che include tecniche di lancio, strangolamento e combattimento a terra. Può essere efficace per controllare una situazione e proteggersi dalle aggressioni.

Il Sambo è uno sport dinamico e multifunzionale che presenta una serie di caratteristiche che lo rendono uno strumento efficace per aiutare le vittime di bullismo.

Innanzitutto, Sambo insegna vari metodi di autodifesa. Le vittime di bullismo che praticano il Sambo imparano tecniche come proiezioni, strangolamenti e combattimenti a terra, che possono essere importanti in situazioni di conflitto. Imparano a controllare gli avversari, a difendersi e a uscire da situazioni difficili, il che aumenta la loro sicurezza e capacità di gestire l'aggressività.

In secondo luogo, il sambo promuove lo sviluppo delle qualità fisiche. Un allenamento regolare sviluppa forza, resistenza, flessibilità e coordinazione nelle vittime di bullismo. Ciò li aiuta a rafforzare il proprio corpo, ad essere più preparati allo scontro fisico e a ridurre la probabilità di lesioni in caso di attacco.

Inoltre, Sambo insegna alle vittime del bullismo il pensiero strategico e la pianificazione tattica. Durante l'allenamento, sviluppano una comprensione della situazione, anticipano le azioni dell'avversario e sviluppano strategie d'azione efficaci. Ciò li aiuta a prendere decisioni informate in situazioni difficili e ad agire in modo efficace per proteggersi.

Pertanto, il sambo non è solo una disciplina sportiva, ma anche un approccio globale per aiutare le vittime del bullismo. Insegna tecniche efficaci di autodifesa, forma fisica e salute mentale, rendendolo uno strumento importante per cambiare la situazione delle vittime di bullismo e aiutarle a diventare più forti e sicure.

Inoltre, Sambo promuove lo sviluppo della fiducia in se stessi e della stabilità psicologica nelle vittime di bullismo. Durante la formazione, affrontano costantemente sfide e superano i propri limiti, il che li aiuta ad aumentare la fiducia in se stessi e la fiducia nelle proprie capacità. Tali progressi nell'allenamento possono trasferirsi nella vita di tutti i giorni, rendendoli più sicuri e calmi.

È anche importante notare che Sambo insegna alle vittime di bullismo il controllo emotivo e la gestione dello stress. Durante l'allenamento imparano a controllare le proprie emozioni, a mantenere la calma e a prendere decisioni in situazioni difficili. Queste abilità possono essere importanti per gestire le situazioni di conflitto e aiutarli a evitare scoppi emotivi quando si ha a che fare con un aggressore.

Inoltre, praticando il Sambo, le vittime di bullismo possono trovare sostegno e comprensione nella comunità dei loro allenatori e compagni di squadra. Questo li aiuta a sentirsi sicuri e protetti, il che promuove il loro benessere psicologico e crea un ambiente positivo per la crescita personale.

Pertanto, il sambo non è solo una disciplina sportiva, ma anche un potente strumento per aiutare le vittime del bullismo. Sviluppa non solo la forma fisica, ma anche la resilienza psicologica, la fiducia in se stessi e il controllo emotivo, rendendolo una risorsa preziosa per superare le difficoltà e affrontare l'aggressività.

8. Aikido: L'Aikido è un'arte marziale giapponese che utilizza tecniche per difendersi dagli attacchi basate sul principio di reindirizzare la forza dell'avversario. È adatto a chi preferisce le tecniche di difesa senza contatto.

L'Aikido, nella sua essenza, differisce da molti altri tipi di arti marziali in quanto i suoi metodi includono non solo la resistenza fisica, ma anche la capacità di controllare l'energia e la forza del nemico. Questo è l'aspetto fondamentale che rende l'aikido non solo un'efficace forma di autodifesa, ma anche uno strumento per trasformare il pensiero e il comportamento della vittima di bullismo.

L'Aikido insegna i principi dell'armonia e dell'empatia piuttosto che del confronto e dell'aggressività. Le vittime di bullismo che praticano l'aikido imparano a comprendere e reindirizzare il potere del bullo piuttosto che rispondere con la violenza diretta. Questo approccio li aiuta a sviluppare empatia, tolleranza e controllo emotivo, che possono ridurre la probabilità di conflitto e migliorare le relazioni con gli altri.

Inoltre, l'Aikido enfatizza il miglioramento della tecnica e della coordinazione corporea. Attraverso la formazione, le vittime di bullismo sviluppano agilità, flessibilità e riflessi, rendendole più preparate ad affrontare situazioni rapide e inaspettate. Ciò aumenta la loro forma fisica e la fiducia nelle proprie capacità.

Uno degli aspetti chiave dell'Aikido è la sua enfasi sulla risoluzione dei conflitti senza causare danni. Le vittime di bullismo che praticano l'aikido imparano a cercare soluzioni pacifiche ai problemi, anche nelle situazioni più difficili. Ciò li aiuta non solo a evitare la violenza fisica, ma anche a sviluppare capacità di comunicazione, rispetto e diplomazia, che possono essere importanti nelle loro interazioni con un aggressore.

L'Aikido non è quindi solo una disciplina sportiva, ma anche una filosofia di vita che può aiutare le vittime di bullismo a cambiare il loro atteggiamento verso se stesse e il mondo che le circonda. Sviluppa in loro non solo forza fisica e tecnica, ma anche resilienza psicologica, empatia e tranquillità, che li rendono più pronti ad affrontare l'aggressività e a diventare artefici del proprio destino.

Oltre ai benefici sopra elencati, l'Aikido insegna anche alle vittime di bullismo i principi di una comunicazione efficace e di gestione dei conflitti. Durante il processo di formazione, imparano ad esprimere i propri sentimenti e bisogni in modo più chiaro e sicuro, il che li aiuta a rispondere in modo più efficace alle situazioni di conflitto e ad evitare che si intensifichino. Promuove inoltre le competenze nel definire i confini e nel proteggere lo spazio personale, che possono essere importanti nella prevenzione del bullismo.

Inoltre, l'Aikido aiuta le vittime di bullismo a sviluppare fiducia in se stesse e nelle proprie capacità. Attraverso la formazione, apprendono gradualmente nuove competenze e superano i propri limiti, il che li aiuta a sentirsi più competenti e indipendenti. Ciò rafforza la loro autostima e li aiuta ad affrontare i sentimenti di impotenza e impotenza che spesso accompagnano le vittime di bullismo.

Infine, l'Aikido promuove lo sviluppo dell'armonia interiore e dell'equilibrio nelle vittime di bullismo. Attraverso la formazione, imparano a vivere il momento, ad accettare la situazione così com'è e ad agire con calma e determinazione. Questo li aiuta ad affrontare lo stress e l'ansia e a sviluppare la capacità di prendere decisioni importanti anche in situazioni difficili e incerte.

Pertanto, l'aikido fornisce una risorsa preziosa per le vittime di bullismo, aiutandole non solo ad acquisire forza fisica e tecniche di autodifesa, ma anche a sviluppare resilienza mentale, fiducia in se stessi e gestione emotiva. Ciò consente loro non solo di far fronte all'aggressione di fattori esterni, ma anche di costruire relazioni più sane ed equilibrate con se stessi e con il mondo che li circonda.

L'Aikido è un'arte marziale giapponese basata sul principio di reindirizzare la forza dell'avversario. Lo sport pone maggiormente l'accento sulle tecniche difensive senza contatto.

L'Aikido è un'arte marziale giapponese basata sul principio di reindirizzare la forza dell'avversario. Questo sport si concentra sull'autodifesa efficace, utilizzando tecniche che consentono di adattarsi ai movimenti dell'avversario e di controllare la situazione senza utilizzare colpi diretti.

A differenza di molte altre arti marziali, l'Aikido pone maggiormente l'accento sulle tecniche difensive senza contatto. Ciò significa che il praticante impara a usare l'energia e i movimenti dell'avversario per reindirizzare il suo potere e neutralizzare la minaccia, piuttosto che affrontarlo direttamente.

Per le vittime di bullismo, imparare l'Aikido può essere particolarmente utile in quanto possono imparare modi efficaci per difendersi senza dover usare la forza fisica contro il bullo. Questo può aiutarli a prendere il controllo della situazione e a prevenire la violenza, anche se si trovano fisicamente vicini al loro aggressore.

Inoltre, lo studio dell'Aikido favorisce lo sviluppo della fiducia in se stessi e della forza mentale, poiché richiede al praticante di avere fiducia nelle proprie azioni e nella capacità di rispondere rapidamente al mutare delle situazioni. Ciò può aiutare le vittime di bullismo a sentirsi più sicure e pronte a difendersi in varie situazioni.

9. Jiu-Jitsu brasiliano: il Jiu-Jitsu brasiliano è un'arte marziale che si concentra sulle tecniche di combattimento a terra e di sottomissione. È adatto a chi preferisce le tecniche di combattimento ravvicinato.

Il Jiu-Jitsu brasiliano non è solo uno sport, ma anche una filosofia che insegna l'adattabilità, la fiducia e l'autodifesa. Per le vittime di bullismo, questo può essere un potente strumento per superare la paura e l'insicurezza. Diamo uno sguardo più da vicino a come esattamente questo sport può aiutare le vittime del bullismo a cambiare mentalmente e fisicamente e anche a smettere di essere una vittima.

Aspetti fisici:

- Tecniche di combattimento ravvicinato: il Jiu-Jitsu brasiliano si concentra sul combattimento a terra, dove l'enfasi è sulle tecniche per afferrare e sottomettere l'avversario. Ciò consente alle vittime di bullismo di imparare come affrontare efficacemente un attacco fisico, anche se si trovano a terra o vicino al loro aggressore.

- Sviluppa forza e flessibilità: l'allenamento del Jiu-Jitsu brasiliano aiuta a sviluppare forza, flessibilità e resistenza. Ciò migliora la forma fisica delle vittime di bullismo, rendendole più sicure delle proprie capacità e abilità.

Aspetti mentali:

- Fiducia in se stessi: superare situazioni difficili sul tappeto, dove ogni combattimento richiede la capacità di prendere decisioni rapide e agire in condizioni di stress, aiuta a sviluppare un senso di fiducia in se stessi nelle vittime di bullismo. Ciò può svolgere un ruolo chiave nell'impedire loro di percepirsi come un facile bersaglio per i bulli.

- Resilienza emotiva: la formazione del Jiu-Jitsu brasiliano insegna alle vittime di bullismo a controllare le proprie emozioni e mantenere la calma in situazioni stressanti. Questo li aiuta a non soccombere alle provocazioni e a rispondere in modo più efficace alle aggressioni.

- Capacità decisionali: lottare sul tappeto richiede che le vittime di bullismo analizzino costantemente la situazione e prendano decisioni al volo. Questa esperienza rafforza la loro capacità di prendere decisioni importanti nella vita reale, anche in situazioni di conflitto con gli aggressori.

Pertanto, il Jiu-Jitsu brasiliano non è solo uno sport, ma anche uno strumento prezioso per aiutare le vittime del bullismo. Li aiuta a sviluppare forza fisica e mentale, fiducia in se stessi e capacità di difendersi efficacemente. L'allenamento in questo sport può aiutare le vittime di bullismo a cambiare la loro vita, a diventare più sicure e capaci di reagire contro gli aggressori.

Oltre agli aspetti fisici e mentali, il Jiu-Jitsu brasiliano può anche fornire una serie di ulteriori benefici alle vittime di bullismo:

Abilità sociali:

- Comunità di sostegno: le lezioni di Jiu-Jitsu brasiliano spesso assumono la forma di allenamenti di gruppo in cui gli studenti socializzano e interagiscono tra loro. Ciò crea un ambiente di sostegno e solidarietà in cui le vittime del bullismo possono sentirsi parte di una comunità che le comprende e le sostiene.

- Migliorare le abilità sociali: attraverso la formazione, le vittime di bullismo possono imparare a interagire in modo efficace con gli altri membri del gruppo, sviluppando capacità comunicative e cooperative. Ciò può aiutarli a rafforzare i legami con le persone che li circondano e a sentirsi più sicuri nelle situazioni sociali.

Effetto psicologico:

- Alleviare lo stress e la tensione: gli esercizi di Jiu-Jitsu brasiliano possono aiutare le vittime di bullismo ad affrontare lo stress e la tensione che potrebbero provare a causa della dominazione dei bulli. Ciò è dovuto al rilascio di endorfine durante l'attività fisica, che aiuta a migliorare l'umore e a ridurre i livelli di stress.

- Aumento dell'autostima e della fiducia: superare situazioni difficili nell'allenamento del Jiu-Jitsu brasiliano, in particolare apprendere nuove abilità e raggiungere obiettivi, può migliorare significativamente l'autostima delle vittime di bullismo. Questo a sua volta può aiutarli a sviluppare fiducia in se stessi e nelle proprie capacità.

Il Jiu-Jitsu brasiliano non solo aiuta le vittime del bullismo a sviluppare forza fisica e capacità di autodifesa, ma promuove anche la formazione di connessioni sociali positive, sollievo dallo stress e miglioramento del benessere psicologico. Pertanto, si tratta di un mezzo di assistenza completo ed efficace per coloro che affrontano problemi di bullismo.

Il Jiu-Jitsu brasiliano è noto per le sue tecniche di combattimento a terra e di sottomissione. Questo sport è particolarmente utile per le situazioni in cui la lotta va a terra.

Il Jiu-Jitsu brasiliano (BJJ) è una forma di arte marziale che si distingue per la sua enfasi sul combattimento a terra e sulle tecniche di sottomissione. Sviluppatosi in Brasile, il BJJ è stato adattato dal jiu-jitsu e dal judo, con particolare attenzione alle tecniche efficaci per la presa e il controllo di un avversario a terra.

L'enfasi principale del BJJ è sulla lotta prona, in cui vengono utilizzate tecniche di presa e sottomissione per controllare e sconfiggere un avversario. Questo approccio rende il BJJ particolarmente utile in situazioni in cui il combattimento finisce a terra, che può essere una situazione comune nei combattimenti o negli attacchi.

Uno dei principali vantaggi del BJJ è che insegna tecniche che superano la forza fisica dell'avversario utilizzando tecnica e agilità. Ciò può essere particolarmente utile per le vittime di bullismo, che spesso subiscono violenza fisica o aggressione. Imparando il BJJ possono imparare a controllare e gestire una situazione anche se si trovano a terra o in una posizione svantaggiosa.

Il BJJ fornisce quindi uno strumento prezioso per le vittime di bullismo, aiutandole a sviluppare capacità di autodifesa e fiducia in se stesse, oltre a migliorare la loro forma fisica e mentale.

10. Capoeira: Capoeira è un'arte marziale brasiliana che combina elementi di danza, acrobazie e arti marziali. Può essere efficace in situazioni che richiedono reazioni rapide e flessibili.

La Capoeira, un'arte marziale brasiliana, ha la capacità unica di combinare gli aspetti fisici e mentali dell'allenamento. Per le vittime di bullismo, questo sport può essere un potente strumento per cambiare il proprio stato psicologico e la propria forma fisica.

La Capoeira sviluppa la flessibilità e la coordinazione del corpo. Ciò non è solo utile per migliorare le condizioni fisiche generali, ma aiuta anche le vittime di bullismo a diventare più preparate per le situazioni di conflitto in cui sono richieste risposte rapide e precise.

Inoltre, la pratica della capoeira aiuta a sviluppare la fiducia in se stessi. Gli studenti imparano non solo a eseguire movimenti complessi, ma anche a prendere decisioni in ambienti frenetici, il che rafforza la loro autostima e la capacità di agire efficacemente in situazioni stressanti.

È anche importante notare che la capoeira insegna il rispetto per il proprio partner e avversario. La formazione si svolge in un'atmosfera amichevole, dove ogni partecipante sostiene e aiuta l'altro. Ciò aiuta le vittime del bullismo a costruire relazioni positive con gli altri e a imparare a risolvere i conflitti pacificamente.

Pertanto, la capoeira non solo sviluppa le abilità fisiche, ma aiuta anche a costruire un carattere forte e sicuro di sé, che può essere la chiave per difendersi con successo da un aggressore e superare le conseguenze del bullismo.

La capoeira, oltre ai suoi benefici fisici e psicologici, presenta numerose altre caratteristiche che la rendono uno strumento prezioso per aiutare le vittime del bullismo.

Innanzitutto, la capoeira enfatizza l'interazione con il proprio avversario, ma allo stesso tempo pone grande enfasi sulla forza della comunità. La partecipazione alla formazione di capoeira di gruppo promuove la formazione di amicizie, che possono essere fonte di sostegno per le vittime di bullismo. Possono trovare in questa comunità comprensione, sostegno e motivazione per svilupparsi come individui e resistere all'aggressore.

In secondo luogo, la capoeira insegna i principi del rispetto e della tolleranza. Durante l'allenamento gli studenti apprendono non solo le tecniche di lotta, ma anche i principi del rispetto dell'avversario e dei suoi limiti personali. Questo è un aspetto importante per le vittime di bullismo, che potrebbero sentirsi insicure dei propri limiti e della propria autostima.

Infine, la capoeira promuove la consapevolezza del proprio corpo e delle sue capacità. Ciò consente alle vittime di bullismo di sentirsi più forti e più sicure e di acquisire un nuovo livello di consapevolezza di sé. Imparano ad ascoltare il proprio corpo, a fidarsi di esso e a utilizzare le sue risorse per proteggersi.

Tutti questi aspetti rendono la capoeira non solo uno sport, ma anche un potente strumento per cambiare lo stato mentale e fisico delle vittime di bullismo, aiutandole a diventare più forti, più sicure e capaci di contrastare l'aggressore.

La Capoeira combina elementi di danza, acrobazie e arti marziali. Ciò crea uno stile unico di autodifesa adatto a coloro che preferiscono reazioni rapide e flessibili.

La Capoeira è un'arte marziale brasiliana che combina in modo unico elementi di danza, acrobazie e tecniche di combattimento. Lo sport non è solo un metodo di difesa personale, ma anche una forma di espressione personale e un patrimonio culturale.

La Capoeira differisce dagli altri tipi di arti marziali in quanto prevede l'uso attivo di musica, ritmo e movimenti di danza. I praticanti di Capoeira sviluppano flessibilità, coordinazione e riflessi mentre padroneggiano movimenti complessi e imprese acrobatiche. Allo stesso tempo, la capoeira insegna tecniche di difesa e attacco, che la rendono un mezzo efficace di autodifesa in situazioni reali.

Per le vittime di bullismo, la capoeira può essere particolarmente utile perché lo sport sviluppa risposte rapide e flessibili alle situazioni. I praticanti imparano ad adattarsi rapidamente alle mutevoli condizioni e ad usare i loro movimenti per difendersi ed eludere gli attacchi. Inoltre, la capoeira promuove la fiducia in se stessi e l'autodisciplina, il che aiuta le vittime del bullismo a sentirsi più forti e più sicure nelle proprie capacità.

11. Wushu (Kung Fu): Wushu è un'arte marziale cinese che comprende una varietà di tecniche di colpire, bloccare, lanciare e persino l'uso di armi. Promuove lo sviluppo delle capacità fisiche e dell'autodifesa.

Wushu, o Kung Fu, è un profondo sistema di arti marziali che comprende non solo abilità fisiche, ma anche aspetti spirituali e filosofici. Questo sport può avere un impatto significativo sulle vittime del bullismo, aiutandole a cambiare sia mentalmente che fisicamente.

Uno degli aspetti chiave del Wushu è la sua filosofia di auto-miglioramento. La pratica del Wushu aiuta a sviluppare forza di volontà, resistenza e fiducia in se stessi, aspetti particolarmente importanti per le vittime di bullismo. Il Wushu insegna ai suoi praticanti a controllare le proprie emozioni, a prendere decisioni in situazioni stressanti e a sviluppare una forza interiore che li aiuta a resistere all'aggressività.

Un aspetto importante del Wushu è anche l'enfasi sull'autodifesa. I praticanti di questo tipo di arti marziali sono addestrati in varie tecniche e tecniche che possono essere utili in situazioni di conflitto e attacco. Ciò offre alle vittime di bullismo l'opportunità di imparare a difendersi e a combattere il bullo, aumentando la loro autostima.

Inoltre, Wushu insegna ai praticanti a sviluppare flessibilità, coordinazione ed equilibrio, che sono essenziali per un'efficace autodifesa e per la prevenzione degli infortuni. Praticare Wushu migliora anche la salute fisica generale, il che può aiutare le vittime di bullismo a sentirsi più sicure e forti.

Pertanto, il Wushu non è solo un mezzo di allenamento fisico, ma anche un potente strumento per cambiare lo stato mentale delle vittime di bullismo. La pratica di questo sport può aiutarli a sviluppare fiducia, autocontrollo e capacità di autodifesa, che permetteranno loro di smettere di essere vittime di aggressioni e di reagire contro l'aggressore.

Il Wushu, oltre ai benefici fisici e psicologici, promuove anche lo sviluppo delle capacità interpersonali, che possono essere particolarmente utili per le vittime di bullismo. La pratica di questa arte marziale prevede solitamente il lavoro in coppia o in gruppo, dove i praticanti imparano a cooperare, comunicare e risolvere i conflitti.

Il Wushu insegna ai suoi praticanti non solo le tecniche di combattimento, ma anche principi e valori etici. Attraverso la formazione, gli studenti imparano il rispetto per i loro partner, la tolleranza delle differenze e la comprensione dell'importanza dell'autocontrollo e della risoluzione pacifica dei conflitti.

Questo aspetto del Wushu è particolarmente importante per le vittime di bullismo, poiché le aiuta a sviluppare l'intelligenza emotiva e la capacità di interagire efficacemente con gli altri. Di conseguenza, possono imparare a costruire relazioni sane con gli altri, stabilire limiti e far valere i propri diritti senza usare la violenza.

Inoltre, Wushu insegna ai praticanti anche a controllare la paura e lo stress in situazioni stressanti. Ciò consente alle vittime di bullismo di affrontare ed elaborare eventi traumatici senza eccessivo stress o panico.

Pertanto, praticare il wushu per le vittime di bullismo non solo le aiuta a sviluppare forza fisica e capacità di autodifesa, ma le aiuta anche a sviluppare resilienza mentale ed emotiva, oltre a migliorare le relazioni interpersonali. Queste abilità possono essere fondamentali per passare dall'essere una vittima alla partecipazione attiva nella propria difesa e prevenire ulteriori atti di bullismo.

Wushu (Kung Fu) è un'arte marziale cinese diversificata che comprende vari stili e tecniche di colpire, bloccare e lanciare.

Wushu (Kung Fu) è un'arte marziale cinese diversificata che combina molti stili diversi, tecniche di colpo, parata e lancio. Questo sport è caratterizzato dalla sua versatilità e da profonde radici storiche che risalgono a secoli fa.

Il Wushu è una delle arti marziali e delle discipline sportive più diverse al mondo. I suoi stili e metodi possono variare notevolmente a seconda della regione, della scuola e della tradizione. Nel Wushu puoi trovare sia colpi e blocchi potenti, sia movimenti aggraziati e aggraziati, e questi elementi possono essere combinati in un sistema armonioso di abilità di combattimento.

Per le vittime di bullismo, il Wushu può essere molto utile poiché lo sport sviluppa forza fisica, flessibilità, coordinazione e riflessi. La pratica del Wushu aiuta anche a sviluppare l'autodisciplina, la concentrazione e l'attenzione, che possono aiutare le vittime di bullismo a migliorare la propria autostima e la capacità di affrontare situazioni aggressive. Inoltre, il Wushu insegna il rispetto per se stessi e per gli altri, che è un aspetto importante nel processo di superamento delle conseguenze del bullismo e nello sviluppo di relazioni positive con gli altri.

12. Krav Maga: il Krav Maga è un sistema di combattimento ravvicinato israeliano che enfatizza l'efficacia dell'autodifesa nelle situazioni della vita reale. Comprende tecniche per difendersi da colpi, strangolamenti e scenari di attacco.

Il Krav Maga non è solo un sistema di arti marziali, è una metodologia di allenamento completa volta a sviluppare abilità pratiche nell'autodifesa e nella gestione di situazioni stressanti. Nel contesto della lotta al bullismo, il Krav Maga presenta numerosi vantaggi e può essere un potente strumento per le vittime.

La prima cosa che rende importante il Krav Maga per le vittime di bullismo è insegnare vere e proprie abilità di difesa personale. La pratica di questo sport insegnerà alla vittima tecniche efficaci per respingere gli attacchi, difendersi dai colpi, nonché tecniche di soffocamento e presa. Ciò consentirà alla vittima del bullismo di sentirsi più sicura e protetta in caso di situazione di conflitto.

Inoltre, l'allenamento del Krav Maga include spesso scenari di attacco, che aiutano i praticanti a sviluppare la loro risposta a situazioni stressanti. Ciò è particolarmente importante per le vittime di bullismo, che potrebbero soffrire di disturbo da stress post-traumatico o avere una bassa autostima a causa di esperienze negative passate.

Un aspetto importante del Krav Maga è anche l'attenzione all'efficacia nelle situazioni della vita reale. A differenza di altre forme di arti marziali, che possono essere focalizzate sulla forma e sulla tecnica, il Krav Maga è progettato per insegnare abilità pratiche che possono essere utilizzate nel mondo reale. Ciò lo rende particolarmente utile per le vittime di bullismo che necessitano di rimedi rapidi ed efficaci.

In questo modo, il Krav Maga può aiutare le vittime del bullismo a cambiare sia fisicamente che mentalmente. Insegnando abilità pratiche per l'autodifesa, la gestione di situazioni stressanti e l'aumento della fiducia in se stessi, questo sport può aiutare una vittima di bullismo a smettere di essere una vittima e diventare capace di combattere il bullo.

Ulteriori informazioni sul Krav Maga per le vittime di bullismo sono il suo metodo di lavoro con lo stato emotivo. Nel processo di allenamento del Krav Maga, viene prestata attenzione non solo all'allenamento fisico, ma anche al rafforzamento della stabilità mentale.

Le vittime di bullismo spesso sperimentano stress, ansia e bassa autostima a causa dell'esposizione a lungo termine all'aggressione. Il Krav Maga aiuta a superare queste emozioni negative, dato che un'autodifesa efficace dipende in gran parte dalla fiducia e dalla capacità di controllare le proprie emozioni in situazioni stressanti.

La formazione Krav Maga insegna agli studenti tecniche di respirazione e rilassamento per aiutare a gestire lo stress e migliorare la concentrazione. Ciò consente alle vittime del bullismo di sentirsi più equilibrate e di avere il controllo nelle situazioni di conflitto.

Inoltre, l'allenamento del Krav Maga aiuta a sviluppare forza di volontà e fiducia in se stessi. Le vittime del bullismo, imparando questo sport, iniziano gradualmente a realizzare la propria forza e capacità di resistere all'aggressione. Questo li aiuta a cambiare la loro mentalità interiore da "vittima" a "combattente", il che è fondamentale per superare il bullismo.

Pertanto, il Krav Maga non solo insegna tecniche efficaci di autodifesa, ma aiuta anche le vittime di bullismo a rafforzare la loro resilienza emotiva, fiducia e forza di volontà, rendendolo uno strumento prezioso per combattere l'aggressività e cambiare lo stato mentale delle vittime.

Il Krav Maga è un sistema di combattimento ravvicinato israeliano incentrato sull'autodifesa efficace in situazioni di vita reale. Comprende tecniche per difendersi da colpi e strangolamenti.

Il Krav Maga è un sistema di combattimento ravvicinato israeliano progettato per un'efficace autodifesa in situazioni di vita reale. Questo sport si distingue per il suo pragmatismo e la facilità di apprendimento, rendendolo accessibile a una vasta gamma di persone.

Lo scopo principale del Krav Maga è insegnare alle persone metodi efficaci per difendersi dagli attacchi, indipendentemente dalla loro forma fisica o età. Il programma di formazione comprende tecniche di protezione dai colpi, tecniche di soffocamento, nonché metodi per controllare e neutralizzare l'aggressore.

Per le vittime di bullismo, le lezioni di Krav Maga possono essere particolarmente utili perché lo sport insegna non solo l'autodifesa fisica, ma sviluppa anche la forza mentale e la fiducia in se stessi. Attraverso la formazione sul Krav Maga, le vittime di bullismo possono imparare a rispondere efficacemente a situazioni aggressive, migliorare la propria sicurezza e imparare a gestire lo stress in situazioni stressanti.

Inoltre, il Krav Maga non richiede un allenamento fisico particolare, rendendolo accessibile a una vasta gamma di persone, compresi coloro che non hanno esperienza nello sport o nelle arti marziali. Ciò rende facile per le vittime di bullismo partecipare alla formazione e iniziare a sviluppare le proprie capacità di autodifesa e fiducia.

13. Aerobica e fitness: sebbene l'aerobica e il fitness non siano forme dirette di arti marziali, possono aiutare a migliorare la forma fisica, aumentare i livelli di fiducia e sviluppare capacità di autocontrollo. Può anche essere utile per mantenere la salute e la forma fisica generali.

L'aerobica e il fitness, sebbene non direttamente correlati alle arti marziali, possono essere molto utili per le vittime di bullismo sia sotto gli aspetti fisici che psicologici. Cominciamo con il fisico. Le lezioni regolari di aerobica e fitness aiutano a rafforzare i muscoli, aumentare la resistenza e migliorare la salute generale. Ciò può essere particolarmente utile per le vittime di bullismo che potrebbero essere fisicamente deboli o sentirsi vulnerabili a causa della mancanza di forma fisica.

È anche importante notare che l'aerobica e il fitness possono aiutare a migliorare l'autostima e la fiducia. L'esercizio fisico regolare ti aiuta a sviluppare un senso di dignità e controllo sul tuo corpo. Ciò può essere particolarmente importante per le vittime di bullismo, che potrebbero sentirsi impotenti o indegne a causa degli effetti psicologici del bullismo.

Inoltre, l'aerobica e il fitness possono aiutare a sviluppare capacità di autocontrollo e autoregolamentazione, importanti per un'autodifesa efficace. Migliorare la coordinazione motoria, l'equilibrio e la reazione alle situazioni può fornire alla vittima di bullismo gli strumenti necessari per rispondere efficacemente al bullo. In definitiva, la fiducia in se stessi e la capacità di rispondere efficacemente alle situazioni stressanti possono aiutare le vittime di bullismo a smettere di sentirsi indifese e a diventare capaci di reagire contro l'aggressore.

Inoltre, l'aerobica e il fitness possono promuovere non solo il benessere fisico ma anche quello emotivo delle vittime di bullismo. L'esercizio fisico regolare può aiutare a ridurre lo stress e l'ansia che spesso sperimentano le vittime di bullismo. L'attività fisica rilascia endorfine, analgesici naturali e antidepressivi, che possono migliorare l'umore e il benessere mentale generale.

Inoltre, la partecipazione a lezioni di gruppo di aerobica e fitness può aiutare le vittime di bullismo a sentirsi parte di una comunità, ottenere sostegno da altri partecipanti e costruire nuove connessioni sociali. Ciò è particolarmente importante dato che il bullismo spesso porta all'isolamento sociale e a sentimenti di solitudine.

Inoltre, l'aerobica e il fitness possono aiutare le vittime di bullismo ad apprendere strategie di gestione dei conflitti e a sviluppare capacità di comunicazione. Attraverso la formazione, i partecipanti possono imparare a risolvere problemi, lavorare in squadra e interagire efficacemente con gli altri, il che può essere utile per risolvere i conflitti e prevenire ulteriori episodi di bullismo.

Pertanto, l'aerobica e il fitness non solo aiutano a migliorare la forma fisica, ma svolgono anche un ruolo importante nel supporto psicologico e nell'adattamento sociale delle vittime di bullismo. Il coinvolgimento in questi sport può aiutarli non solo a superare gli effetti negativi del bullismo, ma anche a diventare più forti, più sicuri e più capaci di affrontare le sfide della vita quotidiana.

Questi sport hanno le loro caratteristiche e vantaggi, ma possono essere tutti imparati in tempi relativamente brevi e aiutano la vittima di bullismo a sviluppare capacità di autodifesa e sicurezza.

Ognuno di questi sport ha le sue caratteristiche e applicazioni uniche. La scelta di un particolare sport può dipendere dagli obiettivi, dalla forma fisica e dalle preferenze di ciascuna persona. Ad esempio, per chi vuole imparare tecniche di percussione e parata, la boxe o il karate possono essere opzioni adatte, mentre per chi preferisce.

È importante sceglierne uno che si adatti alle tue preferenze. Questi sport hanno caratteristiche diverse e si adattano a diversi tipi di personalità. La scelta dello sport giusto dipende dai tuoi obiettivi, dalle capacità fisiche e, ovviamente, dalle preferenze. È importante sceglierne uno che ti motivi e ti ispiri a raggiungere il successo personale nella lotta al bullismo.

❖ · ❖ · ❖ · ❖ · ❖ · ❖ · ❖ · ❖ · ❖ · ❖ · ❖ · ❖ · ❖ · ❖ · ❖

Capitolo 11.
Gli strumenti di autodifesa sono intorno a te.

La Dichiarazione Universale dei Diritti Umani, adottata dall'Assemblea Generale delle Nazioni Unite nel 1948, è un documento internazionale riconosciuto e applicato in molti paesi sviluppati. Sancisce i diritti umani e le libertà fondamentali, compreso il diritto alla vita, la libertà dalla violenza e dalla detenzione arbitraria e il diritto alla protezione.

Questi diritti forniscono la base per leggi e politiche in vari paesi, compreso il diritto all'autodifesa in caso di minaccia alla vita o all'incolumità fisica. In questo contesto, il concetto di legittima difesa è considerato nel quadro della legislazione e delle norme legali che determinano i metodi e i metodi di protezione consentiti, nonché le restrizioni e le responsabilità per il loro utilizzo.

Pertanto, nei paesi sviluppati, le leggi sull'autodifesa si basano solitamente sui principi sanciti dalla Dichiarazione universale dei diritti umani, nonché su ulteriori leggi nazionali e regionali che garantiscono la protezione e la sicurezza dei cittadini. Secondo tale documento, il diritto alla legittima difesa è sancito dall'art. 3, che recita: "Ogni individuo ha diritto alla vita, alla libertà e alla sicurezza della propria persona".

Questo articolo è uno dei principi fondamentali su cui si fondano i diritti umani. Afferma che ogni persona ha il diritto di proteggere la propria vita e la libertà dalla violenza e dalle minacce.

Oltre alla Dichiarazione Universale dei Diritti Umani, paesi diversi possono avere leggi e regolamenti diversi riguardanti il diritto all'autodifesa. Queste leggi possono variare a seconda della giurisdizione e delle circostanze, ma il principio generale rimane lo stesso: una persona ha diritto alla protezione della propria vita e integrità personale.

Secondo i documenti internazionali sui diritti umani, ogni persona ha il diritto all'autodifesa in caso di minaccia alla sua vita o alla sua salute.

Questo diritto non è limitato a determinati metodi o mezzi, ma copre tutte le possibilità di protezione disponibili.

È necessario insegnare al bambino che quando si tratta di autodifesa, il bambino deve capire che una persona ha il diritto di utilizzare qualsiasi oggetto disponibile intorno a lui per garantire la sua sicurezza. Che si tratti di chiavi, penne, matite o anche di oggetti di uso quotidiano come una borsa o una sedia, in determinate situazioni possono rappresentare un efficace mezzo di protezione.

Le chiavi possono essere utilizzate ad esempio per colpire un aggressore negli occhi o nella zona del viso, nonché per proteggere il proprio corpo. Una penna o una matita possono diventare un'arma improvvisata per colpire la gola o altri punti vulnerabili. La borsa può essere utilizzata per creare una barriera tra l'aggressore e la vittima, nonché per deviare i colpi o proteggere la testa.

È importante capire che l'autodifesa non significa sempre resistenza fisica. A volte anche evitare il pericolo o chiedere aiuto sono metodi di difesa efficaci. Ogni persona ha diritto alla sicurezza e alla protezione e l'utilizzo dei mezzi disponibili per proteggersi è una decisione legale e ragionevole in una situazione di minaccia.

Prima di utilizzare metodi di autodifesa attiva, è importante fare tutto il possibile per evitare conflitti. Ciò potrebbe includere allontanarsi dal pericolo, chiedere aiuto o persino provare a risolvere la situazione verbalmente. Tuttavia, se il conflitto non può essere evitato e la vita o la salute di una persona sono in pericolo, questa ha diritto alla protezione.

Per proteggersi, una persona può utilizzare vari metodi, incluso l'uso di oggetti ambientali disponibili o abilità di arti marziali, se disponibili. È importante ricordare che l'obiettivo dell'autodifesa non è causare danni, ma proteggere la propria vita e salute. Pertanto, è importante non superare il livello di autodifesa e utilizzare solo i mezzi necessari per neutralizzare la minaccia.

Se possibile, l'obiettivo dovrebbe essere quello di neutralizzare l'aggressore e prevenire ulteriori violenze, piuttosto che infliggergli un danno grave. In caso di riuscita difesa e neutralizzazione della minaccia, si raccomanda di chiedere immediatamente aiuto alle forze dell'ordine e di trasferire la situazione nelle loro mani per ulteriori indagini.

È importante ricordare che l'autodifesa non è solo un modo legittimo per proteggersi in caso di minaccia, ma anche un mezzo importante per ripristinare un senso di fiducia e sicurezza. Per molte vittime di aggressioni e bullismo, l'idea di proteggersi può sembrare spaventosa e confusa, soprattutto se si sentono vulnerabili e insicure delle proprie capacità. Tuttavia, comprendere che hanno le risorse e la capacità per difendersi può aumentare notevolmente il loro senso di controllo sulla situazione e ridurre la paura dell'aggressore.

Fino a quando il bambino non acquisisce le competenze necessarie dalla pratica degli sport da combattimento per la piena autodifesa, che è stata scelta per se stesso, l'uso degli oggetti circostanti per proteggersi è uno dei metodi che possono essere a disposizione di tutti. Questo approccio consente a una persona di utilizzare ciò che ha a portata di mano per sentirsi più sicura in caso di attacco. Ad esempio, una matita, delle chiavi, una penna o una borsa possono essere strumenti efficaci per l'autodifesa in una situazione critica.

È importante ricordare che l'autodifesa non significa sempre resistenza fisica. A volte semplicemente essere in grado di valutare il pericolo, evitare conflitti e usare il proprio ingegno e il proprio giudizio può essere la migliore difesa. Tuttavia, quando la situazione diventa minacciosa, sapere come utilizzare l'ambiente circostante per proteggersi può essere fondamentale per rimanere al sicuro.

Pertanto, è importante apprendere le abilità di autodifesa, compreso l'uso degli oggetti circostanti per proteggersi. Ciò non solo aumenta la fiducia in se stessi, ma crea anche una sensazione di controllo sul proprio destino. Inoltre, aiuta a comprendere che ogni persona ha diritto alla protezione e alla sicurezza e che il ricorso alla legittima difesa è qualcosa di del tutto normale e legale.

Quando parliamo dei principi dell'autodifesa, è importante capire che non si tratta solo di un insieme di tecniche o esercizi fisici. Si tratta di un approccio globale per mantenere la propria sicurezza, che comprende sia aspetti fisici che psicologici. Per tuo figlio, vittima di bullismo che può sentirsi vulnerabile e insicuro di se stesso, conoscere i principi di base dell'autodifesa può essere un potente strumento per aumentare la fiducia e ridurre la paura del bullo.

Idealmente, leggilo a tuo figlio o daglielo in modo che il bambino stesso possa leggere queste istruzioni, che torneranno utili nei momenti di pericolo:

1. Consapevolezza della situazione: il primo e più importante passo nell'autodifesa è la consapevolezza della situazione. Ciò significa essere consapevoli di ciò che ci circonda, rilevare potenziali minacce e valutare i possibili rischi. Per evitare il pericolo, devi essere attento e vigile, anche se la situazione sembra sicura.

La consapevolezza della situazione è la pietra angolare per un'autodifesa efficace, soprattutto per coloro che sperimentano paura e incertezza. Quando parliamo di vittime di aggressione, che possono essere estremamente sensibili e insicure, è importante capire che la consapevolezza della situazione dà il controllo sulla propria sicurezza.

Innanzitutto, la consapevolezza della situazione significa essere attenti a ciò che ci circonda anche in quei momenti in cui sembra che non stia accadendo nulla di pericoloso. Ciò non significa essere paranoici o aspettarsi costantemente una minaccia, ma piuttosto essere consapevoli di ciò che ci circonda ed essere in grado di riconoscere potenziali pericoli.

Per coloro che hanno paura del bullo o si sentono insicuri, la consapevolezza della situazione può essere un mezzo per riconquistare un senso di controllo. Quando un bambino è consapevole di ciò che accade intorno a lui, può valutare meglio i possibili rischi e adottare le misure necessarie per garantire la sua sicurezza.

Dà inoltre al bambino l'opportunità di agire in modo proattivo piuttosto che reagire a una minaccia all'ultimo momento. Quando tuo figlio è a conoscenza della situazione in anticipo, puoi sviluppare un piano d'azione ed essere preparato a qualsiasi possibile minaccia. Ciò aiuta a ridurre lo stress e l'ansia che possono sorgere in situazioni di conflitto o pericolo.

E, soprattutto, la consapevolezza della situazione consente di controllare il proprio comportamento e le proprie reazioni. Ciò ti consente di prendere decisioni informate in base alla valutazione del rischio e alla comprensione dei tuoi punti di forza e capacità. Ciò può essere particolarmente importante per coloro che sperimentano paura o incertezza, poiché dà loro un senso di fiducia e controllo in situazioni che possono sembrare minacciose o pericolose.

2. Prevenzione dei conflitti: è importante essere in grado di prevenire i conflitti, se possibile. Ciò può includere l'uso della comunicazione non verbale, l'evitare il confronto e l'imparare ad esprimere in modo assertivo i propri confini e a rifiutare situazioni che sembrano pericolose o minacciose.

La prevenzione dei conflitti è un potente mezzo di autodifesa, soprattutto per coloro che soffrono di sentimenti di impotenza e paura dell'aggressore. Anche il più piccolo conflitto può portare a gravi conseguenze, quindi è importante poterli evitare quando possibile.

Per coloro che provano sentimenti di impotenza e incertezza, la prevenzione dei conflitti offre l'opportunità di prendere il controllo della situazione prima che sfugga di mano. Ciò può essere particolarmente utile in situazioni in cui l'aggressore sta cercando di provocare o provocare un conflitto. La capacità di riconoscere i segnali di crescente tensione e prevenirne l'escalation può salvarti da conseguenze negative.

Un modo per prevenire i conflitti è utilizzare la comunicazione non verbale. Segnali non verbali come una camminata sicura, uno sguardo diretto ed espressioni facciali calme possono inviare un chiaro messaggio di fiducia e intenzione. Questo può aiutare a prevenire i conflitti mostrando all'aggressore che non cederai alle sue provocazioni.

Inoltre, imparare ad allontanarsi dal confronto e trovare modi persuasivi per esprimere limiti e rifiuti è importante per coloro che si sentono vulnerabili di fronte a un aggressore. Sapere come rifiutare la partecipazione a una situazione pericolosa o minacciosa, senza usare aggressività o violenza, aiuta a mantenere la propria dignità e sicurezza.

L'evitamento dei conflitti può anche comportare l'imparare a scegliere luoghi e situazioni più sicuri per se stessi, evitando situazioni potenzialmente pericolose. Ciò può includere la scelta di aree affollate, aree pubbliche ben illuminate o aree sicure.

3. Evitare il pericolo: se una situazione diventa minacciosa o pericolosa, è importante sapere come sfuggire al pericolo. Ciò può comportare lo spostamento rapido e sicuro in un luogo sicuro, l'utilizzo dell'ambiente come copertura o semplicemente l'allontanamento da una persona o da un luogo potenzialmente pericoloso.

Evitare il pericolo è un aspetto importante dell'autodifesa, soprattutto per coloro che soffrono di sentimenti di impotenza e paura nei confronti di un aggressore. Quando una situazione inizia a minacciare la sicurezza di un bambino, la capacità di rispondere rapidamente e allontanarsi dal pericolo può salvarlo da gravi conseguenze.

Per coloro che si sentono vulnerabili di fronte a un aggressore, è importante riconoscere che allontanarsi dal pericolo non significa scappare o essere deboli, ma piuttosto una strategia per preservare la propria sicurezza e il proprio benessere. La capacità di valutare rapidamente una situazione e decidere il modo migliore per allontanarsi da una minaccia dimostra autodifesa personale e fiducia in se stessi.

È importante sapere come utilizzare l'ambiente come mezzo di rifugio o protezione. Potrebbe trattarsi di qualsiasi cosa, dal cercare rifugio in mezzo a una folla di persone al cercare rifugio dietro le barriere o negli edifici. La capacità di trovare e utilizzare rapidamente un luogo sicuro può aiutarti a evitare il pericolo e prevenire l'aggressione.

Inoltre, evitare il pericolo può significare semplicemente allontanarsi da un luogo pericoloso o da una minaccia. Ciò può significare spostarsi rapidamente in un altro luogo o anche semplicemente allontanarsi da un luogo in cui la situazione inizia a minacciare la sicurezza personale . È importante ricordare che evitare il pericolo non è un segno di debolezza, ma piuttosto un segno di preoccupazione per la propria sicurezza e il proprio benessere.

4. Protezione fisica: se non è possibile sfuggire al pericolo, a volte è necessario utilizzare la protezione fisica. Tuttavia, questa dovrebbe essere l'ultima risorsa e utilizzata solo quando assolutamente necessario. È importante usare solo la forza necessaria per neutralizzare la minaccia e cercare immediatamente aiuto il prima possibile.

La difesa fisica è l'ultima risorsa quando altri metodi di autodifesa si sono rivelati inefficaci o non disponibili. Per molte persone, soprattutto quelle che soffrono di sentimenti di impotenza e incertezza, l'idea di usare la forza fisica può causare paura e dubbi. Tuttavia, è importante capire che l'uso della protezione fisica dovrebbe essere limitato alle situazioni in cui la minaccia diventa immediata e schiacciante.

Per le vittime di aggressione che si sentono vulnerabili e hanno paura di usare la forza fisica, è importante rendersi conto che lo scopo della difesa fisica non è danneggiare l'aggressore, ma neutralizzare la minaccia e garantire la propria sicurezza. Ciò significa utilizzare la forza minima necessaria per fermare l'attacco e cercare immediatamente aiuto.

Quando si utilizza la difesa fisica, è importante rimanere calmi e concentrati. Spesso la reazione ad una situazione stressante può essere imprevedibile, per questo è importante apprendere tecniche di autodifesa che permettano di mantenere la calma e prendere decisioni basate su azioni razionali piuttosto che sulle emozioni.

È inoltre importante ricordare che l'uso della forza fisica deve essere proporzionato alla minaccia. Ciò significa che l'uso della forza deve essere commisurato al livello di minaccia e non deve superare il livello necessario per fermare l'attacco. Una volta neutralizzata la minaccia, è importante cercare immediatamente aiuto e fornire tutte le prove necessarie dell'accaduto.

5. Preparazione psicologica: infine, è estremamente importante essere preparati mentalmente per la situazione. Ciò include avere fiducia nelle proprie capacità, conoscere i propri diritti ed essere in grado di rispondere efficacemente a situazioni stressanti. La preparazione mentale comprende anche la capacità di rimanere calmi e lucidi in situazioni stressanti, il che consente di prendere decisioni ponderate ed efficaci.

La preparazione psicologica gioca un ruolo cruciale nella capacità di affrontare una situazione aggressiva. Per le vittime di bullismo che possono sentirsi deboli o insicure, la formazione psicologica diventa uno strumento importante per migliorare l'autostima e aumentare la fiducia in se stessi.

Innanzitutto, la preparazione psicologica include la fiducia in se stessi. Ciò significa comprendere le proprie capacità ed essere pronti ad agire in caso di minaccia. Le vittime di bullismo possono trarre beneficio da corsi di formazione o consulenza sull'autodifesa per aiutarle a sviluppare fiducia nelle proprie capacità e ad aumentare il senso di autostima.

In secondo luogo, la preparazione psicologica implica la conoscenza dei propri diritti. Molte vittime di bullismo potrebbero non conoscere i propri diritti o non avere esperienza nella ricerca di aiuto. Pertanto, è importante informarsi sui propri diritti e sapere come utilizzarli in modo efficace per proteggersi.

Inoltre, la preparazione psicologica comprende la capacità di rispondere efficacemente alle situazioni stressanti. Le vittime di bullismo possono provare forti emozioni e stress durante i conflitti e imparare a controllare le proprie emozioni e rimanere calmi può aiutarle a prendere decisioni ponderate ed efficaci.

È anche importante imparare a rimanere calmi e lucidi in situazioni stressanti. Ciò aiuterà le vittime del bullismo a prendere decisioni ponderate e razionali piuttosto che agire spinte dalle emozioni o dalla paura. Praticare regolarmente la meditazione, la respirazione profonda o altre tecniche di rilassamento può aiutarti a migliorare la tua capacità di rimanere calmo in situazioni stressanti.

Comprendere questi principi di autodifesa può aiutare le vittime di bullismo a sentirsi più sicure e preparate a gestire una varietà di situazioni. Ciò dà loro la capacità di controllare la propria sicurezza e di adottare misure efficaci per proteggersi in caso di minaccia.

La pratica di utilizzare oggetti di uso quotidiano per la difesa personale può essere molto utile per chi è stato vittima di un'aggressione. Ciò offre l'opportunità di imparare come utilizzare in modo efficace e sicuro i vari oggetti che potrebbero essere disponibili in caso di conflitto o attacco.

Esercitarsi con diversi oggetti nell'ambiente aiuta anche a sviluppare fiducia nelle proprie capacità e ad aumentare il senso di controllo sulla situazione. Quando una persona sa che può usare oggetti comuni per proteggersi, si sente più sicura e in grado di affrontare un potenziale pericolo.

Pertanto, è importante esercitarsi regolarmente con vari oggetti ambientali, condurre simulazioni di situazioni di conflitto e imparare a usarli in modo efficace. Ciò aiuterà non solo ad acquisire le necessarie capacità di autodifesa, ma anche a prepararsi a possibili minacce e ad aumentare la fiducia in se stessi.

Autodifesa utilizzando oggetti di uso quotidiano:

I - Matita/penna:

- Colpire i punti vulnerabili: è possibile utilizzare una matita o una penna per colpire i punti vulnerabili del corpo dell'aggressore, come gli occhi, il naso, la gola, la clavicola e l'inguine. Ad esempio, quando attacchi, puoi colpire l'attaccante negli occhi o nella gola con una matita per indebolire il suo attacco e creare un'opportunità di fuga.

- Bloccare i colpi: è possibile utilizzare anche una matita o una penna per bloccare i colpi diretti verso la vittima. Ad esempio, una persona può utilizzare una maniglia per proteggere la propria testa sollevandola davanti a sé durante un attacco per evitare un colpo.

- Mantenimento della distanza: è possibile utilizzare una matita o una penna per creare una distanza tra la vittima e l'aggressore. Una persona può allungare la mano con una matita o una penna davanti a sé per respingere un aggressore o creare un ostacolo temporaneo tra sé e l'aggressore.

- Richiesta di aiuto: in caso di attacco è possibile utilizzare anche una matita o una penna per richiamare l'attenzione degli altri. La vittima può urlare o agitare una penna o una matita per attirare l'attenzione e aiutare.

Questi metodi possono essere efficaci per l'autodifesa in situazioni critiche e sono accessibili a quasi tutti, poiché di solito una matita o una penna sono a portata di mano. Tuttavia, è importante ricordare che l'uso di questi articoli per l'autodifesa dovrebbe essere limitato a situazioni critiche in cui non ci sono altre opzioni e l'obiettivo dovrebbe essere quello di creare un'opportunità di fuga e chiedere aiuto.

II - Borsa:

- Creare distanza: se ti trovi in una situazione in cui è necessario creare distanza con l'aggressore, la borsa può essere utilizzata come barriera temporanea. Puoi estendere la borsa davanti a te e usarla per spingere indietro il tuo aggressore e creare spazio per la ritirata .

- Deviare i pugni: il sacco può essere utilizzato anche per deviare i pugni. Puoi tenere la borsa davanti a te e usarla per bloccare i colpi di un attaccante. È importante cercare di ridurre i danni subiti finché non hai l'opportunità di scappare o chiedere aiuto.

- Utilizzo come arma: in casi estremi, quando non ci sono altre opzioni, la borsa può essere utilizzata come arma. Puoi colpire il tuo aggressore con un sacchetto o lanciarlo nella sua direzione per distrarlo e creare un'opportunità di fuga.

- Mantenimento della distanza: La borsa può essere utilizzata anche per mantenere la distanza durante gli spostamenti. Puoi tenere la borsa davanti a te e usarla per respingere un aggressore se tenta di avvicinarsi.

È importante ricordare che l'uso di una borsa per l'autodifesa dovrebbe essere limitato a situazioni critiche in cui non ci sono altre opzioni e l'obiettivo dovrebbe essere quello di creare un'opportunità di fuga e chiedere aiuto. Ricorda inoltre che la sicurezza viene prima di tutto e l'obiettivo è allontanarsi da una situazione pericolosa il più rapidamente possibile.

III - Chiavi:

- Colpire: puoi tenere i tasti tra le dita in modo che sporgano dal pugno e usarli per colpire i punti vulnerabili del corpo dell'aggressore, come gli occhi, il naso, la gola o l'inguine. Ciò può causare uno shock doloroso e rendere possibile la partenza.

- Difesa dagli attacchi: se un attaccante attacca da dietro o di lato, puoi usare i tasti per difenderti. Afferrando le chiavi con una presa salda, puoi usarle per colpire o colpire il tuo aggressore per distrarlo e creare un'opportunità di fuga.

- Impalamento: in situazioni estreme, quando la vita è a rischio, puoi provare a impalare o pugnalare l'aggressore con le chiavi. Questo deve essere fatto in una situazione critica, quando non ci sono altre opzioni e l'obiettivo è sopravvivere.

- Utilizzo come arma soffocante: se sei in combattimento ravvicinato con un aggressore, puoi usare i tasti per esercitare pressione sui punti sensibili del collo o della testa per indebolirlo e permettergli di scappare.

È importante ricordare che l'uso delle chiavi come arma di autodifesa dovrebbe essere l'ultima risorsa e dovrebbe essere utilizzato solo in situazioni estremamente pericolose quando non ci sono altre opzioni. L'obiettivo è creare un'opportunità per scappare e chiedere aiuto. Ricorda inoltre che la sicurezza viene prima di tutto e dovresti fare tutto il possibile per proteggerti in caso di attacco.

IV - Ombrelli:

- Deviare gli attacchi: l'ombrello può essere utilizzato per deviare gli attacchi di un attaccante. Puoi aprire rapidamente l'ombrello, tenendolo davanti a te, per deviare colpi con le mani o oggetti che potrebbero essere diretti verso di noi . Ciò potrebbe fornire ulteriore tempo per reagire o fuggire.

- Creare un rifugio temporaneo: in caso di attacco o aggressione, è possibile utilizzare gli ombrelli per creare un rifugio temporaneo. Puoi sollevare l'ombrello sopra di te o tenerlo davanti a te per creare una barriera tra te e il tuo aggressore. Questo può aiutarti a proteggerti dai colpi e darti il tempo di pianificare i tuoi prossimi passi.

- Utilizzo come arma: l'ombrello può essere utilizzato come arma improvvisata per respingere o attaccare un aggressore. Puoi usare la punta dell'ombrello per colpire i punti vulnerabili del corpo di un aggressore o per spaventarlo. Tuttavia, ricorda che l'uso dell'ombrello come arma dovrebbe essere l'ultima risorsa e utilizzato solo quando assolutamente necessario.

-Distrazione: Anche se l'ombrello non è un'arma potente, il suo utilizzo può distrarre l'attenzione dell'aggressore e permettergli di scappare o chiedere aiuto. Prendere un ombrello e presentarlo può indurre l'aggressore a riflettere e confonderlo per alcuni istanti, il che potrebbe essere sufficiente per permettergli di scappare in sicurezza.

È importante ricordare che l'uso di un ombrello per autodifesa deve essere effettuato con cautela e solo in situazioni estreme in cui è a rischio la vita o la sicurezza. L'obiettivo principale è proteggersi e chiedere aiuto.

V- Penna a sfera:

- Colpire i punti vulnerabili: una penna a sfera ha una punta che può essere utilizzata per colpire i punti vulnerabili del corpo di un aggressore. Ad esempio, un colpo può essere indirizzato agli occhi, al naso, alla gola, al mento o ad altre aree morbide e sensibili per causare dolore e compromissione temporanea delle funzioni dell'aggressore.

- Difesa dagli attacchi: se un aggressore si avvicina, puoi utilizzare una penna a sfera come arma improvvisata per respingere o deviare i suoi attacchi. Ad esempio, puoi fare un rapido movimento della maniglia verso l'attaccante per deviare il suo colpo o distrarre la sua attenzione.

- Usa come artiglio: se non puoi usare la punta dell'impugnatura per colpire, puoi usarla come artiglio per graffiare o afferrare il tuo aggressore.

Questo può anche essere un modo efficace per spaventare un aggressore e creare una barriera temporanea tra noi e l'aggressore .

- Utilizzo come arma di presa: se necessario, è possibile utilizzare una penna a sfera per eseguire tecniche di presa o di trattenimento su un aggressore. Ad esempio, puoi prendere una penna in mano e usarla per esercitare pressione su punti sensibili del corpo del tuo aggressore per costringerlo a lasciare andare la sua vittima o a perdere il controllo.

Indipendentemente dal metodo di utilizzo, è importante ricordare che la penna a sfera deve essere utilizzata solo quando è assolutamente necessario per proteggersi dagli attacchi. Questa è una misura di autodifesa di ultima istanza e dovrebbe essere utilizzata solo in caso di reale minaccia alla vita o alla sicurezza.

VI - Punti:

- Protezione degli occhi: gli occhiali possono servire come protezione temporanea per i nostri occhi in caso di attacco. Se un aggressore tenta di attaccarci al viso o alla testa, possiamo abbassare rapidamente la testa o premere gli occhiali sul viso per proteggere gli occhi dai colpi.

- Creazione di una distanza: i punti possono essere utilizzati per creare una distanza temporanea. Ad esempio, puoi toglierti rapidamente gli occhiali e lanciarli in direzione di un aggressore per distrarre la sua attenzione e creare un'opportunità di fuga.

- Utilizzo come arma: se gli occhiali hanno un bordo forte o affilato, possono essere usati come arma improvvisata. Ad esempio, puoi usare il bordo degli occhiali per colpire un aggressore in faccia o in altri punti vulnerabili per spaventarlo e dargli il tempo di scappare.

- Minaccia per l'attaccante: mostrare semplicemente i tuoi punti all'attaccante può fungere da minaccia e avvertire che sei pronto a difenderti. Ciò potrebbe indurlo a riflettere sulle sue azioni e darci il tempo di adottare misure di autoprotezione.

È importante ricordare che l'uso degli occhiali per l'autoprotezione dovrebbe essere l'ultima risorsa e dovrebbe essere utilizzato solo in caso di reale minaccia per la sicurezza. Inoltre, tieni presente che gli occhiali possono essere danneggiati durante l'autodifesa, quindi preparati a sostituirli dopo un incidente.

VII - Elettrodomestici:

- Impatto: molti elettrodomestici sono pesanti e abbastanza resistenti da poter essere utilizzati per l'impatto. Ad esempio, puoi prendere un asciugacapelli o un ferro da stiro e usarlo come un martello improvvisato per colpire l'aggressore. Ciò può causare dolore sufficiente a distrarre l'aggressore, dandogli il tempo di scappare o chiedere aiuto.

- Crea una barriera temporanea: alcuni articoli per la casa possono essere utilizzati per creare una barriera temporanea. Ad esempio, se è presente un forno a microonde o un bollitore elettrico, puoi posizionarlo sul percorso dell'aggressore per creare un ostacolo temporaneo e guadagnare tempo per scappare o chiedere aiuto.

- Utilizzo di fili: se gli oggetti domestici sono dotati di fili o corde elettriche, possono essere utilizzati per avvolgere le mani o creare un nodo primitivo per catturare o sottomettere un aggressore. Questo può aiutarti a controllare la situazione e a mantenerti al sicuro finché non arrivano i soccorsi.

- Schermatura improvvisata: alcuni oggetti domestici, come un ferro da stiro o un asciugacapelli, possono essere utilizzati per creare uno scudo temporaneo o un riparo dagli attacchi. Puoi usarli per proteggerti dall'essere colpito o attaccato finché non puoi agire o chiedere aiuto.

È importante ricordare che l'uso di articoli domestici per l'autodifesa dovrebbe essere l'ultima risorsa e dovrebbe essere utilizzato solo in caso di reale minaccia alla sicurezza. Inoltre, fai attenzione a garantire che l'uso di questi articoli sia conforme alle leggi della regione in cui ti trovi.

VIII - Abbigliamento:

- Crea copertura temporanea: se hai una giacca o un cappotto, puoi usarli per creare una copertura temporanea dagli attacchi. Ad esempio, puoi aprire la giacca e usarla come scudo per proteggerti da colpi o attacchi con armi. Ciò fornirà ulteriore tempo per valutare la situazione e decidere ulteriori azioni.

- Usare i vestiti come ostacolo: puoi anche usare i vestiti per creare un ostacolo temporaneo con il tuo aggressore. Ad esempio, puoi toglierti la giacca o la maglietta e lanciarla in faccia al tuo aggressore per confonderlo e dargli il tempo di scappare o chiedere aiuto.

- Protezione dallo strangolamento: alcuni capi di abbigliamento, come sciarpe o cinture, possono essere utilizzati per proteggersi dallo strangolamento. Se un aggressore sta cercando di soffocarci, potete utilizzare una sciarpa o una cintura per creare una barriera temporanea tra le sue mani e il nostro collo, che ci permetterà di liberarci o di controllare la situazione.

- Protezione improvvisata dagli urti: l'abbigliamento può anche servire come protezione improvvisata dagli urti o dai traumi contundenti. Ad esempio, puoi arrotolare una giacca o una maglietta e usarla come cuscino per assorbire gli urti o proteggerti da oggetti appuntiti.

Tuttavia, è importante ricordare che l'uso di indumenti autoprotettivi dovrebbe essere l'ultima risorsa e utilizzato solo quando assolutamente necessario. Essere consapevoli del fatto che l'uso di indumenti protettivi può essere temporaneo e potrebbe richiedere ulteriori azioni per garantire la sicurezza.

IX - Telefono cellulare:

- Colpo: Il cellulare può essere utilizzato per colpire in caso di attacco. Puoi prendere il telefono dalla custodia e usarlo come oggetto pesante per colpire l'aggressore. Tuttavia, ricorda che ciò può causare gravi danni, quindi dovresti utilizzare questo metodo solo come ultima risorsa quando non ci sono altre opzioni.

- Distrazione: in caso di attacco, puoi lanciare il telefono verso l'aggressore per distogliere la sua attenzione e dargli il tempo di scappare. Questo può darti secondi extra per chiedere aiuto o trovare un posto sicuro.

- Richiesta di aiuto: in caso di minaccia o attacco, un telefono cellulare consente di chiamare rapidamente aiuto. Puoi chiamare il 911 o la polizia per segnalare la situazione e richiedere assistenza.

- Registrare ciò che accade: il telefono cellulare può essere utilizzato anche per registrare ciò che accade. Puoi abilitare la registrazione video o audio sul telefono per acquisire i dettagli dell'attacco o della minaccia. Questa può essere una prova utile quando ci si rivolge alla polizia o al tribunale.

- Invio di messaggi di aiuto: se non puoi parlare al telefono, puoi inviare un SMS o utilizzare la funzione SOS del tuo cellulare per avvisare automaticamente i contatti della situazione e richiedere aiuto.

- Utilizzo del GPS: molti telefoni cellulari dispongono di una funzione GPS integrata che può aiutare i servizi di emergenza a determinare la tua posizione. Ciò è particolarmente utile se non riesci a individuare una posizione tramite telefono.

- Utilizzo delle app di sicurezza: esistono app di sicurezza mobile dedicate che ti consentono di inviare segnali di soccorso o chiedere aiuto con il semplice tocco di un pulsante. Queste app possono essere utili in caso di minaccia o attacco.

- Avviso di soccorso: se il tuo telefono ha la capacità di inviare un avviso di soccorso o chiedere aiuto con il semplice tocco di un pulsante, puoi utilizzare questa funzione in caso di minaccia o attacco. I programmi e le applicazioni di sicurezza sul mercato possono anche includere funzionalità per inviare automaticamente avvisi di soccorso in determinate condizioni.

- Allarme sonoro: alcune app mobili offrono una funzione di allarme sonoro che può essere utilizzata per attirare l'attenzione delle persone intorno a te in caso di attacco. Questo può aiutare ad attirare l'attenzione sulla situazione e chiedere aiuto.

Sebbene il cellulare possa essere un utile strumento di autoprotezione in determinate situazioni, è importante ricordare che la sicurezza personale dovrebbe essere l'obiettivo primario. Usa il tuo telefono per chiedere aiuto e metti al primo posto la tua sicurezza. È importante ricordare che il cellulare può essere un potente strumento di autoprotezione, ma deve anche essere utilizzato con saggezza e attenzione. Cerca di mantenere il telefono carico e accessibile quando necessario e fai attenzione alla posizione o all'ostruzione della visibilità dell'aggressore.

- Fuoco: se la situazione è critica e richiede l'uso del fuoco per autodifesa, puoi usare un accendino per creare il fuoco. Ad esempio, puoi dare fuoco a un lupo mannaro a un aggressore se ciò è necessario per proteggerlo.

È importante ricordare che l'uso di un accendino o di una chiavetta USB per autodifesa richiede cautela e deve essere giustificato dalla situazione. L'obiettivo è la sicurezza, quindi l'uso di questi articoli deve essere giustificato e considerato come ultima risorsa in una situazione critica.

XI - Sciarpa o cintura:

- Legare o immobilizzare l'aggressore: in una situazione critica, è possibile utilizzare una sciarpa o una cintura per legare le mani dell'aggressore, che lo immobilizzerà temporaneamente e creerà un'opportunità per scappare o chiedere aiuto.

- Creare una barriera temporanea: è possibile agitare una sciarpa o una cintura per creare una barriera temporanea tra l' aggressore . Ciò potrebbe consentire ulteriore tempo per valutare la situazione o intraprendere altre azioni di autoprotezione.

- Armi di autodifesa: in caso di attacco è possibile utilizzare una sciarpa o una cintura per colpire l'aggressore. Possono essere usati come petardi o, se abbastanza lunghi, come frusta per respingere un attacco e difendersi.

- Creare un riparo temporaneo: se il pericolo minaccia, puoi usare una sciarpa o una cintura per creare un riparo temporaneo, ad esempio per attutire i suoni, ripararti dalla pioggia o nasconderti da un aggressore.

Ricorda che queste azioni dovrebbero essere intraprese solo quando assolutamente necessarie e nel rispetto della legge. L'autodifesa deve essere proporzionata alla minaccia e deve essere evitata la violenza non necessaria.

XII - Bottiglia di plastica:

- Colpire: per colpire l'aggressore è possibile utilizzare una bottiglia di plastica riempita con acqua o altro liquido. Puoi colpire la bottiglia per respingere un attacco o proteggerti dalla violenza fisica.

- Creare una protezione temporanea: se non sono disponibili altri mezzi di protezione, è possibile utilizzare una bottiglia di plastica per creare una protezione temporanea. Ad esempio, puoi tenere una bottiglia davanti a te come scudo per deviare o proteggerti dai colpi.

- Schizzare l'aggressore: in caso di attacco, puoi schizzare l'aggressore con acqua da una bottiglia di plastica. Ciò può creare più tempo e opportunità per scappare o chiedere aiuto e può distrarre o disorientare l'aggressore.

Ricorda che l'uso di una bottiglia di plastica per autodifesa dovrebbe essere proporzionato al livello di minaccia e dovresti cercare di evitare la violenza, se possibile. Tieni inoltre presente che l'efficacia di questo metodo può dipendere dalla tua situazione e dalle circostanze specifiche.

XIII - Portafoglio o borsetta:

- Creare distanza: puoi usare il tuo portafoglio o la tua borsa per creare distanza dall'aggressore . Puoi sventolarli davanti a te per spaventare un aggressore o renderlo diffidente, mentre si ritira o si allontana dal pericolo.

- Distrazione: puoi lanciare un portafoglio o una borsa verso un aggressore per distrarre la sua attenzione e dargli più tempo per scappare o chiedere aiuto. Ciò può creare un momento di sorpresa e offrire la possibilità che abbiano luogo altre azioni.

- Protezione temporanea: se non disponi di altri mezzi di protezione, puoi utilizzare il portafoglio o la borsa per coprirti o proteggerti dagli urti. Ad esempio, puoi tenerli davanti a te come scudo o usarli per attutire i colpi.

È importante ricordare che un portafoglio o una borsa non è un mezzo di protezione perfetto e il suo utilizzo dovrebbe essere proporzionato al livello di minaccia. Cerca di evitare la violenza, se possibile, e cerca sempre di risolvere la situazione in modo sicuro.

XIV - Giornale o rivista:

- Crea una protezione temporanea: puoi utilizzare un giornale o una rivista per proteggerti da colpi o attacchi. Piega il giornale a metà o in un quarto e tienilo davanti a te come uno scudo temporaneo. Questo può aiutare ad ammorbidire i colpi e dare il tempo di reagire o scappare.

- Distrazione: Lanciare un giornale o una rivista verso un aggressore può distrarre la sua attenzione per qualche istante, dandogli la possibilità di compiere altre azioni. Questo può essere utile se non hai altri mezzi di difesa o non hai modo di scappare.

- Utilizzo come arma: in alcune situazioni, puoi utilizzare un giornale o una rivista come arma temporanea. Ad esempio, puoi farlo roteare e usarlo come bastone per l'autodifesa. Tuttavia, questa dovrebbe essere l'ultima risorsa e utilizzata solo quando assolutamente necessario.

È importante ricordare che un giornale o una rivista è solo una soluzione temporanea e l'obiettivo principale dovrebbe essere quello di evitare la violenza e garantire la sicurezza. Cerca sempre di usare l'autodifesa con saggezza e solo quando assolutamente necessario.

XV - Cappello o berretto: può essere utilizzato per proteggere la testa dai colpi o per creare ulteriore distanza da un attacco.

- Protezione della testa: un cappello o un berretto può servire come protezione temporanea della testa dagli urti. Sebbene ciò non fornisca alcuna protezione, può attutire leggermente il colpo e prevenire lesioni gravi.

- Creare distanza: puoi usare un cappello o un berretto per creare spazio extra con il tuo aggressore. Se un aggressore tenta di avvicinarsi, puoi agitare il copricapo davanti a te per spaventarlo o rendergli più difficile l'avvicinamento.

- Distrazione: lanciare un cappello o un berretto verso un aggressore può distrarre temporaneamente la sua attenzione e dargli ulteriore tempo per compiere altre azioni. Questo può essere utile se stai cercando di andartene o chiedi aiuto.

Un cappello o un berretto non sono senza dubbio i mezzi di autodifesa più efficaci, ma in una situazione critica possono aiutare a guadagnare secondi preziosi per prendere decisioni o intraprendere altre azioni per garantire la sicurezza.

L'addestramento e la preparazione all'uso degli oggetti di uso quotidiano per l'autodifesa sono fondamentali per aumentare le possibilità di sopravvivenza e garantire la sicurezza personale. Ecco alcuni aspetti da considerare:

1. Conoscenza delle capacità degli oggetti: è importante capire quali oggetti nell'ambiente possono essere utilizzati per l'autodifesa e quali azioni specifiche possono eseguire. Ad esempio, dovresti sapere che una matita può essere utilizzata per colpire i punti vulnerabili o che le chiavi possono fungere da arma di difesa in caso di attacco.

2. Tecniche d'uso: è importante condurre un addestramento in cui si impari a utilizzare efficacemente questi articoli in varie situazioni di autodifesa. Ciò può comportare la pratica di colpire, bloccare, schivare e altre tecniche utilizzando oggetti disponibili nell'ambiente.

3. Reazione a situazioni stressanti: la preparazione comprende anche l'addestramento in risposta a situazioni stressanti. In un attacco reale, il comportamento può essere seriamente inibito ed è importante possedere abilità pratiche che possano essere attivate automaticamente.

4. Maggiore fiducia in se stessi: esercitarsi nell'uso degli oggetti di uso quotidiano per l'autodifesa aiuta ad aumentare la fiducia in se stessi. L'addestramento all'uso degli oggetti di uso quotidiano per l'autodifesa gioca un ruolo chiave nell'aumentare le possibilità di sopravvivenza e nel garantire la sicurezza personale. Ecco alcuni aspetti da considerare:

1. Conoscenza delle capacità degli oggetti: è importante capire quali oggetti nell'ambiente possono essere utilizzati per l'autodifesa e quali azioni specifiche possono eseguire. Ad esempio, dovresti sapere che una matita può essere utilizzata per colpire i punti vulnerabili o che le chiavi possono fungere da arma di difesa in caso di attacco.

2. Tecniche d'uso: è importante condurre un addestramento in cui si impari a utilizzare efficacemente questi articoli in varie situazioni di autodifesa. Ciò può comportare la pratica di colpire, bloccare, schivare e altre tecniche utilizzando oggetti disponibili nell'ambiente.

3. Reazione a situazioni stressanti: la preparazione comprende anche l'addestramento in risposta a situazioni stressanti. In un attacco reale, il comportamento può essere seriamente inibito ed è importante possedere abilità pratiche che possano essere attivate automaticamente.

4. Maggiore fiducia: praticare l'uso di oggetti di uso quotidiano per

l'autodifesa aiuta ad aumentare la fiducia in se stessi e la prontezza ad agire. Più ti eserciti, più queste abilità diventeranno abituali, rendendoti più preparato a rispondere efficacemente a una minaccia.

5. Pratica regolare: è importante non solo padroneggiare le abilità, ma anche mantenerle e migliorarle regolarmente. La formazione regolare e le simulazioni pratiche ti aiutano a mantenere le tue reazioni acute e a migliorare le tue capacità di autodifesa.

L'addestramento all'uso degli oggetti di uso quotidiano per l'autodifesa richiede disciplina, costanza e autodisciplina. Si tratta però di un investimento sulla sicurezza e sulla capacità di difendersi in caso di minaccia.

Padroneggiare le abilità di autodifesa utilizzando gli oggetti circostanti gioca un ruolo chiave nel garantire la sicurezza personale:

- Maggiore difesa: sapere come utilizzare l'ambiente circostante per proteggersi aumenta la tua capacità di rispondere alle minacce e difenderti in una varietà di situazioni.

- Potenziamento: l'utilizzo degli oggetti disponibili come strumenti di autodifesa espande il tuo arsenale di capacità, permettendoti di rispondere efficacemente alle minacce, anche se non hai una formazione speciale nelle arti marziali o nell'autodifesa.

- Maggiore fiducia: sapere che è possibile utilizzare gli oggetti nel proprio ambiente per proteggersi aumenta la fiducia e il senso di controllo in situazioni potenzialmente pericolose.

- Preparazione proattiva: padroneggiare le abilità di autodifesa utilizzando gli oggetti circostanti ti consente di essere proattivo in relazione alla tua sicurezza e di non dipendere solo da fattori esterni o forza di volontà.

- Pratici e accessibili: la maggior parte degli oggetti che possono essere utilizzati per l'autodifesa si trovano solitamente a portata di mano nella vita di tutti i giorni, rendendoli pratici e accessibili da utilizzare quando necessario.

Pertanto, padroneggiare le abilità di autodifesa utilizzando gli oggetti circostanti è una parte importante per garantire la sicurezza personale. Ciò aiuta ad aumentare la protezione, aumentare la fiducia e garantire una preparazione proattiva per possibili minacce.

❖ · ❖ · ❖ · ❖ · ❖ · ❖ · ❖ · ❖ · ❖ · ❖ · ❖ · ❖ · ❖ · ❖ · ❖

Capitolo 12.
Sviluppare forza e fiducia. Consiglio pratico.

Per una migliore assimilazione delle informazioni, i genitori dovrebbero preferibilmente leggere questo capitolo con i loro figli. Per sviluppare forza e fiducia, si consiglia alle vittime di bullismo di:

1. Attività fisica: l'esercizio fisico regolare, come lo sport o il fitness, ti aiuterà a rafforzare il tuo corpo e ad aumentare la tua sicurezza. Scegli gli sport che piaceranno di più a tuo figlio e devi praticarli regolarmente.

L'attività fisica non è solo un aspetto chiave dell'assistenza sanitaria, ma anche un potente strumento per rafforzare la fiducia e l'autostima, soprattutto per coloro che hanno subito episodi di bullismo e si sentono vulnerabili e insicuri. Ecco alcuni modi in cui l'attività fisica può essere particolarmente utile per le vittime di bullismo:

- Salute fisica: l'esercizio fisico regolare aiuta a migliorare la salute generale, a rafforzare i muscoli e le ossa, a migliorare la salute cardiovascolare e ad aumentare la resistenza. Questo crea una sensazione di forza fisica e vitalità, che può aiutarti a sentirti più sicuro nella vita di tutti i giorni e ad affrontare le sfide.

- Benessere emotivo: l'attività fisica rilascia endorfine, gli ormoni del benessere che possono migliorare l'umore, ridurre lo stress e l'ansia e migliorare il sonno. Per le vittime di bullismo che soffrono di ansia e depressione, questo può essere particolarmente utile.

- Miglioramento dell'autostima: i risultati ottenuti nell'esercizio fisico possono aiutare a rafforzare l'autostima. Quando ottieni nuovi risultati, migliori le tue capacità o vedi progressi nella tua forma fisica, convalida la tua capacità di raggiungere i tuoi obiettivi e migliora il tuo senso di te stesso.

- Aspetti sociali: le attività sportive o di fitness sono spesso svolte in formato di gruppo, il che offre opportunità di comunicazione e di rafforzamento dei legami sociali. Ciò può essere particolarmente vero per coloro che si sentono isolati o insicuri a causa di esperienze di bullismo.

- Gestione delle emozioni: l'attività fisica può essere un'espressione e un modo per gestire le emozioni negative. L'esercizio fisico può servire come un modo per rilasciare stress, rabbia o frustrazione, prevenendone l'accumulo e riducendone l'impatto sul tuo stato mentale.

- Aumento di energia e concentrazione: l'attività fisica aiuta ad aumentare i livelli di energia e a migliorare la concentrazione, il che può aiutarti a concentrarti meglio sulle attività quotidiane e a superare le sfide.

In quanto tale, l'attività fisica è un potente strumento per migliorare l'autostima, la fiducia e il benessere generale, rendendola particolarmente vantaggiosa per le vittime di bullismo che cercano modi per migliorare la propria sicurezza psicologica ed emotiva.

2. Addestramento di autodifesa: frequentare un corso di autodifesa o un allenamento di arti marziali non solo può insegnare le basi dell'autodifesa, ma anche aumentare la fiducia in se stessi.

L'autodifesa è un'abilità che può essere importante in una varietà di situazioni, soprattutto quando si tratta di bullismo o altre forme di aggressione. Seguire un corso di autodifesa o praticare arti marziali non solo ti fornirà le abilità fisiche per difenderti, ma potrà anche aumentare notevolmente la tua sicurezza e la capacità di gestire situazioni simili.

Una delle componenti chiave dell'autodifesa è la consapevolezza della propria forza e capacità. Molte vittime di bullismo o aggressione spesso si sentono impotenti e hanno paura dei loro aggressori. L'addestramento all'autodifesa aiuta a cambiare questo atteggiamento dando alle persone la sicurezza necessaria per proteggersi se necessario.

Inoltre, l'allenamento di autodifesa aiuta a sviluppare la forma fisica e la coordinazione. Non solo è utile per un'efficace autodifesa, ma promuove anche la salute e il benessere generale. L'attività fisica può anche ridurre lo stress e migliorare l'autostima, il che è particolarmente importante per coloro che subiscono bullismo o aggressione.

Tuttavia, l'autodifesa non riguarda solo l'allenamento fisico, ma anche lo sviluppo delle abilità psicologiche. La formazione discute in genere anche le strategie per evitare i conflitti, la gestione dello stress e la fiducia in se stessi. Queste abilità possono essere importanti non solo per proteggersi in caso di attacco, ma anche per prevenire l'insorgere di conflitti o l'escalation dell'aggressione.

Inoltre, imparare l'autodifesa può creare una forte comunità di persone che la pensano allo stesso modo che ti supporteranno e ti guideranno attraverso il processo di apprendimento. Ciò è particolarmente importante per coloro che sono sensibili all'aggressività e sperimentano la paura degli aggressori. Sapere di avere il sostegno dei tuoi allenatori e colleghi ti aiuterà a sentirti più sicuro e preparato ad affrontare la sfida.

In definitiva, imparare l'autodifesa può essere non solo un modo per imparare a proteggersi, ma anche un percorso verso una maggiore autostima, fiducia in se stessi e benessere generale. È uno strumento importante per tutti, soprattutto per coloro che subiscono bullismo o altre forme di aggressione, e può aiutarli a spezzare il ciclo della violenza e a costruire relazioni più sane con se stessi e con gli altri.

3. Sviluppo delle capacità comunicative: insegna le capacità di comunicazione sicura con gli altri, impara a parlare dei tuoi confini e pretendi rispetto. Questo ti aiuterà a sentirti più sicuro e ad avere il controllo della situazione.

Lo sviluppo delle capacità comunicative è una componente importante non solo per una socializzazione di successo, ma anche per garantire il proprio benessere e la protezione dalle aggressioni. Per le vittime di bullismo, in particolare quelle sensibili e prive di fiducia in se stesse, imparare a comunicare i propri limiti e a esigere rispetto è fondamentale per il processo di superamento della paura e di ricostruzione della fiducia in se stessi.

Il primo passo per sviluppare fiducia nella comunicazione è riconoscere il proprio valore e il diritto a essere rispettati. Le vittime di bullismo spesso sentono che la loro voce non ha importanza o che meritano di essere vittime di bullismo. Tuttavia, questo non è il caso. La fiducia nei propri diritti e la capacità di parlare dei propri bisogni e dei propri limiti è la base di relazioni sane e protezione dalla manipolazione.

Innanzitutto, devi imparare ad esprimere i tuoi pensieri e sentimenti in modo chiaro e chiaro. Ciò include imparare a dire "no" in situazioni in cui il tuo benessere è compromesso e non aver paura di esprimere la tua opinione, anche se diversa da quella degli altri. Praticare affermazioni e auto-rafforzamento positivo può aiutarti ad aumentare la fiducia in te stesso e assicurarti di fare la cosa giusta.

Un aspetto importante dello sviluppo delle capacità comunicative è anche la capacità di stabilire e mantenere i confini. Ciò significa determinare cosa è accettabile per te e cosa non lo è, e comunicarlo chiaramente agli altri. I confini possono riguardare sia lo spazio fisico che gli aspetti emotivi o psicologici della tua vita. Ad esempio, se qualcuno ha oltrepassato i tuoi limiti personali, è importante rispondere e comunicarlo alla persona, stabilendo confini chiari per le interazioni future.

Tuttavia, è importante ricordare che stabilire dei limiti non significa insultare o attaccare gli altri, ma piuttosto proteggere te stesso e i tuoi bisogni. Ciò consente di creare relazioni sane e reciprocamente rispettose basate sulla comprensione e sul rispetto reciproci.

Infine, la formazione sulle abilità comunicative dovrebbe includere anche il lavoro sulla capacità di rispondere efficacemente al comportamento aggressivo degli altri. Ciò può includere tecniche di allentamento della tensione come mantenere un tono di voce calmo ed evitare il confronto, nonché imparare a cercare aiuto dalle autorità competenti o da individui che possono aiutare a risolvere il problema.

Nel complesso, lo sviluppo delle capacità comunicative è un processo che richiede tempo, pazienza e pratica. Per le vittime di bullismo o di altre forme di aggressione, questo può essere particolarmente difficile a causa delle paure accumulate e delle esperienze negative. Tuttavia, con un graduale miglioramento personale e il sostegno degli altri, è abbastanza realizzabile e può portare a miglioramenti significativi nell'autostima, nella fiducia in se stessi e nel controllo delle situazioni.

4. Pratica l'assertività: impara ad essere assertivo piuttosto che aggressivo o passivo. Impara ad esprimere i tuoi pensieri e sentimenti in modo chiaro e sicuro senza violare i diritti degli altri.

La pratica dell'assertività gioca un ruolo chiave nella formazione di relazioni interpersonali sane ed efficaci. Per le vittime di aggressione e bullismo, soprattutto per quelle sensibili e insicure, lo sviluppo di capacità assertive può essere un potente strumento per proteggere e rafforzare l'armonia personale.

È importante distinguere l'assertività dall'aggressività e dalla passività. Il comportamento assertivo implica la capacità di esprimere i propri pensieri, sentimenti e bisogni in modo chiaro e sicuro, pur mantenendo il rispetto per i diritti e i sentimenti degli altri. Ciò ci consente di stabilire limiti, proteggere i nostri interessi e risolvere i conflitti senza usare la violenza o ferire gli altri.

Per sviluppare assertività, è necessario iniziare con la consapevolezza dei propri diritti e valori. Le vittime di aggressioni o bullismo possono spesso sentirsi impotenti o indegne di rispetto. Tuttavia, ogni persona ha diritto ai propri pensieri, sentimenti e confini e le capacità assertive aiutano a proteggere questi diritti.

Allora dovresti imparare a esprimere i tuoi pensieri e sentimenti in modo chiaro e sicuro. Ciò include l'uso di un linguaggio chiaro e comprensibile, l'evitare colpe e insulti ed esprimere i propri bisogni senza aggressività o sottomissione. Anche praticare l'empatia e comprendere i sentimenti degli altri è una parte importante della comunicazione assertiva.

Inoltre, l'assertività presuppone la capacità di rispondere efficacemente alle situazioni di conflitto. Ciò include imparare a gestire le proprie emozioni, ascoltare i punti di vista degli altri e cercare soluzioni reciprocamente accettabili. Ad esempio, invece di reagire all'aggressività con aggressività, una persona assertiva può utilizzare tecniche di allentamento e di compromesso.

È importante notare che sviluppare l'assertività è un processo che richiede tempo e pratica. Per le vittime di bullismo o aggressione, questo può essere particolarmente difficile a causa delle paure accumulate e delle esperienze negative. Tuttavia, con il sostegno e la formazione, possono imparare a difendere se stessi e i propri diritti e a costruire relazioni sane basate sul rispetto e sulla comprensione reciproci.

In conclusione, sviluppare assertività non è solo un modo per proteggersi dalle aggressioni e dal bullismo, ma anche un elemento chiave per costruire relazioni sane e armoniose con gli altri. È un'abilità che ci aiuta a parlare con sicurezza di noi stessi pur mantenendo il rispetto per gli altri e interagendo bene nella società.

5. Sviluppare la consapevolezza di sé: conoscere te stesso, i tuoi punti di forza e i tuoi limiti. Comprendere le tue capacità ti aiuterà a sentirti più sicuro di te stesso e delle tue azioni.

Sviluppare la consapevolezza di sé è una tappa importante nella crescita personale di ogni persona. Per le vittime di aggressione e bullismo, in particolare per coloro che sperimentano un'estrema sensibilità e insicurezza, la comprensione dei propri punti di forza e dei propri limiti gioca un ruolo fondamentale nel processo di scoperta di sé e di sviluppo personale.

Il primo passo per sviluppare la consapevolezza di sé è riconoscersi come individuo con le proprie qualità e caratteristiche uniche. Ciò implica analizzare i tuoi punti di forza: quelle qualità e abilità che ti aiutano a raggiungere il successo e superare le difficoltà. Spesso le vittime del bullismo tendono a dimenticare o sottovalutare le proprie qualità positive a causa di esperienze negative. Tuttavia, la consapevolezza dei propri punti di forza li aiuta a rivalutare la propria autostima e la fiducia in se stessi.

Oltre a questo, è importante anche comprendere i propri limiti e punti deboli. Nessuno è privo di difetti e ammettere le proprie debolezze non è un'ammissione di sconfitta, ma un passo verso la crescita e il miglioramento. Le vittime di bullismo possono avere difficoltà ad ammettere le proprie debolezze a causa della paura di essere vulnerabili al bullo. Tuttavia, ciò è necessario per iniziare a lavorare sul miglioramento delle proprie capacità e sul superamento degli ostacoli allo sviluppo personale.

Per sviluppare la consapevolezza di sé, è utile impegnarsi in una regolare autoriflessione. Ciò può includere tenere un diario in cui annotare pensieri, sentimenti, risultati e problemi. Può anche essere utile chiedere feedback alle persone a te vicine che possono aiutarti a comprendere meglio i tuoi punti di forza e le aree in cui c'è spazio di crescita.

Inoltre, lo sviluppo della consapevolezza di sé può essere migliorato lavorando sull'accettazione di sé e sull'autostima. Ciò implica praticare l'amor proprio e accettare te stesso per come sei, con tutti i tuoi punti di forza e di debolezza. Le vittime di bullismo possono avere difficoltà ad amare e ad accettarsi a causa di esperienze negative, ma questo è un passo importante verso il ripristino della fiducia in se stessi e della salute psicologica.

Infine, vale la pena notare che sviluppare la consapevolezza di sé è un processo che richiede tempo e impegno. Per le vittime di aggressione e bullismo ciò può essere particolarmente difficile a causa dell'impatto negativo sulla loro autostima e fiducia in se stesse. Tuttavia, con un graduale auto-miglioramento, il sostegno degli altri e opportunità di consulenza professionale, possono fare progressi significativi nell'autoconsapevolezza e nell'accettazione, che alla fine li aiuteranno a sentirsi più sicuri in se stessi e nelle proprie azioni, oltre a gestire efficacemente l'aggressività. e bullismo.

6. Supporto sui social network: entrare in contatto con amici, familiari o professionisti può aiutarti a sentirti più supportato e sicuro. Non esitate a chiedere aiuto quando necessario.

Il supporto dei social network è una delle risorse più importanti che possono essere utilizzate nel processo di superamento dell'aggressività, del bullismo e di altre situazioni difficili. Per le vittime di bullismo, soprattutto quelle sensibili e prive di fiducia in se stesse, parlare con amici, familiari o professionisti può essere una fonte di sostegno nei momenti difficili, aiutandole a sentirsi sostenute e sicure.

Devi capire che la comunicazione con amici e familiari offre l'opportunità di esprimere i tuoi sentimenti ed esperienze, oltre a ricevere supporto emotivo. Il sostegno dei tuoi cari può aiutarti a sentire che non sei solo nei tuoi problemi, che ci sono persone che ti capiscono e sono pronte a sostenerti nei momenti difficili.

Inoltre, amici e familiari possono offrirti nuove prospettive e modi per affrontare un problema che potresti non vedere a causa della tensione emotiva o dello stress. Il loro supporto e i loro consigli possono aiutarti ad avere una visione più obiettiva della situazione e a trovare la migliore linea d'azione.

È anche importante chiedere aiuto a professionisti come psicologi o consulenti di sostegno alle vittime. Questi professionisti non solo hanno la conoscenza e l'esperienza, ma anche un punto di vista neutrale, che consente loro di fornire un supporto efficace e di qualità. Possono aiutarti a comprendere i tuoi sentimenti, imparare a rispondere in modo efficace all'aggressione o al bullismo e a sviluppare strategie per affrontare la paura e la fiducia in te stesso.

Non importa quanto piccola o grave possa sembrare la tua preoccupazione, è sempre importante cercare supporto e aiuto dove è necessario. Non esitare a chiedere aiuto, anche se ritieni che il tuo problema sia di lieve entità o non meritevole di attenzione. I tuoi sentimenti e i tuoi bisogni contano e ottenere supporto è il primo passo per risolvere il problema e migliorare il tuo benessere.

Infine, è importante ricordare che mantenere una rete sociale non solo aiuta ad affrontare le difficoltà attuali, ma promuove anche la salute mentale generale e una maggiore fiducia in se stessi. Sapere di avere persone che ti sostengono e sono pronte ad aiutarti in ogni situazione crea un senso di sicurezza e fiducia, che a sua volta ti aiuta ad affrontare meglio l'aggressività, il bullismo e altre sfide che potresti dover affrontare.

7. Affermazioni positive: ripetere affermazioni positive su te stesso ti aiuterà a costruire la tua autostima e ad aumentare la tua sicurezza. Cerca di concentrarti sui tuoi punti di forza e sui tuoi risultati, piuttosto che sui pensieri negativi.

Le affermazioni positive sono un potente strumento per costruire l'autostima e aumentare la fiducia in se stessi. Per le vittime di aggressione e bullismo, soprattutto per quelle altamente sensibili e insicure, l'uso di affermazioni positive può essere fondamentale per riformulare le esperienze negative e costruire difese psicologiche.

Il primo passo per usare le affermazioni positive è riconoscere i tuoi punti di forza e i tuoi risultati. Le vittime dell'aggressione spesso tendono a dimenticare le loro qualità positive a causa di esperienze negative e critiche. Tuttavia, concentrarti sui tuoi punti di forza e sui tuoi risultati aiuta a cambiare questo modo di pensare negativo e a rafforzare la tua autostima.

Successivamente, è importante formulare affermazioni positive in modo specifico e chiaro. Ad esempio, invece di dire "Non sarò mai in grado di affrontare questa situazione", è meglio dire "Sono una persona forte e abile e troverò un modo per superare queste difficoltà". Tali affermazioni mirano al sostegno e alla motivazione, non all'autocritica e alla disperazione.

È anche importante ripetere regolarmente e sistematicamente le affermazioni positive. Più spesso li ripeti, più influenzeranno il tuo pensiero e il tuo comportamento. Potrebbe trattarsi di una routine mattutina in cui dici a te stesso alcune affermazioni positive prima di iniziare la giornata o durante il giorno in cui ti senti particolarmente vulnerabile o stressato.

Inoltre, è importante sviluppare un atteggiamento positivo verso te stesso e i tuoi risultati. Invece di confrontarti con gli altri o concentrarti sui tuoi difetti, dovresti concentrarti sulla tua crescita e sul tuo progresso. Le affermazioni positive possono aiutarti a spostare la tua attenzione dai pensieri negativi agli aspetti positivi della tua personalità e della tua vita.

Infine, è importante capire che l'uso delle affermazioni positive non è una panacea, ma è un potente strumento per rafforzare la forza mentale e aumentare la fiducia in se stessi. Ciò può essere particolarmente importante per le vittime di aggressioni e bullismo, poiché spesso devono affrontare critiche e valutazioni negative. Le affermazioni positive li aiutano a creare una barriera protettiva contro l'impatto negativo dell'aggressore e a ripristinare la fiducia nelle proprie forze e capacità.

8. Stabilire e raggiungere obiettivi: stabilire piccoli obiettivi e raggiungerli gradualmente. Questo ti aiuterà a sentirti più efficace e sicuro delle tue capacità.

Stabilire e raggiungere obiettivi non è solo la chiave per aumentare la produttività, ma anche un mezzo per costruire autostima e fiducia. Per le vittime di aggressione e bullismo, soprattutto per quelle altamente sensibili e prive di fiducia in se stesse, fissare piccoli obiettivi e raggiungerli gradualmente può essere un potente strumento per ridefinire le proprie capacità e rafforzare la resilienza mentale.

Il primo passo nella definizione degli obiettivi è identificare i risultati specifici e misurabili che desideri ottenere. È importante che i tuoi obiettivi siano realistici e raggiungibili in modo che tu possa lavorare gradualmente per raggiungerli. Ad esempio, se il tuo obiettivo è migliorare le tue capacità comunicative, potresti sfidarti ad avviare una conversazione con uno sconosciuto ogni giorno.

Quindi dovresti suddividere i tuoi grandi obiettivi in passaggi più piccoli e più specifici. Ciò aiuta a rendere il processo per raggiungere il tuo obiettivo più gestibile e motivante man mano che vedi i progressi in ogni fase. Ad esempio, se il tuo grande obiettivo è ottenere un nuovo lavoro, i piccoli passi potrebbero essere: aggiornare il tuo curriculum, cercare opportunità, prepararti per i colloqui, ecc.

È anche importante trovare fonti di supporto e motivazione nel processo di raggiungimento degli obiettivi. Potrebbe trattarsi del supporto di amici, familiari o professionisti che possono aiutarti a rimanere in linea con i tuoi obiettivi e mantenerti fiducioso e motivato. Condividi i tuoi obiettivi con le persone a te vicine e chiedi loro di supportarti in questo processo.

Sulla strada per raggiungere i tuoi obiettivi sorgono inevitabilmente difficoltà e battute d'arresto ed è importante essere in grado di affrontarli. Affronta il fallimento come un'opportunità di crescita e apprendimento, piuttosto che come fonte di autocritica e disperazione. Analizza i tuoi errori, impara le lezioni e vai avanti con nuove esperienze.

Infine, è importante celebrare ogni piccolo successo lungo il percorso verso il raggiungimento del tuo obiettivo. Premiati per ogni progresso e ogni passo avanti, anche se sembra insignificante. Ciò ti aiuterà a mantenere la tua motivazione e fiducia in te stesso, che alla fine porterà al raggiungimento dei tuoi obiettivi.

Nel complesso, stabilire e raggiungere obiettivi è un potente strumento per rafforzare l'autostima e la fiducia in se stessi per le vittime di aggressione e bullismo. Questo processo li aiuta a sentirsi più efficaci e fiduciosi nelle proprie capacità, il che a sua volta contribuisce al loro benessere psicologico e ad affrontare con successo la situazione.

9. Chiedere aiuto: non esitare a chiedere aiuto se ritieni di non poter gestire una situazione da solo. Rivolgiti ad amici, familiari o professionisti che possano aiutarti a comprendere la tua situazione e trovare una soluzione.

Chiedere aiuto non è un segno di debolezza, ma una manifestazione di forza e consapevolezza dei propri bisogni. Per le vittime di aggressione e bullismo, soprattutto quelle sensibili e insicure, questa può essere la chiave per riformulare la situazione e trovare soluzioni.

Innanzitutto è importante capire che chiedere aiuto non è un segno di debolezza o di mancanza di capacità. Nessuno può risolvere ogni problema da solo e ci sono momenti in cui può essere necessario l'aiuto degli altri. Il sostegno degli altri non solo aiuta a risolvere il problema, ma dà anche una sensazione di sostegno e comprensione, cosa particolarmente importante per coloro che soffrono di aggressioni o bullismo.

È anche importante scegliere le persone giuste a cui rivolgersi per chiedere aiuto. Amici, familiari o professionisti possono essere tutti utili in diverse situazioni. Amici e familiari possono fornire sostegno emotivo e consigli basati sull'esperienza personale, mentre professionisti come psicologi o consulenti hanno le conoscenze e le competenze necessarie per aiutare in situazioni difficili.

Sentiti libero di condividere i tuoi sentimenti e le tue esperienze con coloro di cui ti fidi. Spesso, semplicemente parlare del problema può alleviare la tensione e aiutarti a vedere la situazione più chiaramente. Questo potrebbe anche essere il primo passo verso una soluzione.

Inoltre, la ricerca di aiuto può includere la ricerca di un aiuto professionale. Il supporto psicologico o la consulenza possono aiutarti a comprendere i tuoi sentimenti, imparare come affrontare efficacemente l'aggressività o il bullismo e sviluppare strategie per affrontare la paura e la fiducia in te stesso.

Infine, ricorda che chiedere aiuto è un atto di cura di te stesso e del tuo benessere. Sentiti libero di utilizzare questa risorsa quando ritieni che sia difficile o impossibile gestire una situazione da solo. Vale la pena ottenere il supporto e l'aiuto di cui hai bisogno per il tuo benessere e la tua fiducia in te stesso.

Suggerimenti per sviluppare forza e sicurezza ti aiuteranno a diventare più sicuro e forte, il che a sua volta ti aiuterà ad affrontare situazioni di bullismo e a migliorare la qualità della tua vita.

Capitolo 13.
La tua maschera della bestia.

Questo capitolo è stato scritto esclusivamente per un bambino suscettibile al bullismo, poiché la "maschera della bestia" può salvarlo nei momenti pericolosi.

In un mondo in cui l'aggressività e il bullismo stanno diventando sempre più comuni, è importante disporre di strumenti e strategie per proteggersi e mantenere la fiducia in se stessi. In questo capitolo parleremo del concetto di "maschera della bestia" e di come può diventare tua alleata nella lotta contro le influenze negative.

La maschera della bestia è una rappresentazione metaforica della capacità di una persona di cambiare il proprio pensiero e comportamento in risposta a varie situazioni, soprattutto nei casi in cui è necessario proteggersi dall'aggressione e dalla pressione degli altri. Immagina di avere una bestia interiore: un simbolo di forza, determinazione e fiducia. Quando ritieni di dover affrontare una minaccia o un comportamento aggressivo, puoi indossare questa maschera da bestia per rafforzare la tua posizione e proteggerti.

La Maschera della Bestia ti consente di cambiare la tua mentalità interiore e il tuo approccio a una situazione in modo da poter rispondere in modo più sicuro ed efficace. Ciò non significa che perdi la tua autenticità o adotti un comportamento aggressivo. Al contrario, è un modo per mantenere la propria integrità e proteggersi dalle influenze negative senza perdere i propri valori e principi personali.

La maschera della bestia è necessaria per aiutarti a mantenere il controllo su te stesso e sulla situazione in quei momenti in cui ti senti vulnerabile o sei sotto pressione da parte di altre persone. È uno strumento di autodifesa e di rafforzamento della fiducia che ti aiuta a rimanere saldo ed emotivamente stabile in ogni circostanza.

Quando si tratta di "indossare" la maschera della bestia, questa non è solo un'azione fisica, ma soprattutto un processo psicologico. È importante imparare a passare al giusto stato d'animo per rispondere efficacemente alle situazioni aggressive. Ecco alcuni passaggi che ti aiuteranno a "indossare" la maschera della bestia e a cambiare il tuo comportamento:

1. Preparazione mentale: inizia con l'allenamento mentale. Immagina te stesso nei panni di un animale: potente, forte, sicuro di te e pronto a difenderti. Visualizza questa immagine con rabbia, disprezzo e odio verso il tuo aggressore. Ciò ti consentirà di attivare le giuste emozioni e prepararti per una situazione di lotta.

2. Allenamento con sentimenti di rabbia e compassione: durante l'allenamento, concentrati sull'evocazione di sentimenti di rabbia e compassione verso il tuo aggressore. Questo ti aiuterà ad attivare la maschera della bestia e a passare alla modalità emotiva desiderata. È importante imparare a controllare queste emozioni e usarle come fonte di forza e motivazione.

3. Formazione pratica: conduci una formazione regolare in cui crei situazioni di conflitto o attacco da parte dell'aggressore. Immagina te stesso come una bestia, che respingi gli attacchi del tuo avversario con intelligenza, forza e furia. Questo ti aiuterà a mettere in pratica le tue risposte all'aggressività e a migliorare le tue capacità di difesa.

4. Diventa come lui, ma più intelligente, più forte e più arrabbiato: ricorda che il tuo obiettivo non è solo respingere gli attacchi dell'aggressore, ma anche proteggere te stesso e mantenere la tua integrità. Diventa come lui nel senso che attivi la tua maschera da bestia e gli mostri che non ti lascerai intimidire o distruggere. Sii intelligente, usa la tua forza intellettuale ed emotiva per trovare modi efficaci per proteggerti. Sii più forte, mostra la tua resilienza fisica ed emotiva. E sii più cattivo, nel senso che non permetti all'aggressore di manipolarti e violare il rispetto di te

stesso e i tuoi confini.

Indossare una maschera da bestia non significa trasformarsi in una bestia a tempo pieno. Ciò significa imparare ad attivare i giusti stati d'animo e le emozioni al momento giusto per proteggersi e mantenere la fiducia in se stessi. Allenati, pratica e credi in te stesso.

Usare la maschera della bestia per proteggersi dalle aggressioni del bullismo richiede di capire come può cambiare lo stato mentale di una persona e come "indossarla" efficacemente in situazioni di conflitto. Ecco alcuni modi per utilizzare la maschera della bestia e il suo effetto sullo stato mentale della vittima:

1. Attivare la maschera della bestia prima di una situazione di conflitto:

- Prima di aspettarsi un attacco da parte dell'aggressore, la vittima può eseguire allenamento mentale e visualizzazione, attivando la sua maschera da bestia.

- Visualizzare una bestia potente, forte e sicura di sé aiuterà la vittima a sentirsi più sicura e pronta ad affrontare la situazione.

2. Cambiare la concentrazione mentale:

- Indossando la maschera della bestia, la vittima sposta la sua attenzione dai sentimenti di vulnerabilità e paura alla forza e determinazione.

- La Maschera della Bestia ti aiuta a concentrarti sulla risposta all'aggressività con sicurezza e determinazione piuttosto che nel panico o nell'impotenza.

3. Usare le emozioni come fonte di forza:

- La Maschera della Bestia attiva le emozioni di rabbia, disprezzo e determinazione, che possono essere utilizzate come fonte di forza e motivazione per proteggersi.

- Queste emozioni aiutano la vittima a superare la paura e l'incertezza, permettendole di affrontare l'aggressore in modo più efficace.

4. Formazione di comportamenti fiduciosi:

- Indossando la maschera della bestia, la vittima cambia il suo comportamento, diventando più sicura e decisa.

- Può usare espressioni facciali, voce e gesti luminosi ed energici per mostrare la sua sicurezza e fermezza di fronte a un aggressore.

5. Dimostrare una difesa aggressiva del confine:

- La maschera della bestia aiuta la vittima ad assumere un atteggiamento aggressivo nel proteggere i suoi confini e diritti personali.

- La vittima può esprimere in modo chiaro e sicuro i propri limiti ed esigere rispetto, mostrando all'aggressore che non cederà al suo dominio.

Indossare la maschera della bestia non significa diventare un aggressore o usare violenza. Ciò significa accettare la propria forza e fiducia in se stessi per proteggersi dalle aggressioni e dal bullismo. Inoltre, l'uso della maschera della bestia aiuta la vittima a mantenere la sua integrità psicologica e il suo benessere emotivo in una situazione di conflitto.

Il ruolo della maschera della bestia nella protezione contro l'aggressione e il bullismo è quello di aiutare la vittima ad affrontare in modo più efficace le situazioni negative e a mantenere la propria fiducia e integrità psicologica. Ecco gli aspetti principali del ruolo della maschera della bestia:

1. Attivare Emozioni e Potere: La Maschera della Bestia aiuta ad attivare emozioni come rabbia, determinazione e carità. Queste emozioni fungono da fonte di forza e motivazione per la vittima, consentendole di rispondere con maggiore sicurezza all'aggressione e al bullismo.

2. Cambiamento di focus psicologico: indossando la maschera della bestia, la vittima cambia il suo stato mentale da sentimenti di vulnerabilità e impotenza a forza e determinazione. Ciò le consente di mantenere il controllo della situazione e prendere decisioni con maggiore sicurezza.

3. Protezione dei confini personali: La Maschera della Bestia aiuta la vittima a stabilire e proteggere i propri confini personali. Ti consente di esprimere le tue esigenze e richieste in modo chiaro e sicuro, senza consentire violazioni da parte dell'aggressore.

4. Manifestazione di assertività: la maschera della bestia aiuta la vittima a dimostrare un comportamento assertivo, cioè a esprimere con sicurezza e chiarezza i propri pensieri, sentimenti e bisogni. Ciò le consente di proteggersi dalle influenze negative e di stabilire limiti sani nelle sue relazioni con gli altri.

5. Aumento dell'autostima e della fiducia: l'uso della maschera della bestia aiuta la vittima a sentirsi più sicura e potente. Ciò aiuta ad aumentare l'autostima e l'autostima, rendendola meno suscettibile all'influenza dell'aggressore e al bullismo.

In generale, la maschera della bestia svolge un ruolo importante nel proteggere la vittima dalle aggressioni e dal bullismo, aiutandola ad attivare le risorse interne e ad affrontare le situazioni negative in modo più efficace. Permette alla vittima di mantenere la sua forza, dignità e fiducia in se stessa nonostante le sfide e le prove che deve affrontare.

Padroneggiare la maschera della bestia implica non solo comprendere il concetto di questa metafora, ma anche essere in grado di identificare le situazioni in cui il suo utilizzo diventa necessario. Diamo uno sguardo più da vicino:

1. Comprendere la Maschera della Bestia: prima di tutto, padroneggiare la maschera della bestia inizia con la comprensione di ciò che rappresenta. La Maschera della Bestia è un simbolo di forza, determinazione e fiducia che una vittima può attivare per proteggersi dalle aggressioni e dal bullismo. Questa non è solo una maschera, ma anche uno strumento psicologico che aiuta a cambiare lo stato mentale e il comportamento.

2. Identificazione delle situazioni: per padroneggiare la Maschera della Bestia, la vittima deve imparare a identificare le situazioni in cui il suo utilizzo può essere utile. Potrebbero verificarsi momenti in cui sperimenta comportamenti aggressivi o minacce da parte di altre persone, in cui si sente vulnerabile o sotto pressione. Tali situazioni possono includere conflitti sul lavoro o a scuola, incontri spiacevoli con persone aggressive o persino lotte interne con pensieri ed emozioni negative.

3. Rispondere alle sfide: una volta che la vittima ha identificato le situazioni in cui è necessario "indossare la maschera della bestia", deve imparare a rispondere alle sfide con fiducia e determinazione. Ciò può includere l'uso di un linguaggio assertivo e del linguaggio del corpo, la definizione di confini e aspettative chiari e l'essere assertivi nelle relazioni con gli altri.

4. Addestramento e pratica: padroneggiare la Maschera della Bestia richiede allenamento e pratica. La vittima può condurre esercizi di visualizzazione, immaginandosi nel ruolo di un animale forte e fiducioso. Può anche esercitare le sue abilità in situazioni reali, iniziando da quelle più facili e passando gradualmente a quelle più difficili.

5. Valutare e adattare: è importante che la vittima valuti regolarmente l'efficacia dell'uso della maschera della bestia e adatti i suoi approcci secondo necessità. Può imparare quali strategie funzionano meglio in diverse situazioni e imparare a riconoscere e gestire meglio le sue emozioni.

Padroneggiare la Maschera della Bestia richiede tempo, pazienza e pratica, ma può essere un potente strumento di protezione e fiducia per le vittime di aggressioni e bullismo. Ciò consente loro di sentirsi più sicuri e di affrontare le situazioni negative con forza e determinazione.

L'addestramento e lo sviluppo delle capacità di regolazione emotiva sono una parte importante dell'utilizzo della Maschera della Bestia. Quando una vittima di bullismo indossa la maschera della bestia, ha bisogno di controllare le proprie emozioni per rimanere calma e fiduciosa nelle situazioni di conflitto. Ecco alcuni modi in cui puoi esercitare e sviluppare queste abilità:

1. Consapevolezza delle proprie emozioni: il primo passo verso la regolazione emotiva è la consapevolezza delle proprie emozioni. La vittima deve imparare a riconoscere quali emozioni sorgono nelle diverse situazioni e come influenzano il suo comportamento.

2. Tecniche di respirazione: gli esercizi di respirazione aiutano a ridurre lo stress e l'ansia, consentendoti di controllare meglio le tue emozioni. La vittima può praticare la respirazione profonda o altre tecniche di rilassamento per calmarsi nei momenti di tensione.

3. Pratica la meditazione e la visualizzazione: la meditazione e la visualizzazione aiutano a migliorare la concentrazione e l'attenzione sul momento presente, il che aiuta a controllare le emozioni. La vittima può

condurre brevi sessioni di meditazione o utilizzare la visualizzazione per immaginarsi calma e forte mentre indossa la maschera della bestia.

4. Gestione del pensiero: la vittima può imparare a riformulare i suoi pensieri e trasformarli da negativi a positivi. Questo ti aiuta a cambiare la tua risposta emotiva a una situazione e a rimanere più calmo e più equilibrato.

5. Sviluppare la consapevolezza di sé: la vittima deve essere consapevole dei suoi punti di forza e di debolezza, nonché dei fattori scatenanti che possono causare reazioni emotive. Ciò le consente di controllare più efficacemente le sue emozioni e di rispondere ad esse in conformità con i suoi obiettivi e bisogni.

6. Pratica in situazioni reali: la vittima deve praticare attivamente la regolazione emotiva in situazioni reali in cui si sente vulnerabile o suscettibile all'aggressione. A poco a poco, svilupperà la capacità di controllare le emozioni e diventerà più calma e sicura di sé.

La formazione e lo sviluppo delle capacità di regolazione emotiva sono aspetti importanti dell'uso della maschera della bestia per proteggersi dall'aggressione e dal bullismo. Queste abilità consentono alla vittima di rimanere calma e fiduciosa in tutte le situazioni, il che la aiuta ad affrontare efficacemente le sfide e a mantenere la sua integrità psicologica.

Usare efficacemente la Beast Mask in situazioni di bullismo può essere la chiave per la protezione e l'autodifesa. Ecco alcuni consigli pratici su come utilizzare la maschera della bestia in modo efficace:

1. Preparazione e formazione:

- Prima di entrare in qualsiasi potenziale situazione di conflitto, condurre la preparazione e la formazione. Immagina te stesso come un animale forte e fiducioso, pronto a difendersi.

- Pratica tecniche di regolazione emotiva e rilassamento per gestire le tue emozioni durante una situazione di bullismo.

2. Comportamento sicuro:

- Mostra fiducia nel tuo comportamento e nelle espressioni facciali. Mantieni una postura eretta, mantieni il contatto visivo e usa una voce chiara quando comunichi con l'aggressore.

- Ricorda che la tua sicurezza può aiutare a reprimere l'aggressività e convincere l'aggressore che non sei un bersaglio facile.

3. Stabilire i confini:

- Sii pronto a esprimere chiaramente i tuoi limiti e a pretendere rispetto. Non esitate a far capire che vi sentite a disagio o che non siete d'accordo con il comportamento dell'aggressore.

- Mantieni i tuoi confini incrollabili, anche se l'aggressore cerca di violarli.

4. Comunicazione assertiva:

- Usa capacità di comunicazione assertiva per esprimere i tuoi pensieri e sentimenti in modo chiaro e sicuro senza essere aggressivo.

- Se necessario, esercitati con frasi o risposte già preparate a tipici scenari di bullismo.

5. Non reagire alle provocazioni:

- Ricorda che l'aggressore potrebbe cercare di provocarti per provocare una reazione negativa. Resisti a questi tentativi e mantieni la calma.

- Ignora insulti e minacce, concentrati sul tuo obiettivo: proteggerti e mantenere la calma.

6. Trovare supporto:

- Non esitare a chiedere aiuto se la situazione sfugge al controllo. Rivolgiti ad amici, familiari o professionisti che possano supportarti e aiutarti a trovare una soluzione al problema.

- Annotare o ricordare le informazioni di contatto delle organizzazioni che offrono aiuto alle vittime di bullismo per ottenere ulteriore supporto e consulenza.

7. Mantieni la calma e mantieni il controllo:

- È importante rimanere calmi e controllare le proprie emozioni durante le situazioni di bullismo. Usa la maschera della bestia per sedare la paura e l'incertezza e rimani concentrato sulla protezione di te stesso.

Usare una maschera da bestia richiede pratica e abilità, ma può essere una potente difesa contro l'aggressione e il bullismo. Ricorda che la tua sicurezza e il tuo benessere sono della massima importanza e che hai il diritto di proteggerti da ogni forma di violenza e dominio.

Rispondere secondo la Maschera della Bestia implica comprendere i diversi tipi di comportamento aggressivo e strategie efficaci per rispondere a ciascuno. Ecco una panoramica dei tipi di comportamento aggressivo e delle strategie di risposta appropriate:

1. Aggressione fisica: include attacchi fisici, colpi, calci, spinte e altre forme di violenza fisica. Strategie di risposta:

- Allontanarsi dall'aggressore e allontanarsi dalla situazione pericolosa.

- Se possibile, chiedi aiuto o chiedi aiuto ad altri.

- Usa tecniche di autodifesa se necessario per proteggerti.

2. Aggressione verbale: include insulti, minacce, scherno, umiliazione e altre forme di violenza verbale. Strategie di risposta:

- Mantieni la calma e non litigare con l'aggressore.

- Esprimi i tuoi confini e chiedi rispetto in modo chiaro e sicuro.

- Ignora insulti e minacce, non permettendo all'aggressore di vedere la tua reazione.

3. Aggressione psicologica: include umiliazione, manipolazione, isolamento, pressione psicologica e altre forme di violenza psicologica. Strategie di risposta:

- Mantieni il rispetto e la fiducia in te stesso rifiutando i tentativi del bullo di minare la tua autostima.

- Utilizzare capacità di comunicazione assertiva per esprimere i propri sentimenti e bisogni in modo chiaro e sicuro.

- Cerca il sostegno di amici, familiari o professionisti se ritieni di non poter farcela da solo.

4. Aggressione sociale: include l'esclusione dal gruppo, la diffusione di pettegolezzi, la distruzione di relazioni e altre forme di violenza sociale. Strategie di risposta:

- Mantieni le tue connessioni sociali e le relazioni con coloro che ti supportano e ti rispettano.

- Ignorare pettegolezzi e calunnie, non entrare in conflitto e non reagire alle provocazioni.

- Chiedi aiuto a gruppi o organizzazioni sociali se ti trovi di fronte a forme sistematiche di violenza sociale.

È importante ricordare che rispondere efficacemente all'aggressione richiede una combinazione di autocontrollo, fiducia e pensiero strategico.

Mantenere la fiducia e la forza quando si indossa la maschera della bestia può essere fatto con le seguenti strategie:

1. Affermazione positiva: ripeti affermazioni positive su te stesso. Assicurati di concentrare i tuoi pensieri sui tuoi punti di forza e sui tuoi risultati piuttosto che su pensieri negativi su te stesso. Ciò ti aiuterà a rafforzare la tua sicurezza e la tua forza.

2. Visualizzazione del successo: Visualizza te stesso come una persona forte e sicura di sé, pronta a proteggersi dalle aggressioni. Immagina te stesso in varie situazioni di bullismo in cui superi con successo le sfide e mantieni il controllo della situazione.

3. Supporto sui social network: connettiti con amici, familiari o altre persone fidate che possono supportarti e affermare la tua sicurezza e la tua forza. Ricevere sostegno dagli altri aiuta a mantenere il benessere emotivo.

4. Attività fisica: intraprendi un'attività fisica che ti piace e rafforza il tuo corpo. La forza fisica e la salute possono mantenerti sicuro e forte.

5. Sviluppo delle abilità di autodifesa: padroneggia le abilità di autodifesa e impara a difenderti efficacemente in caso di aggressione. Sapere che puoi proteggerti aumenta la tua sicurezza e la tua forza.

6. Pratica la preparazione mentale: dedica del tempo alla preparazione mentale immaginandoti forte e sicuro di te. L'allenamento mentale ti aiuta a mantenere la concentrazione e la prontezza nei momenti critici.

7. Accetta i tuoi limiti e i tuoi bisogni: abbi fiducia nei tuoi limiti e nei tuoi bisogni e sentiti libero di esprimerli in modo chiaro e sicuro. Conoscere e accettare i tuoi bisogni aiuta a mantenere la tua forza e la fiducia in te stesso.

Mantenendo la fiducia e la forza quando indossi la maschera della bestia, diventi più capace di proteggerti dalle aggressioni e dal bullismo mantenendo la tua integrità psicologica.

Ecco alcuni scenari di esempio e storie di successo che dimostrano come l'uso della maschera della bestia può aiutare altre vittime di bullismo:

Esempio 1: Scenario: Jane soffre di bullismo a scuola da molto tempo. È spesso vittima di bullismo e umiliata di fronte ad altri studenti.

Storia di successo: Jane inizia a usare la maschera della bestia, presentandosi come forte e sicura di sé. Ha imparato ad esprimere i suoi limiti e ad esigere rispetto. Di conseguenza, il bullismo è diminuito notevolmente e alcuni ex bulli hanno interrotto i loro attacchi.

Esempio 2: Scenario: Mark era bersaglio di bullismo mentale sul lavoro. Il suo capo critica costantemente il suo lavoro e fa commenti sprezzanti davanti ai suoi colleghi.

Storia di successo: Mark decide di utilizzare una maschera da bestia al lavoro. Diventa più fiducioso in se stesso e inizia a difendere i suoi interessi. Ben presto il capo nota un cambiamento nel comportamento di Mark e smette di umiliarlo. Mark inizia a ricevere più rispetto dai suoi colleghi.

Esempio 3: Scenario: Anna soffre di bullismo online. Riceve spesso minacce e insulti da persone anonime sui social network.

Storia di successo: Anna inizia a indossare una maschera da bestia nel mondo virtuale. Smette di reagire alle provocazioni e alle minacce e inizia invece a esprimere i suoi pensieri e sentimenti in modo assertivo e sicuro. Ciò fa sì che gli aggressori perdano interesse e smettano di inseguirla.

Questi esempi dimostrano come l'uso della maschera della bestia possa aiutare le vittime di bullismo a cambiare mentalità e comportamento, il che a sua volta porta ad una diminuzione dell'aggressività e ad un miglioramento della qualità della vita. Sottolineano l'importanza della fiducia e della forza nelle situazioni di bullismo e dimostrano che ciò può essere raggiunto con la giusta preparazione mentale e strategie di difesa.

Utilizzando la Maschera della Bestia potresti incontrare una serie di ostacoli che potrebbero comprometterne l'efficacia. Ecco alcuni dei principali ostacoli e come superarli:

1. Paura e incertezza: le vittime di bullismo spesso provano paura e insicurezza, che possono interferire con l'uso della maschera della bestia. Potrebbero temere una reazione negativa da parte degli altri o temere che ciò non farà altro che peggiorare la situazione.

- Superamento: per superare la paura e l'incertezza, è importante abituarsi gradualmente all'uso della maschera della bestia. Questo può essere fatto praticando la regolazione emotiva e l'assertività. La formazione e il gioco di ruolo possono aiutare a migliorare le capacità di controllo emotivo e ad aumentare la fiducia.

2. Mancanza di sostegno da parte degli altri: alcune persone potrebbero non comprendere o approvare l'uso della maschera della bestia, il che può causare difficoltà a coloro che cercano di usarla.

- Affrontare la situazione: è importante trovare sostegno da amici intimi, familiari o professionisti che comprendano la tua situazione e siano disposti ad aiutarti. Entrare in contatto con le persone che ti supportano può aiutarti a rafforzare la tua autostima e la fiducia nell'uso della maschera della bestia.

3. Mancanza di pratica e formazione: l'uso della maschera della bestia richiede pratica e formazione per diventare un efficace strumento anti-bullismo. Per alcuni potrebbe essere difficile mantenerlo regolarmente.

- Superamento: la pratica e l'allenamento regolari sono fondamentali per utilizzare con successo la maschera della bestia. Sviluppa le tue capacità di regolazione emotiva e fiducia in te stesso ripetendo affermazioni positive e partecipando a scenari di formazione con il supporto di amici o professionisti.

4. Perseveranza dell'aggressore: a volte gli aggressori possono essere persistenti e continuare le loro azioni nonostante utilizzino la maschera della bestia.

- Superamento: in tali situazioni, è importante rimanere persistenti e coerenti nell'usare la maschera della bestia. Utilizzare strategie di comunicazione assertiva e stabilità emotiva per affrontare efficacemente un aggressore.

Superare questi ostacoli richiede tempo, impegno e supporto, ma con la pratica e la tenacia puoi padroneggiare l'uso della Maschera della Bestia e difenderti efficacemente dal bullismo.

Mantenere la motivazione e la fiducia in se stessi mentre si utilizza la maschera della bestia è la chiave per combattere con successo il bullismo. Ecco alcuni suggerimenti che possono aiutarti in questo:

1. Determina i tuoi obiettivi e motivazioni: determina perché vuoi usare la maschera della bestia e quali obiettivi vuoi raggiungere. Tieni i tuoi obiettivi davanti agli occhi e ricordali quando sorgono difficoltà.

2. Pratica regolarmente: la pratica e l'allenamento regolari ti aiuteranno a diventare più sicuro nell'uso della maschera della bestia. Prenditi del tempo ogni giorno per praticare la regolazione emotiva e la comunicazione assertiva.

3. Impara dai tuoi errori: se qualcosa non funziona, non disperare. Cerca invece di imparare dai tuoi errori e di capire come puoi migliorare le tue capacità. Ogni fallimento ti avvicina al successo se sei disposto a imparare.

4. Cerca supporto: non esitare a chiedere aiuto ad amici, familiari o professionisti se hai bisogno di supporto o consigli. Racconta loro la tua esperienza con la maschera della bestia e chiedi feedback.

5. Mantieni una mentalità positiva: concentrati sui tuoi punti di forza e sui tuoi risultati piuttosto che su fallimenti e difficoltà. Ricorda che puoi superare qualsiasi ostacolo se credi in te stesso.

6. Premiati per il successo: premiati per i tuoi risultati nell'uso della

maschera della bestia. Premiati dopo ogni sfida che superi o ogni piccolo obiettivo che raggiungi.

7. Tieni un registro dei progressi: tenere un diario dei tuoi progressi ti aiuterà a tenere traccia dei tuoi progressi e miglioramenti. Ti aiuterà anche a vedere quanta strada hai già fatto.

8. Rimani flessibile e paziente: ricorda che lo sviluppo delle competenze richiede tempo e impegno. Preparati al fatto che non tutto sarà perfetto fin dall'inizio e continua ad andare avanti anche nei momenti difficili.

Mantieniti motivato e fiducioso seguendo questi suggerimenti e ricorda che ogni passo avanti ti avvicina al raggiungimento dei tuoi obiettivi.

Usare una maschera da bestia può essere un modo efficace per proteggersi dal bullismo, ma è importante avere il sostegno degli altri e cercare un aiuto professionale se necessario. Ecco alcune fonti di supporto su cui puoi fare affidamento quando usi la maschera della bestia:

1. Famiglia e amici: le persone vicine come familiari e amici possono essere la tua prima linea di difesa. Possono fornirti supporto emotivo, aiutarti a rilassarti e darti consigli su come affrontare il bullismo.

2. Insegnanti e datori di lavoro: se sei vittima di bullismo a scuola, all'università o al lavoro, chiedi aiuto ai tuoi insegnanti o alla direzione. Possono suggerire strategie per risolvere il problema e adottare misure per prevenire ulteriori incidenti.

3. Psicologi e consulenti: psicologi professionisti, consulenti e terapisti hanno le competenze e l'esperienza necessarie per aiutare ad affrontare le difficoltà emotive, compreso il bullismo. Possono fornirti supporto emotivo, aiutarti a sviluppare strategie di coping e offrire consigli specifici.

4. Gruppi di supporto: aderire a gruppi di supporto per vittime di bullismo può offrirti l'opportunità di condividere esperienze con persone che affrontano problemi simili. In questi gruppi puoi ottenere supporto, comprensione e consigli pratici.

5. Risorse online: sono disponibili molte risorse online per aiutare a combattere il bullismo e fornire supporto alle vittime. Potrebbero essere siti Web, forum, comunità di social media o app di supporto per la salute mentale.

6. Linee di assistenza: in alcuni paesi esistono organizzazioni che offrono linee di assistenza per le persone che affrontano bullismo e altri problemi. Puoi contattarli per supporto e consigli riservati.

È importante ricordare che chiedere aiuto non è un segno di debolezza, ma, al contrario, una manifestazione di forza e fiducia in se stessi. Trova persone di cui ti fidi e non esitare a contattarle se hai bisogno di aiuto. Insieme puoi affrontare qualsiasi difficoltà, incluso il bullismo.

❖·❖·❖·❖·❖·❖·❖·❖·❖·❖·❖·❖·❖·❖·❖

Capitolo 14.
Creare un ambiente scolastico sicuro.

Il ruolo delle scuole e delle istituzioni educative nella prevenzione del bullismo è fondamentale per creare un ambiente sicuro e solidale per tutti gli studenti. Ecco alcuni punti chiave che definiscono il ruolo della scuola in questo processo:

1. Stabilire una politica di tolleranza zero: le scuole dovrebbero avere politiche chiare e inequivocabili che proibiscano il bullismo in tutte le sue forme. Ciò include la definizione del bullismo, l'indicazione che non sarà tollerato e la descrizione delle conseguenze per i trasgressori.

Stabilire una politica scolastica di tolleranza zero è fondamentale per combattere il bullismo e garantire la sicurezza di tutti gli studenti. Dovrebbe includere una chiara definizione di bullismo, l'indicazione che non sarà tollerato e una descrizione delle conseguenze per i trasgressori.

Le politiche dovrebbero definire chiaramente cosa è considerato bullismo, compreso il bullismo fisico, verbale, psicologico e informatico. Ciò aiuta tutti coloro che sono coinvolti nel processo educativo a capire quale sia il comportamento inaccettabile.

Inoltre, è importante sottolineare che il bullismo, in qualsiasi sua forma, non sarà tollerato e sarà severamente punito. Ciò crea confini chiari e invia un segnale forte che la scuola prende molto sul serio il bullismo.

Una politica di tolleranza zero dovrebbe anche delineare le conseguenze per i trasgressori. Ciò può includere azioni disciplinari, partecipazione obbligatoria a programmi educativi o consulenza e coinvolgimento dei genitori degli autori di reato per risolvere congiuntamente il problema.

È importante che la politica di tolleranza zero non sia solo un documento cartaceo, ma un vero e proprio meccanismo di lavoro sostenuto da tutti i dipendenti della scuola e utilizzato attivamente nella pratica quotidiana. Ciò richiede la formazione del personale, il monitoraggio del rispetto delle politiche e l'aggiornamento regolare delle strategie per soddisfare le mutevoli esigenze e sfide.

2. Formazione per il personale e gli studenti: le scuole dovrebbero fornire formazione al personale e agli studenti sul bullismo, sulle sue conseguenze e su come prevenirlo. Ciò può includere formazione, corsi di competenza sociale e programmi di supporto per la salute mentale.

Educare il personale e gli studenti al bullismo è un passo importante nella prevenzione del bullismo e nella creazione di un ambiente scolastico sicuro. La formazione e le lezioni sulle competenze sociali possono aiutare gli studenti a sviluppare capacità di empatia, rispetto per le differenze, risoluzione dei conflitti e relazioni sane.

Per il personale, la formazione dovrebbe includere la consapevolezza dei segnali del bullismo, strategie di prevenzione e intervento e modalità per sostenere le vittime e gli autori del bullismo. Ciò aiuta il personale a riconoscere il bullismo, a rispondere in modo efficace e a fornire aiuto e supporto adeguati.

La formazione può includere anche programmi di sostegno alla salute mentale volti a sviluppare le capacità degli studenti di autoregolamentazione, gestione dello stress e adattamento a situazioni negative. Ciò consente ai bambini di comprendere e gestire meglio le proprie emozioni, rendendoli meno propensi a essere coinvolti nel bullismo come vittima o perpetratore.

È importante che l'apprendimento sia sistematico e integrato nel processo educativo e non un evento casuale o isolato. Ciò aiuta a creare una cultura di rispetto e sostegno in cui il bullismo non trova spazio e gli studenti si sentono sicuri e rispettati.

3. Creare un ambiente favorevole: le scuole dovrebbero lavorare attivamente per creare un ambiente solidale e inclusivo in cui ogni studente si senta sicuro e rispettato. Ciò include l'organizzazione di eventi amichevoli, il sostegno alla diversità e la creazione di opportunità per interazioni positive tra gli studenti.

Creare un ambiente scolastico favorevole è fondamentale per prevenire il bullismo e promuovere il benessere di tutti gli studenti. Per raggiungere questo obiettivo, è necessario adottare misure attive per organizzare eventi amichevoli e inclusivi che aiutino a creare un'atmosfera positiva nell'istituto scolastico.

Un modo per creare un ambiente favorevole è ospitare attività che promuovano la diversità e rispettino le differenze individuali. Potrebbero essere giornate a tema dedicate a diverse culture e tradizioni, eventi dedicati al Mese dell'Orgoglio o alla Giornata Internazionale della Tolleranza, nonché progetti educativi volti allo studio della storia e della cultura dei diversi popoli.

Inoltre, le scuole possono organizzare programmi per fornire supporto psicologico e sviluppare le abilità sociali degli studenti. Ciò potrebbe includere lezioni sullo sviluppo dell'intelligenza emotiva, formazione sulla comunicazione e sulla risoluzione dei conflitti, nonché lezioni di gruppo volte a costruire amicizie e rafforzare lo spirito di squadra.

È anche importante creare opportunità per interazioni positive tra studenti di età, classi e background socioculturali diversi. Possono trattarsi di progetti cooperativi, eventi di volontariato, competizioni sportive o mostre d'arte che aiutano a riunire gli studenti e a sviluppare un senso di appartenenza alla comunità scolastica.

La creazione di un ambiente di tale sostegno richiede sforzi da parte di tutto il personale scolastico, compresa l'amministrazione, gli insegnanti, gli psicologi e i genitori. Tuttavia, i risultati in termini di miglioramento del clima scolastico e di riduzione del bullismo valgono lo sforzo.

4. Intervento proattivo: le scuole devono rispondere rapidamente agli episodi di bullismo e attuare interventi efficaci per fermare tale comportamento. Ciò può includere intervistare i partecipanti, imporre misure disciplinari e fornire sostegno sia alle vittime che agli autori del reato.

L'intervento scolastico proattivo è fondamentale per combattere il bullismo e fornire un ambiente sicuro e solidale per gli studenti. Ciò significa non solo rispondere agli episodi di bullismo, ma anche adottare misure concrete per fermare tale comportamento e sostenere tutte le persone coinvolte.

È importante che le scuole rispondano rapidamente agli episodi di bullismo. Ciò può includere lo svolgimento immediato di interviste con le persone coinvolte nell'incidente per chiarire le circostanze e le conseguenze dell'incidente. Queste conversazioni devono prestare attenzione sia alle vittime che ai carnefici, dando loro l'opportunità di esprimere i propri sentimenti e punti di vista.

Le scuole possono utilizzare una serie di misure disciplinari per fermare il bullismo e impedire che si ripeta. Ciò può includere punizioni sotto forma di rimprovero, sospensione dalla scuola per un certo periodo, nonché programmi educativi o formazione sulle abilità sociali e sulle competenze emotive.

Un aspetto importante dell'intervento proattivo è fornire supporto sia alle vittime del bullismo che ai perpetratori. Alle vittime dovrebbe essere offerto sostegno psicologico ed emotivo, nonché assistenza per ricostruire la fiducia negli altri. Agli autori del reato dovrebbe essere offerto aiuto per comprendere e gestire le proprie emozioni e per sviluppare modalità adeguate di interazione con gli altri.

Pertanto, l'intervento scolastico proattivo nei casi di bullismo non solo aiuta a fermare i comportamenti negativi, ma aiuta anche a creare un ambiente sicuro e solidale per tutti gli studenti.

5. Collaborazione con i genitori e la comunità: è importante che le scuole collaborino con i genitori, la comunità e le organizzazioni esterne nella prevenzione del bullismo. I genitori possono fornire informazioni e supporto preziosi e le organizzazioni esterne possono fornire ulteriori risorse e competenze.

La collaborazione tra scuole, genitori e comunità è importante per combattere il bullismo e creare un ambiente di apprendimento sicuro per tutti i bambini.

I genitori hanno una prospettiva unica sul comportamento e sullo stato emotivo dei loro figli. Fornire informazioni preziose alla scuola sul bullismo che potrebbe verificarsi al di fuori della scuola aiuta gli insegnanti e gli amministratori a rispondere in modo più efficace al problema. I genitori possono anche fornire ulteriore supporto ai propri figli aiutandoli a sviluppare capacità di autodifesa, comunicazione e resilienza emotiva.

Anche la collaborazione con organizzazioni esterne come organizzazioni non governative, centri di aiuto per bambini o esperti di bullismo è un aspetto importante della prevenzione del bullismo. Queste organizzazioni possono fornire alle scuole risorse aggiuntive, programmi e supporto di esperti per sviluppare strategie anti-bullismo efficaci e fornire un ambiente sicuro per gli studenti.

Pertanto, la collaborazione tra scuola, genitori e comunità è un elemento chiave per combattere con successo il bullismo. Riunisce tutte le parti interessate per creare un ambiente solidale e sicuro in cui ogni bambino possa sentirsi protetto e rispettato.

6. Monitoraggio e valutazione: le scuole dovrebbero monitorare regolarmente gli episodi di bullismo, valutare l'efficacia dei loro interventi e, se necessario, apportare modifiche alle loro politiche e pratiche.

Il monitoraggio e la valutazione sono componenti importanti degli sforzi di una scuola per prevenire il bullismo e creare un ambiente sicuro per gli studenti.

Le scuole dovrebbero monitorare regolarmente gli episodi di bullismo per comprendere la portata del problema e le sue caratteristiche. Ciò può includere analisi degli incidenti, statistiche e feedback di studenti, genitori e personale scolastico. Un monitoraggio efficace può identificare tendenze, identificare cause e fattori che contribuiscono al bullismo e identificare gruppi vulnerabili di studenti.

Valutare l'efficacia degli interventi di prevenzione del bullismo ci consente di determinare quanto hanno avuto successo nel raggiungere i loro obiettivi. Le scuole dovrebbero rivedere regolarmente i risultati dei loro sforzi utilizzando dati sia quantitativi che qualitativi. Ciò consente di identificare tecniche e strategie di successo, nonché quelle che richiedono aggiustamenti o revisioni.

È anche importante valutare il clima generale della scuola e il livello di rispetto, sostegno e inclusione tra gli studenti. Condurre sondaggi anonimi o focus group tra gli studenti può aiutare a identificare la loro percezione dell'ambiente scolastico e identificare potenziali problemi o vulnerabilità.

Sulla base dei risultati del monitoraggio e della valutazione, le scuole dovrebbero agire per adeguare le politiche e le pratiche, se necessario. Ciò potrebbe includere modifiche al curriculum, meccanismi migliorati per rispondere agli episodi di bullismo e l'aggiornamento delle politiche scolastiche per riflettere le migliori pratiche e linee guida.

In questo modo, il monitoraggio e la valutazione consentono alle scuole di tenere sotto controllo il bullismo, adattare i propri approcci alle esigenze e rispondere efficacemente ai cambiamenti nell'ambiente educativo.

Nel complesso, le scuole svolgono un ruolo chiave nella lotta al bullismo creando un ambiente sicuro e solidale in cui ogni studente ha diritto a un'istruzione senza paure o minacce.

Programmi e iniziative per creare ambienti scolastici sicuri e inclusivi:

1. Formazione degli insegnanti e del personale scolastico:

Educare gli insegnanti e il personale scolastico sul bullismo è un passo fondamentale nella creazione di un ambiente sicuro e di sostegno per gli studenti. Ciò fornisce agli insegnanti le conoscenze e le competenze necessarie per riconoscere, prevenire e rispondere al bullismo.

Questa formazione fornisce al personale scolastico informazioni sulle varie forme di bullismo, compreso il bullismo fisico, verbale, sociale e il cyberbullismo. Impareranno quali azioni e comportamenti possono essere riconosciuti come bullismo e impareranno anche a distinguerlo dai conflitti ordinari o dai disaccordi amichevoli.

Altro aspetto importante della formazione è la consapevolezza delle conseguenze del bullismo sulle vittime, sui carnefici e sull'intera comunità scolastica. Gli insegnanti apprendono le conseguenze emotive e psicologiche negative che possono verificarsi nei bambini vittime di bullismo e come il problema può influenzare il clima generale della scuola.

Inoltre, la formazione include l'introduzione alle tecniche di prevenzione del bullismo e alle strategie efficaci di risposta agli incidenti. Ciò può includere l'insegnamento delle abilità comunicative, la risoluzione dei conflitti, la definizione di regole in classe e la creazione di un'atmosfera favorevole.

È importante che la formazione sia regolare e includa scenari pratici e giochi di ruolo in modo che gli insegnanti possano mettere in pratica ciò che imparano. È inoltre necessario fornire al personale risorse e sostegno affinché possa rispondere efficacemente al bullismo e aiutare i bambini in situazioni difficili.

La formazione degli insegnanti sull'empatia, sulla risoluzione dei conflitti e sulla gestione della classe sono strumenti importanti che aiutano a sviluppare le abilità e le competenze necessarie per creare un ambiente di apprendimento sicuro e di supporto.

Un corso sull'empatia consente agli insegnanti di comprendere meglio le emozioni e le esperienze degli studenti, aiutandoli a individuare i segnali di disagio e a individuare il bullismo nelle sue fasi iniziali. Ciò aiuta anche a costruire una relazione più fiduciosa tra insegnante e studente.

La formazione sulla risoluzione dei conflitti insegnerà agli insegnanti come gestire efficacemente le situazioni di conflitto in classe, aiutando gli studenti a trovare modi costruttivi per risolvere i problemi e prevenendo l'escalation dei conflitti che possono portare al bullismo.

La gestione della classe è un altro aspetto importante della formazione degli insegnanti che li aiuta a gestire efficacemente il comportamento degli studenti e a creare un ambiente di apprendimento strutturato in cui tutti si sentono sicuri e rispettati.

Questi corsi di formazione non solo aiutano a prevenire il bullismo, ma contribuiscono anche al successo complessivo degli studenti migliorando l'esperienza educativa e rafforzando la comunità scolastica.

2. Programmi formativi per gli studenti:

Le lezioni sull'importanza del rispetto, della tolleranza e della comprensione delle differenze sono fondamentali per la competenza sociale e l'intelligenza emotiva degli studenti. In queste lezioni, gli studenti apprendono i principi fondamentali del rispetto per gli altri, indipendentemente dalla loro razza, sesso, religione, background culturale o sociale.

È importante che le lezioni sul rispetto e sulla tolleranza siano incluse nel curriculum il più presto possibile e continuino durante tutta l'istruzione. Ciò aiuta a rafforzare questi valori nella mente degli studenti e a sviluppare atteggiamenti positivi nei confronti della diversità e dell'inclusione.

Nelle lezioni sull'insegnamento del rispetto e della tolleranza, gli studenti studiano esempi di discriminazione e comportamento negativo e ne discutono le conseguenze per l'individuo e la società. Apprendono inoltre il concetto di empatia e imparano a mettersi nei panni degli altri, comprendendone i sentimenti e le esperienze.

Inoltre, attraverso queste lezioni, gli studenti esplorano la diversità culturale e religiosa e apprendono culture, tradizioni e costumi diversi, il che aiuta a sviluppare la loro apertura alle novità e il rispetto per le differenze.

Le lezioni sul rispetto e sulla tolleranza possono includere anche competenze didattiche per risolvere i conflitti pacificamente e incoraggiare interazioni positive tra gli studenti. Ciò contribuisce a creare un clima di comprensione reciproca, fiducia e sicurezza nella scuola, dove ogni studente si sente accettato e rispettato.

Insegnare la competenza sociale a scuola svolge un ruolo importante nello sviluppo delle competenze degli studenti necessarie per un'interazione efficace con gli altri e l'adattamento nell'ambiente sociale.

Questo processo comprende diversi aspetti chiave:

Gli studenti imparano a esprimere i propri pensieri e le proprie idee in modo efficace, ad ascoltare gli altri, a porre domande e a risolvere i conflitti in modo costruttivo.

Anche lo sviluppo dell'intelligenza emotiva è una parte importante dell'apprendimento. Gli studenti imparano a riconoscere e gestire le proprie emozioni, a comprendere gli stati emotivi degli altri e a mostrare empatia e sostegno.

Insegnare la competenza sociale aiuta gli studenti a sviluppare il rispetto per le differenze, comprese le differenze di cultura, razza, genere, religione e altri aspetti. Ciò contribuisce alla formazione di una società tollerante e inclusiva.

I programmi di formazione sulle competenze sociali includono tipicamente una varietà di tecniche come giochi di ruolo, discussioni di gruppo, esercizi di empatia e studi di casi. Anche gli insegnanti svolgono un ruolo importante modellando il comportamento socio-comunicativo e fornendo ulteriore supporto e guida agli studenti.

L'obiettivo di tali programmi non è solo quello di sviluppare competenze, ma anche di sviluppare un comportamento informato e responsabile nelle situazioni sociali, che a sua volta contribuisce alla creazione di un ambiente sicuro e solidale a scuola.

3. Programmi di sostegno alla salute mentale:

I programmi scolastici di sostegno alla salute mentale svolgono un ruolo importante nel fornire un ambiente positivo per l'apprendimento e lo sviluppo degli studenti. Uno di questi programmi consiste nel fornire sessioni di gruppo agli studenti per ridurre lo stress e migliorare l'autostima.

Queste sessioni sono solitamente condotte da psicologi qualificati o operatori sanitari. Possono includere vari metodi e tecniche volti a migliorare il benessere psicologico degli studenti.

Queste sessioni consentono agli studenti di discutere le proprie emozioni, esperienze e preoccupazioni in un ambiente sicuro e di supporto. Imparano ad esprimere i propri sentimenti, a riconoscerli e a trovare modi per affrontare lo stress e le difficoltà.

Inoltre, queste sessioni di gruppo possono includere vari esercizi e giochi volti a sviluppare capacità di autoregolamentazione, migliorare le capacità di comunicazione e sviluppare il supporto sociale tra gli studenti.

L'obiettivo di tali programmi non è solo aiutare gli studenti a risolvere i loro problemi personali e alleviare lo stress, ma anche fornire loro competenze e risorse per migliorare il loro benessere psicologico generale. Ciò aiuta a creare un ambiente scolastico più sano e solidale in cui ogni studente si sente apprezzato e rispettato.

Fornire consulenza individuale agli studenti che incontrano difficoltà emotive dovute al bullismo è un aspetto importante del sostegno alla salute mentale a scuola.

Queste consultazioni sono solitamente condotte da psicologi autorizzati o consulenti di salute mentale. Forniscono agli studenti l'opportunità di discutere i loro problemi e le loro esperienze emotive in un ambiente confidenziale.

Attraverso la consulenza individuale, gli studenti possono ricevere supporto, comprensione e risorse per affrontare efficacemente le emozioni negative e lo stress causati dal bullismo. Uno psicologo o un consulente può aiutare lo studente a comprendere i propri sentimenti, identificare i fattori di stress e trovare modi per rispondere ad essi.

La consulenza può includere una varietà di metodi e tecniche volti a gestire le emozioni, migliorare l'autostima e sviluppare strategie anti-bullismo. Ciò fa sentire lo studente supportato e lo aiuta ad apprendere capacità di risoluzione dei problemi e di adattamento a situazioni avverse.

Lo scopo principale della consulenza individuale è fornire agli studenti un supporto personalizzato per il loro benessere psicologico e aiutarli ad affrontare gli effetti negativi del bullismo. Ciò aiuta a costruire la resilienza emotiva degli studenti e migliora il loro benessere generale.

4. Eventi e campagne:

Organizzare settimane o mesi a tema anti-bullismo e diversità è un modo efficace per aumentare la consapevolezza sul bullismo e creare un ambiente scolastico positivo.

Attraverso tali attività, le scuole possono intraprendere una serie di attività, eventi e campagne volte a sensibilizzare, promuovere la tolleranza e contribuire a creare un ambiente inclusivo per tutti gli studenti.

Uno degli elementi chiave di queste settimane o mesi a tema è l'organizzazione di eventi educativi come conferenze, workshop, dibattiti e lezioni sul tema del bullismo e sull'importanza di sostenere la diversità. Questi eventi possono includere discorsi di specialisti, psicologi, nonché storie di studenti che hanno subito episodi di bullismo o che sostengono la diversità.

Inoltre, le scuole possono organizzare vari progetti creativi, concorsi, mostre d'arte ed eventi sportivi che mirano a sostenere la diversità e promuovere l'importanza del rispetto per ogni studente. Ciò può includere la creazione di opere d'arte, poster, video o spettacoli che esprimano messaggi anti-bullismo e promuovano la tolleranza.

Tali settimane o mesi tematici possono includere anche eventi e giorni speciali, come il "Giorno dell'Amicizia", il "Giorno della Gentilezza", il "Giorno della Tolleranza" e altri, durante i quali gli studenti possono partecipare a varie buone azioni, azioni e iniziative, volte a sostenere ciascuno altro e contrasto ai fenomeni negativi, compreso il bullismo.

Nel complesso, l'organizzazione di eventi a tema svolge un ruolo importante nel creare un'atmosfera positiva nella scuola, sensibilizzando sui pericoli del bullismo e sull'importanza di sostenere la diversità e aiutando a sviluppare gli studenti come cittadini tolleranti, empatici e responsabili.

Lo svolgimento di attività volte a sensibilizzare sui danni del bullismo e sui modi per prevenirlo svolge un ruolo importante nella lotta contro questo fenomeno negativo e nella creazione di un ambiente sicuro a scuola.

Tali eventi possono includere una vasta gamma di attività e iniziative. Ad esempio, le scuole possono organizzare conferenze e presentazioni per studenti, genitori ed educatori in cui esperti di bullismo condividono informazioni sui suoi effetti dannosi sulle vittime e sugli autori e discutono strategie efficaci per prevenire e porre fine al bullismo.

Inoltre gli eventi possono prevedere giornate o settimane a tema dedicate all'antibullismo. Durante questi eventi, gli studenti possono partecipare a una varietà di attività, giochi, discussioni e progetti creativi che li aiuteranno a comprendere meglio il problema del bullismo e ad apprendere modi efficaci per affrontarlo.

Inoltre, le scuole possono utilizzare strumenti tecnologici come video, presentazioni interattive e corsi online per fornire informazioni sul bullismo a un pubblico più ampio e renderle accessibili a tutte le parti interessate.

È importante che questi eventi non siano solo informativi, ma anche interattivi e stimolanti. Dovrebbero includere elementi di discussione, giochi di ruolo, studi di casi e altre attività che aiuteranno i partecipanti ad acquisire empatia, sviluppare capacità di risoluzione dei conflitti e discutere i loro pensieri e sentimenti riguardo al bullismo.

Nel complesso, le attività di sensibilizzazione contro il bullismo rappresentano un passo importante verso la creazione di un ambiente educativo privo di violenza e discriminazione e la promozione di una società tollerante e rispettosa.

5. Programmi interscolastici e internazionali:

La partecipazione a programmi interscolastici o internazionali dedicati alla lotta al bullismo e alla violenza tra i bambini può essere un modo significativo ed efficace per condividere esperienze, idee e migliori pratiche tra diverse scuole e comunità.

Questi programmi in genere comportano la collaborazione tra diverse scuole, sia all'interno che all'esterno del paese. Questi possono includere lo scambio di studenti e personale docente, eventi congiunti, seminari, corsi di formazione e conferenze, nonché progetti di ricerca congiunti.

Lo scopo principale di tali programmi è condividere conoscenze ed esperienze nella prevenzione e nel fermare il bullismo, nonché creare reti di supporto tra scuole e comunità. La partecipazione a tali programmi consente alle scuole di conoscere le migliori pratiche che sono state implementate con successo altrove e di adattarle al proprio contesto.

Inoltre, i programmi interscolastici e internazionali promuovono anche la comprensione e la cooperazione interculturale, che rappresenta un aspetto importante dell'apprendimento degli studenti nel mondo di oggi. Interagire con colleghi di altri paesi consente agli studenti di comprendere meglio una varietà di culture e punti di vista e di sviluppare rispetto e tolleranza per le differenze.

Pertanto, la partecipazione a programmi antibullismo interscolastici e internazionali può arricchire significativamente l'esperienza di apprendimento scolastico, contribuire allo sviluppo della responsabilità sociale e alla formazione di un ambiente amichevole e sicuro a scuola e oltre.

La condivisione di esperienze con altre scuole e organizzazioni è un aspetto importante nello sviluppo di strategie anti-bullismo efficaci. Questo processo consente alle scuole di conoscere le migliori pratiche che sono state implementate con successo altrove e di utilizzare questa esperienza per le proprie esigenze.

Condividendo le esperienze, le scuole possono discutere diversi approcci per prevenire e porre fine al bullismo, nonché condividere i propri metodi e strategie. Ciò può includere la condivisione di informazioni sui programmi di formazione, lo svolgimento di sessioni di lavoro congiunte, la partecipazione a progetti di ricerca congiunti e la condivisione di risorse.

Inoltre, la collaborazione con altre scuole e organizzazioni consente anche la condivisione di informazioni su specifici episodi di bullismo e metodi efficaci per affrontarli. Ciò aiuta le scuole a sviluppare strategie adattive che si adattino alle proprie esigenze e ai propri contesti.

L'obiettivo principale della condivisione delle esperienze è quello di costruire congiuntamente una comunità in cui ciascuna scuola possa sostenersi a vicenda nella lotta al bullismo e nella creazione di un ambiente sicuro e inclusivo per tutti gli studenti. Ciò consente alle istituzioni di condividere non solo i successi, ma anche le sfide che devono affrontare e di sviluppare congiuntamente le strategie più efficaci per affrontare il bullismo.

6. Coinvolgimento dei genitori e della comunità:

La conduzione di incontri e seminari con i genitori sul bullismo e sui metodi di sostegno ai bambini svolge un ruolo chiave nella lotta contro questo fenomeno negativo. Incontri di questo tipo rappresentano un'opportunità per i genitori di ottenere informazioni sui segnali del bullismo, sulle sue conseguenze e sui modi per aiutare i propri figli in caso di problema.

Gli incontri e i workshop con i genitori offrono ai genitori l'opportunità di discutere le loro preoccupazioni e domande con professionisti esperti come psicologi o assistenti sociali. Possono ricevere suggerimenti e consigli su come comunicare con i bambini in merito al bullismo, come riconoscere i segnali che indicano che il loro bambino è una vittima o un perpetratore e come aiutarlo ad affrontare la situazione.

Un aspetto importante di questi incontri è creare un ambiente di sostegno in cui i genitori possano sentirsi a proprio agio e liberi di esprimere i propri pensieri e preoccupazioni. Ciò promuove una comunicazione più aperta ed efficace tra scuola e famiglia, che a sua volta contribuisce a sforzi anti-bullismo più efficaci.

Inoltre, organizzare riunioni e workshop con i genitori può anche aiutare i genitori a diventare partecipanti attivi negli sforzi contro il bullismo nella loro comunità. Possono unirsi a comitati di genitori o gruppi di azione che lavorano per creare un ambiente sicuro per i bambini a scuola e oltre.

Il coinvolgimento di organizzazioni pubbliche ed esperti svolge un ruolo importante nella lotta al bullismo e nel sostegno ai bambini colpiti da questo fenomeno. Le organizzazioni comunitarie come le organizzazioni non governative (ONG) possono fornire risorse e supporto preziosi e aiutare a organizzare eventi e campagne di prevenzione del bullismo.

Esperti in psicologia, sociologia, istruzione e altri campi correlati possono essere di grande aiuto prestando la loro conoscenza ed esperienza per sviluppare strategie anti-bullismo efficaci. Possono consigliare il personale scolastico e i genitori su come prevenire e rispondere al bullismo e aiutare a valutare l'efficacia dei programmi e delle pratiche.

È anche importante collaborare con le forze dell'ordine locali e le agenzie governative per lavorare insieme per combattere il bullismo. Queste organizzazioni possono fornire risorse aggiuntive e supporto legale e aiutare a indagare su gravi episodi di bullismo.

Pertanto, il coinvolgimento di organizzazioni pubbliche ed esperti è una componente importante di un approccio globale alla prevenzione e al superamento del bullismo nelle istituzioni educative. Questi partner possono fornire risorse, conoscenze ed esperienze aggiuntive che possono migliorare notevolmente gli sforzi delle scuole e delle comunità per fornire un ambiente sicuro e solidale per tutti gli studenti.

7. Monitoraggio e valutazione:

Il monitoraggio regolare degli episodi di bullismo e la valutazione dell'efficacia delle misure adottate sono elementi chiave per combattere con successo questo fenomeno nell'ambiente scolastico.

Per gestire efficacemente gli episodi di bullismo, è necessario tenere registrazioni sistematiche di tutti gli episodi. Ciò include la registrazione di episodi di bullismo, inclusa la data, il luogo, i partecipanti e la descrizione di ciò che è accaduto. È anche importante identificare i casi ripetuti o gravi di bullismo in modo da poter intraprendere le azioni appropriate.

Oltre a registrare gli episodi di bullismo, è necessario valutare regolarmente l'efficacia delle misure adottate per prevenirlo. Ciò può includere l'analisi dei dati sugli episodi di bullismo, la valutazione del grado di conformità alle politiche anti-bullismo e l'esame dei feedback e delle raccomandazioni di studenti, genitori e personale scolastico.

Valutare l'efficacia delle misure adottate aiuta a determinare quali aspetti delle politiche e delle pratiche richiedono miglioramenti e su quali aree occorre concentrarsi. Sulla base di questi dati, è possibile sviluppare strategie anti-bullismo più efficaci e migliorare continuamente i sistemi di supporto agli studenti.

Il monitoraggio e la valutazione regolari svolgono quindi un ruolo importante nel mantenere un ambiente scolastico sicuro e solidale, nonché nel migliorare continuamente i metodi per prevenire e rispondere al bullismo.

L'analisi dei dati svolge un ruolo importante nella comprensione delle tendenze e dell'efficacia degli interventi antibullismo in ambito scolastico.

Il processo di analisi dei dati raccoglie informazioni sugli episodi di bullismo, le loro caratteristiche, il contesto, i partecipanti e le conseguenze. Questi dati possono includere il numero e il tipo di incidenti, le parti coinvolte e le caratteristiche di dove e quando si sono verificati gli incidenti.

Lo scopo principale dell'analisi dei dati è identificare tendenze e modelli nel comportamento e nelle dinamiche del bullismo a scuola. Ad esempio, l'analisi può mostrare che determinati luoghi o periodi di tempo sono più frequenti per gli episodi di bullismo o che determinati gruppi di studenti hanno maggiori probabilità di essere vittime o autori. Questi risultati potrebbero aiutare le scuole a indirizzare meglio i loro sforzi di prevenzione del bullismo.

I dati vengono utilizzati anche per valutare l'efficacia delle misure antibullismo. Confrontando i dati prima e dopo l'implementazione di programmi o strategie specifici, è possibile valutare il loro impatto sul bullismo scolastico. Se dopo l'attuazione delle misure il numero di casi di bullismo è diminuito, ciò potrebbe indicare l'efficacia di tali misure.

Pertanto, l'analisi dei dati è uno strumento importante per identificare le tendenze, valutare l'efficacia degli interventi anti-bullismo e sviluppare strategie per prevenire questo fenomeno negativo nell'ambiente scolastico.

Tutti questi programmi e iniziative sopra descritti mirano a creare un ambiente scolastico sicuro e solidale per ogni studente. Questa è un'aspirazione fondamentale della comunità scolastica poiché un ambiente sicuro e solidale svolge un ruolo chiave nell'apprendimento e nello sviluppo dei bambini.

Creare un ambiente sicuro significa che ogni studente dovrebbe sentirsi protetto da ogni forma di violenza, minaccia e discriminazione. Le scuole si sforzano di creare un ambiente in cui gli studenti possano esprimersi liberamente e sentirsi a proprio agio e rispettati. Ciò include non solo la sicurezza fisica, ma anche il benessere emotivo e psicologico.

Un ambiente di supporto implica avere un sistema di supporto per tutti gli studenti, indipendentemente dalle loro esigenze o situazioni individuali. Ciò può includere l'accesso alla consulenza di psicologi, assistenti sociali, insegnanti e altri professionisti che possono aiutare con i problemi o le difficoltà che gli studenti devono affrontare.

I programmi e le iniziative sopra descritti rappresentano passi importanti nella creazione di tale ambiente. Il loro obiettivo è prevenire il bullismo, aumentare l'empatia e la competenza sociale e insegnare agli studenti e al personale scolastico strategie efficaci per la risoluzione dei conflitti e il supporto alla salute mentale.

È anche importante coinvolgere in questo processo i genitori, il pubblico e le organizzazioni esterne. I genitori possono svolgere un ruolo attivo nel sostenere i propri figli e partecipare alle attività di formazione antibullismo. Le organizzazioni e gli esperti della comunità possono fornire ulteriori risorse e competenze.

Infine, il monitoraggio e la valutazione regolari dell'efficacia degli interventi consentono alle scuole di adattare le proprie strategie per soddisfare esigenze e situazioni in evoluzione. L'analisi dei dati aiuta a identificare tendenze e approcci di successo, nonché a identificare le aree che richiedono ulteriore attenzione e miglioramento.

Pertanto, tutti questi sforzi sono avviati con l'obiettivo di creare un ambiente educativo che sia sicuro, inclusivo e di supporto per ogni studente.

Capitolo 15.
Situazioni specifiche e strategie di risposta.

Quando tuo figlio è testimone o partecipa ad atti di bullismo, è importante agire immediatamente ed efficacemente. Di seguito sono riportate le situazioni specifiche e le strategie di risposta:

1. Se tuo figlio è testimone di bullismo:

- Sostieni emotivamente tuo figlio e fagli sapere che ha fatto la cosa giusta prestando attenzione a ciò che sta accadendo.

Quando tuo figlio è testimone di bullismo, questo è un momento in cui è importante fornire supporto e guida. Assicurati prima che si senta al sicuro e poi parlagli di quello che è successo. Ascolta i suoi sentimenti e le sue reazioni, permettendogli di esprimere le sue emozioni. Sottolinea che ha fatto la cosa giusta richiamando l'attenzione sull'incidente di bullismo e lodalo per questo.

Successivamente, discuti le possibili strategie di azione con tuo figlio. Spiegagli come può aiutare una vittima di bullismo o come denunciare un incidente a scuola. Discuti le diverse opzioni e aiutalo a scegliere quella più efficace.

Sostieni la decisione di tuo figlio e fagli sapere che le sue azioni contano. Spiegare che gli interventi e i supporti aiutano a creare un ambiente scolastico sicuro. È anche importante discutere con tuo figlio come può aiutarlo in futuro a prevenire situazioni simili.

Ricorda che il tuo sostegno e la tua guida aiuteranno tuo figlio a comprendere e affrontare meglio situazioni simili in futuro. È anche importante creare un'atmosfera aperta in cui tuo figlio si senta a suo agio nel discutere di questi argomenti con te.

- Incoraggia tuo figlio a condividere informazioni con te o con altri adulti fidati su quanto accaduto.

Incoraggiare tuo figlio a condividere informazioni sul bullismo con te o con altri adulti è importante per creare fiducia e fornire un ambiente sicuro. Dovresti creare un ambiente aperto e solidale in cui tuo figlio senta di poter discutere di qualsiasi preoccupazione. Sottolinea che è importante conoscere il bullismo in modo da poterlo aiutare e proteggere. Incoraggia tuo figlio ad essere aperto e spiegagli che denunciare il bullismo non significa denunciare, ma piuttosto aiutare a risolvere il problema. Se tuo figlio non è pronto a discutere il problema con te, offri modi alternativi di comunicare, come parlare con un insegnante, un consulente scolastico o un altro adulto di fiducia. La cosa principale è che tuo figlio sappia che può contare sul tuo sostegno e aiuto in ogni situazione.

- Discutere le strategie con vostro figlio su come aiutare la vittima o su come denunciare l'incidente a scuola.

Quando si discutono le strategie per aiutare una vittima o i modi per denunciare un incidente a scuola con proprio figlio, è importante iniziare comprendendo che il bullismo può presentarsi in molte forme e manifestazioni. Spiega a tuo figlio che il bullismo può essere fisico (come picchiare o provocare) o emotivo (insulti, minacce) e può includere anche il cyberbullismo. Sottolinea che, indipendentemente dal fatto che la vittima sia un amico, un conoscente o un estraneo, è importante aiutarla.

Una volta che tuo figlio capisce il bullismo, discuti le possibili strategie per aiutare la vittima. Il sostegno può includere il sostegno alla vittima durante l'incidente, ad esempio restare accanto o chiedere aiuto a un insegnante o a un adulto. È anche importante discutere su come il bambino può sostenere la vittima dopo l'incidente, ad esempio esprimendo solidarietà o aiutando la vittima a parlare dell'incidente con un insegnante o un genitore.

Successivamente, discuti con tuo figlio come segnalare l'incidente a scuola. Sottolinea che è importante denunciare tutti gli episodi di bullismo, anche se il bambino non è la vittima o il testimone. Spiegare la procedura: chi contattare (insegnante, consulente scolastico), come descrivere l'incidente (luogo, ora, partecipanti) e perché è importante farlo il prima possibile.

Va inoltre sottolineato che le situazioni di bullismo non dovrebbero mai essere trascurate, poiché ciò può portare a gravi conseguenze per la vittima. Spiega a tuo figlio che segnalare un incidente non è una denuncia, ma un modo per aiutare a prevenire futuri episodi di bullismo e garantire un ambiente sicuro per tutti.

2. Se tuo figlio è vittima di bullismo:
- Sostieni tuo figlio con comprensione ed empatia, ma discuti anche la gravità del comportamento e le sue conseguenze.

Quando tuo figlio viene coinvolto in episodi di bullismo, è importante sostenerlo e discutere la gravità del suo comportamento.

All'inizio della conversazione, mostra comprensione ed empatia per tuo figlio. Digli che sei pronto ad ascoltarlo e ad aiutarlo a risolvere questa situazione. È importante che tuo figlio senta di potersi rivolgere a te per chiedere aiuto e sostegno senza paura di essere giudicato.

Tuttavia, è anche importante discutere con tuo figlio della gravità del suo comportamento e delle conseguenze per gli altri. Sottolineare che la partecipazione al bullismo influisce negativamente non solo sulla vittima, ma anche sul partecipante stesso, influenzando il suo benessere emotivo e sociale. Spiegare che il bullismo può causare gravi danni alla vittima, compresi danni psicologici e perdita di autostima, e che la partecipazione a tali atti è inaccettabile.

Parla con tuo figlio di come può migliorare la situazione. Sostienilo nel trovare modi per scusarsi con la vittima e accettare la responsabilità delle sue azioni. Incoraggiatelo a considerare modi alternativi di interagire con gli altri bambini basati sul rispetto e sulla comprensione.

Infine, assicurati che tuo figlio capisca che sei preoccupato per il suo comportamento e che sei disposto a sostenerlo nel cambiare il suo comportamento nei confronti delle altre persone. Ripetigli che può sempre rivolgersi a te per chiedere aiuto e consiglio se si verificano situazioni del genere.

- Discuti con tuo figlio quali azioni o parole potrebbero essere inappropriate e come puoi cambiare il tuo comportamento.

Quando discuti di azioni o parole inappropriate con tuo figlio, è importante affrontare la questione con comprensione e senza giudizio.

All'inizio della conversazione, sottolinea che lo scopo della discussione non è punire tuo figlio, ma aiutarlo a comprendere le conseguenze delle sue azioni e imparare a comunicare in modo più rispettoso con gli altri. Dì a tuo figlio che capisci che a volte possiamo dire o fare cose che possono causare dolore o problemi agli altri, ma è importante imparare a controllare le nostre reazioni e scegliere modi di comunicare più appropriati.

Chiedi a tuo figlio di parlare di quali azioni o parole ritiene potrebbero essere inappropriate. Sostienilo nell'esprimere i suoi pensieri e sentimenti, anche se potrebbero non essere sempre corretti o appropriati. Questo lo aiuterà a capire come il suo comportamento può influenzare gli altri.

Successivamente, discuti modi alternativi di comportamento o comunicazione con tuo figlio. Incoraggiatelo a considerare le situazioni in cui si sente irritato o ferito e come può rispondere a quelle situazioni in modo da evitare conflitti o causare problemi ad altre persone. Supportalo nel trovare soluzioni ed esprimere i suoi pensieri al riguardo.

Infine, assicurati che tuo figlio capisca che sei sempre lì per sostenerlo e aiutarlo in qualsiasi situazione difficile. Ribadiscigli che è importante interagire con le altre persone con rispetto e cura, e che può sempre rivolgersi a te per un consiglio o supporto se non gli è chiaro qualcosa o si sente insicuro.

- Chiedere aiuto al personale scolastico o agli specialisti anti-bullismo per supporto e risoluzione della situazione.

Quando tuo figlio viene coinvolto in episodi di bullismo, è importante fornire supporto e aiuto immediati. Uno dei primi passi potrebbe essere quello di chiedere aiuto al personale scolastico o agli specialisti anti-bullismo.

Il personale scolastico, come insegnanti, consulenti per la sicurezza o psicologi, è formato a riconoscere e rispondere al bullismo. Possono fornire a tuo figlio supporto emotivo e aiutare a risolvere la situazione. Possono condurre una conversazione con le persone coinvolte nell'incidente, scoprire le circostanze dell'incidente e adottare le misure necessarie per prevenire ulteriori violazioni.

Anche gli specialisti anti-bullismo possono fornire un valido aiuto. Potrebbero essere insegnanti, psicologi, assistenti sociali o rappresentanti di organizzazioni pubbliche specializzate nel sostegno a bambini e adolescenti. Hanno competenza ed esperienza nella gestione del bullismo e possono offrire strategie specifiche per risolvere la situazione, oltre ad aiutare a pianificare i passi successivi per prevenire incidenti simili in futuro.

Anche chiedere aiuto al personale scolastico o agli specialisti anti-bullismo può aiutare tuo figlio a sentirsi sicuro e supportato. Questo gli dimostra che non è solo nei suoi problemi e che ci sono persone pronte ad aiutarlo nella lotta contro il bullismo.

3. Se tuo figlio è vittima di bullismo:
- Fornire sostegno e protezione a vostro figlio parlando dei suoi

sentimenti e delle sue preoccupazioni.

Quando tuo figlio è vittima di bullismo, è importante fornirgli sostegno e protezione. Prima di tutto, dovresti discutere con lui dei suoi sentimenti e delle sue preoccupazioni. Permettigli di esprimere le sue emozioni e condividere ciò che sta accadendo. Sii attento alle sue esperienze e mostra comprensione per la sua situazione.

Oltre al supporto emotivo, tuo figlio potrebbe aver bisogno della tua protezione. Discuti con lui le strategie su come può rispondere agli episodi di bullismo e quali azioni può intraprendere per proteggersi. È importante rassicurarlo che ha diritto alla sicurezza e che lo sosterrai in ogni situazione.

È anche importante chiedere aiuto al personale scolastico o agli specialisti anti-bullismo. Possono fornire a tuo figlio ulteriore supporto e aiutare a risolvere la situazione. Il personale scolastico può indagare sull'incidente, adottare misure per prevenire ulteriori episodi di bullismo e garantire la sicurezza di tuo figlio nell'ambiente scolastico.

Ricorda che il tuo sostegno e la tua protezione svolgono un ruolo fondamentale nel modo in cui tuo figlio affronta il bullismo. Sii lì per lui, ascoltalo e dagli l'aiuto di cui ha bisogno affinché possa superare questa situazione difficile e sentirsi protetto.

- Incoraggia tuo figlio a dire a te o ad un altro adulto di fiducia cosa sta succedendo senza lasciarlo solo con il problema.

Quando tuo figlio è vittima di bullismo, è importante incoraggiarlo a dire a te o a un altro adulto di fiducia cosa sta succedendo. Questo è uno dei passaggi chiave per risolvere la situazione e garantire che tuo figlio riceva sostegno. Sostienilo dimostrandogli che non sarà lasciato solo di fronte al problema e che sei sempre pronto ad ascoltarlo e ad aiutarlo.

È importante creare una relazione di fiducia con tuo figlio in modo che si senta a suo agio e fiducioso nell'affrontare qualsiasi problema. Esprimigli la tua disponibilità ad ascoltarlo e ad accettare i suoi sentimenti senza giudizio. Sottolinea che non è colpa sua quello che gli accade e che è importante parlare di situazioni simili per trovare insieme una soluzione.

Se tuo figlio è imbarazzato nel parlare di bullismo, prova a creare uno spazio sicuro per la conversazione. Puoi iniziare una conversazione chiedendogli dei suoi giorni a scuola o dei suoi amici. Dimostragli che sei interessato alla sua vita e che sei pronto a sostenerlo in ogni situazione.

Inoltre, è anche importante discutere con tuo figlio le strategie su come reagire al bullismo e quali azioni possono intraprendere per proteggersi. Sostieni le sue decisioni e fagli sapere che può contare su di te in ogni situazione.

- Contattare il personale scolastico o gli specialisti antibullismo per un intervento e supporto immediati.

Se tuo figlio è vittima di bullismo, contatta il personale scolastico o gli specialisti antibullismo per un intervento e un supporto immediati.

Questo è un passo importante per garantire la sicurezza di tuo figlio e risolvere il problema.

Il personale scolastico, compresi insegnanti, amministratori e consulenti, è formato per rispondere al bullismo e fornire supporto ai bambini che lo subiscono. Possono fornire assistenza riservata, organizzare incontri con le persone coinvolte nel conflitto e sviluppare strategie per risolvere la situazione.

Quando contatti il personale scolastico o gli specialisti antibullismo, assicurati che tuo figlio si senta supportato e protetto. Spiega le tue preoccupazioni e preoccupazioni e chiedi misure specifiche che verranno intraprese per risolvere la situazione.

È importante mantenere un dialogo aperto con il bambino e monitorare il suo stato emotivo mentre si risolve il problema. Ricorda che la tua risposta e il tuo sostegno svolgono un ruolo chiave nel modo in cui tuo figlio affronta il bullismo e nella rapidità con cui la situazione viene risolta.

4. Strategie aggiuntive:

- Discuti le strategie di sicurezza con tuo figlio, come evitare situazioni di conflitto e chiedere aiuto se necessario.

Discutere le strategie di sicurezza con tuo figlio è un aspetto vitale nell'affrontare il bullismo. I genitori dovrebbero insegnare ai propri figli a identificare le situazioni potenzialmente pericolose ed evitarle. Ciò può includere evitare il contatto con bambini che mostrano comportamenti aggressivi o creano un ambiente teso.

È importante che il bambino sappia che ha il diritto di chiedere aiuto agli adulti quando sorgono problemi. Questi potrebbero essere insegnanti, consulenti scolastici o genitori. È anche importante discutere con tuo figlio quali azioni specifiche dovrebbero essere intraprese in caso di bullismo o di minaccia alla sicurezza.

Il sostegno dei genitori e l'insegnamento al bambino di strategie adeguate di comportamento in situazioni di conflitto aumentano significativamente le sue possibilità di prevenire o risolvere i problemi associati al bullismo.

- Sostieni tuo figlio nel processo di risoluzione dei problemi, inclusa la discussione insieme delle possibili azioni e delle loro conseguenze.

Supportare un bambino nell'affrontare il bullismo è un aspetto importante per promuovere il suo benessere emotivo e aiutarlo ad affrontare una situazione spiacevole. Quando i genitori prendono parte attiva alla risoluzione di un problema, ciò dimostra al bambino che non è solo e che ha sostegno e aiuto.

È importante avere una discussione aperta e onesta con tuo figlio su quanto accaduto e ascoltare il suo punto di vista. Ciò aiuterà il bambino a sentirsi compreso e supportato. I genitori possono quindi discutere con i propri figli le possibili opzioni per affrontare la situazione.

Quando si discute delle possibili azioni e delle loro conseguenze, è importante sottolineare l'importanza di prendere decisioni informate e comprendere quali potrebbero essere le conseguenze di ciascuna scelta. Ciò può includere la discussione di possibili modi per risolvere il conflitto, nonché l'identificazione dei possibili rischi e delle conseguenze negative di ciascuna decisione.

Discutere insieme un piano d'azione aiuta il bambino a sentirsi più sicuro e consapevole nel risolvere il problema. Rafforza anche il legame tra genitore e figlio, rendendoli più propensi a cercare aiuto e consiglio in futuro.

È importante ricordare che in caso di bullismo la risposta deve essere immediata ed efficace e il sostegno dei genitori gioca un ruolo fondamentale nell'aiutare il bambino ad affrontare le conseguenze negative di questo fenomeno.

- Strategie per comunicare con i genitori di bambini che potrebbero essere coinvolti in episodi di bullismo. Le strategie per comunicare con i genitori di bambini che potrebbero essere coinvolti nel bullismo sono importanti per creare un sistema di supporto efficace e prevenire conseguenze negative per tutti i soggetti coinvolti.

Innanzitutto è importante mantenere un clima aperto e fiducioso tra i genitori. Ciò consente loro di sentirsi a proprio agio e fiduciosi nel discutere eventuali problemi legati al bullismo. I genitori devono sapere che possono contattare il personale scolastico o gli amministratori per ricevere aiuto e supporto.

È anche importante fornire ai genitori l'accesso alle informazioni sul bullismo e sulle sue conseguenze. Ciò può includere l'organizzazione di sessioni informative, workshop o la fornitura di volantini con suggerimenti e risorse utili. Educare i genitori sul bullismo li aiuta a riconoscere i segnali e a rispondere in modo efficace quando i loro figli o altri bambini incontrano il problema.

Inoltre, è importante creare meccanismi di feedback e di supporto per i genitori in modo che possano comunicare facilmente con il personale scolastico e condividere le loro preoccupazioni o osservazioni. Ciò può avvenire attraverso incontri regolari con l'insegnante di classe, lo psicologo o altri specialisti della scuola.

È anche utile creare una rete di sostegno tra i genitori in cui possano condividere esperienze e suggerimenti su come prevenire il bullismo e sostenere i propri figli. Ciò potrebbe includere l'organizzazione di gruppi di genitori o forum online in cui possano discutere i loro problemi e trovare supporto reciproco.

Nel complesso, le strategie di comunicazione dei genitori dovrebbero concentrarsi sul rafforzamento della partnership tra casa e scuola per lavorare insieme per prevenire il bullismo e creare un ambiente sicuro e solidale per tutti i bambini.

- Lavorare con bambini affetti da aggressività e problemi comportamentali. Lavorare con bambini affetti da aggressività e problemi comportamentali richiede un approccio globale e comprende diversi aspetti chiave.

Innanzitutto, è importante condurre una valutazione approfondita e identificare le ragioni del comportamento aggressivo del bambino. Ciò può includere la comunicazione con il bambino stesso, i suoi genitori, gli insegnanti e altri adulti, nonché un'analisi del suo ambiente e delle condizioni di vita. Sulla base di queste informazioni è possibile sviluppare un piano di supporto e intervento personalizzato.

Quando si lavora con bambini aggressivi, è importante utilizzare un approccio empatico e non punitivo. Il bambino ha bisogno di sentire che le sue preoccupazioni e sentimenti sono rispettati e che gli viene dato uno spazio sicuro per esprimere le proprie emozioni. È importante considerare che il comportamento aggressivo è spesso una reazione allo stress, all'ansia o ad eventi negativi della vita.

È possibile utilizzare una varietà di tecniche per aiutare i bambini ad apprendere strategie di comportamento adattivo, tra cui la terapia del gioco, l'arteterapia, la terapia cognitivo comportamentale e le abilità sociali. Questi metodi aiutano i bambini a diventare consapevoli delle proprie emozioni, a sviluppare capacità di autoregolamentazione e a imparare a rispondere in modo costruttivo a situazioni difficili.

Un aspetto importante del lavoro con i bambini aggressivi è anche la cooperazione con le loro famiglie. I genitori svolgono un ruolo chiave nel sostenere il bambino e nell'introdurre nuove strategie comportamentali nella sua vita quotidiana. Pertanto, è importante fornire ai genitori le informazioni, la formazione e le risorse necessarie per lavorare con i propri figli a casa.

Infine, lavorare con bambini aggressivi richiede una stretta collaborazione tra insegnanti, psicologi, assistenti sociali e altri specialisti. Un team di specialisti può sviluppare programmi di sostegno individuali, monitorare i progressi del bambino e personalizzare l'approccio in base alle sue esigenze.

Nel complesso, lavorare con bambini aggressivi richiede pazienza, empatia e competenza da parte degli adulti, nonché uno sforzo concertato da parte di tutte le parti coinvolte per creare un ambiente di supporto e aiutare il bambino a sviluppare strategie comportamentali e di coping sane.

✧ · ✧ · ✧ · ✧ · ✧ · ✧ · ✧ · ✧ · ✧ · ✧ · ✧ · ✧ · ✧ · ✧ · ✧

Conclusione.

In conclusione, un libro sulla prevenzione del bullismo dovrebbe sottolineare l'importanza del ruolo attivo dei genitori in questo processo. I genitori svolgono un ruolo impareggiabile nel plasmare il carattere e il comportamento dei loro figli, e la loro influenza nella formazione dei valori morali e degli standard etici è inestimabile.

Il coinvolgimento attivo dei genitori nella prevenzione del bullismo inizia con l'insegnare loro a comprendere il problema. I genitori dovrebbero essere consapevoli dei segnali e delle conseguenze del bullismo, nonché di come prevenirlo e rispondere agli episodi di violenza o discriminazione nella scuola o nella comunità.

È anche importante che i genitori mantengano un dialogo con i propri figli sul bullismo e forniscano loro uno spazio sicuro in cui esprimere i propri sentimenti e preoccupazioni. I bambini devono sapere che possono rivolgersi ai genitori per chiedere aiuto e sostegno se subiscono atti di bullismo.

Inoltre, i genitori possono contribuire attivamente alle iniziative di prevenzione del bullismo a scuola e nella comunità partecipando a conferenze genitori-insegnanti, gruppi di supporto e attività educative. Possono anche mantenere relazioni interpersonali positive in famiglia impegnandosi a comunicare con i bambini sull'importanza del rispetto, della tolleranza e della gentilezza.

Nel complesso, il ruolo attivo dei genitori è un elemento chiave per combattere con successo il bullismo. Il loro coinvolgimento nell'istruzione, nel sostegno e nell'intervento aiuta a creare un ambiente sicuro e rispettoso sia a scuola che nella comunità più ampia.

I genitori che aiutano attivamente i propri figli a superare il bullismo sanno che i loro sforzi fanno un'enorme differenza e possono portare a risultati positivi. I cambiamenti che si verificano nei bambini, sia psicologicamente che fisicamente, possono essere significativi ed efficaci nella lotta al bullismo in contesti educativi.

Per i genitori che monitorano da vicino i cambiamenti nel comportamento e nello stato emotivo dei propri figli dovuti al bullismo, è importante ricordare che il loro sostegno e la loro partecipazione attiva svolgono un ruolo fondamentale nella lotta contro questo fenomeno negativo. Le tue azioni sono fonte di forza e fiducia per i tuoi figli nelle situazioni più difficili.

I momenti in cui racconti loro la tua esperienza, gli dai conforto e sostegno, li consigli e li guidi, sono di grande importanza. Sei un sostegno e un sostegno affidabile nella loro vita, che permette loro di sentirsi protetti e non soli nella lotta contro gli aggressori.

Ogni passo che fai con i tuoi figli per cambiare il loro benessere mentale e fisico è progettato per fornire loro sicurezza e fiducia. I tuoi sforzi non solo li aiutano a superare le difficoltà attuali, ma li trasformano anche in individui forti e determinati, pronti a respingere qualsiasi sfida e aggressore.

Ricorda che il tuo ruolo attivo e la tua attenzione ai bambini sono un fattore chiave nella creazione di un ambiente solidale e protetto in cui possano crescere e prosperare. Insieme potete superare tutti gli ostacoli e offrire loro un futuro luminoso e di successo, libero dal bullismo e dalla discriminazione.

✧ · ✧ · ✧ · ✧ · ✧ · ✧ · ✧ · ✧ · ✧ · ✧ · ✧ · ✧ · ✧ · ✧ · ✧

Beneficenza.

anche parlarvi della mia fondazione di beneficenza privata "UA heart", nella quale io e mia moglie siamo impegnati in un lavoro molto importante e nobile. Questa fondazione personale aiuta gli orfanotrofi in Ucraina che ospitano bambini che hanno perso i genitori a causa della brutale guerra della Russia contro l'Ucraina.

Questi bambini hanno bisogno del nostro sostegno e delle nostre cure. Vogliono vivere in pace e felicità, imparare e svilupparsi, avere amici e famiglia. Ma non hanno altro che paura e solitudine. Stanno aspettando il nostro aiuto e la nostra speranza.

La nostra fondazione personale "UA heart" organizza vari eventi e progetti per migliorare la vita di questi bambini. Raccoglie donazioni per acquistare vestiti, giocattoli, libri, medicinali e altri beni necessari. Organizza anche eventi in cui i bambini possono comunicare con volontari, psicologi e altre persone pronte a condividere con loro il loro calore e il loro amore.

Se lo desideri, puoi unirti a questa fondazione e contribuire a salvare questi bambini facendo una donazione sul sito della fondazione, che trovi riportato di seguito. Puoi anche diventare volontario e visitare uno degli orfanotrofi in Ucraina per donare personalmente ai bambini la tua attenzione e il tuo sorriso. Puoi parlare del fondo ai tuoi amici e conoscenti per diffondere informazioni sulle sue attività.

Non rimaniamo indifferenti al destino di questi bambini. Mostriamo loro che non ci siamo dimenticati di loro, che siamo con loro, che li amiamo e crediamo in loro. Diamo loro la possibilità di avere un'infanzia felice e un futuro luminoso. Apriamo i nostri cuori per la fondazione "UA heart".

https://www.buymeacoffee.com/UAheart

https://www.facebook.com/o.nashchubskiy

Ora c'è una guerra in Ucraina, le città vengono distrutte, i civili muoiono, le famiglie vengono distrutte e i bambini perdono i genitori, rimanendo orfani. Sono sicuro che non potresti rimanere indifferente di fronte a questa enorme tragedia che sta accadendo davanti ai nostri occhi in Ucraina nel nostro secolo. E se desideri fare qualcosa di buono per aiutare queste sfortunate vittime della guerra che meritano una vita migliore, allora ci sono diversi modi in cui puoi mostrare la tua gentilezza e compassione.

Puoi anche fare una donazione alla nostra fondazione privata di beneficenza familiare, che fornisce assistenza umanitaria agli orfani in Ucraina :

E c'è anche un altro modo per aiutare i bambini, che è facilmente accessibile a tutti, ovvero acquistare un'altra copia di questo libro e regalarlo a chi desideri . In questo modo aiuterai economicamente gli autori del libro, che doneranno la metà del ricavato per aiutare i bambini colpiti dalla guerra. Dopotutto, questi sono i bambini, il futuro del nostro pianeta, e non possiamo lasciarli senza sostegno e cura.

Ma il modo migliore per aiutare è adottare un bambino ucraino. In questo modo salverai una vita distrutta e le darai una nuova famiglia, una nuova casa, una nuova speranza. Darai un futuro nella vita a una piccola anima innocente che ha tanto bisogno del tuo amore e delle tue cure. Renderai questo mondo un posto migliore e più gentile, e riceverai in cambio la cosa più preziosa, questa è la gratitudine e la felicità del bambino che diventerà tuo figlio o tua figlia."